폭풍의 전사

Storm Warrior

by Mahesh and Bonnie Chavda

Copyright ⓒ 2008 by Mahesh and Bonnie Chavda
Published by Chosen Books
A division of Baker Publishing Group
P.O. Box 6287, Grand Rapids, MI 49516-6287

Korean translation copyright ⓒ 2009 by Pure Nard
Damo Bldg 3F 289-4, Yangjae-Dong, Seocho-Gu, Seoul, Korea

The Korean edition is published by arrangement with Chosen Books.
All rights reserved.

본 저작물의 한국어판 저작권은 Chosen Books와의 독점 계약으로 한국어 판권은 '순전한 나드'가 소유합니다. 저작권자의 허락 없이 이 책의 일부 또는 전체를 무단 복제, 전재, 발췌하면 저작권법에 의해 처벌을 받습니다.

폭풍의 전사

초판발행 | 2009년 12월 5일
2쇄발행 | 2010년 2월 2일

지은이 | 마헤쉬 & 보니 차브다
옮긴이 | 심현석

펴낸이 | 허철
편집 | 송혜숙
디자인 | 이지현

펴낸곳 | 도서출판 순전한 나드
등록번호 | 제313-2003-00162
주소 | 서울 서초구 양재동 289-4 다모빌딩 3층
도서문의 | 02) 574-6702 / 010-6214-9129
편집실 | 02) 574-9702
팩스 | 02) 574-9704
홈페이지 | www.purenard.co.kr

ISBN 978-89-6237-055-3   03230

폭풍의 전사
성도의 승리의 전략

Storm Warrior
A believer's strategy for victory

마헤쉬 & 보니 차브다 지음
심현석 옮김

PURE NARD

이 책을 나의 친구이자 멘토이며 스승이신
데릭 프린스(Derek Prince)에게 바칩니다.

나의 영혼은
비겁하지 않노라!
세상의 폭풍으로 뒤흔들린 이 땅에서도
내 영혼은 조금도 흔들리지 않으리니,
눈부시게 빛나는 하늘의 영광을 보라.
내 믿음이여! 너 역시
두려움으로부터 나를 보호하며
찬란하게 빛나누나.

No coward soul is mine,

no trembler in the world's storm-troubled sphere:

I see Heaven's glories shine,

and faith shines equal,

arming me from fear.

-에밀리 브론테(E. Bronte)

목차

서문 빌 존슨 - 9

머리말 - 13

1. 영광으로부터 온 한 마디 말씀 - 17
2. 성난 파도를 향해 노를 저어라 - 39
3. 폭풍의 전사를 해부하다 - 59
4. 폭풍의 전사가 수행할 작전 명령 - 77
5. 폭풍 속의 고요 - 93
6. 폭풍 속의 천사들 - 119
7. 폭풍 가운데 변화되다 - 141
8. 마지막 날, 폭풍을 정복하다 - 155
9. 사탄의 폭풍을 이기는 권세 - 173
10. 폭풍의 돌파구 - 205
11. 교전 수칙 - 231
12. 마지막 폭풍의 전사 - 259
13. 사명을 완수하라 - 285

주(註) - 316

저자 소개 - 317

서문

내 삶 가운데 가장 큰 특권 중 하나는 사역을 위해 세계 곳곳을 누비는 동안 놀라운 하나님의 사람들과 만날 수 있다는 것이다. 그들 중 대다수는 나와 평생 친분을 유지하며 하나님 나라를 위한 사역에 함께 힘을 모으고 있다. 이들과의 만남 덕택에 나는 하나님을 위해 최선을 다할 수 있었고, 더 간절한 배고픔으로 예수님을 갈망할 수 있었다. 또한 각각의 사람들을 만나면서 나는 하나님의 성품과 그분의 역사를 보다 더 많이 깨달을 수 있었다. 이들 모두는 그리스도의 몸 된 교회를 위해 저마다 특별한 공헌을 하고 있다.

물론 나는 이들 모두의 성품 및 이들에게 임한 기름부음을 높이 사는 바이지만, 그중에서도 특히 두드러지는 몇몇 사람을 존경한다. 마헤쉬 차브다, 보니 차브다가 바로 이러한 사람이다. 내가 그들을 만나 함께 전국을 순회하며 다양한 컨퍼런스를 개최하기 훨씬 전부터 그들의 명성은 자자했다. 그러나 실제로 그들을 만나 보니, 들리던 소문은 그들에 대해 절반도 이야기를 못해준 정도였다! 그들은 기대하던 것 이상이었다. 나는 그들이 개최한 컨퍼런스의 강사로 초청받았지만, 사실은 그들에게 배우러 갔었던 것이었다.

독자들에게 『폭풍의 전사』라는 이름에 걸맞은 영향력을 영원토록 선사하려면, 저자는 전쟁에 대해서 그리고 승리하는 방법에 대해서 잘 알고 있어야만 할 것이다. 또한 책의 내용 역시 교과서나 교실에서의 수

업과 같은 '온실 이야기'로 점철되어서는 안 될 것이다. 지속되는 영향력을 위해서 이 책은 오직 전투 현장의 참호 속에서 일어나는 일들로만 채워져야 한다.

그리스도의 용사들 모두가 다음의 자격조건을 갖춘 것은 아니다. 하지만 용사라면 반드시 갖춰야 할 자격조건이 있다. 하나님의 눈으로 마귀를 바라보는 관점! 전쟁에 지친 사람들의 마음에는 상처가 남아 있다. 그 결과 그들은 마귀를 '큰 존재'로 여기기 시작한다. 물론 이들은 자신만의 전술과 전략을 설파할 수도 있고, 이 시대의 심각성을 이야기하여 당신에게서 경각심을 일으킬 수도 있을 것이다. 그러나 그들에게는 기쁨이 없다. 그들은 대적 마귀가 크다고 믿는다. 그러나 그들이 믿는 하나님은 작다.

마헤쉬와 보니 차브다는 이처럼 전쟁에 지친 성도들에게 대안을 제시한다. 참된 복음, 승리의 복음을 날마다 경험하기 위해 이 부부처럼 큰 대가를 지불하고자 하는 사람들은 거의 없다. 그렇기 때문에 차브다 부부처럼 이 주제로 책을 집필할 만한 사람들을 좀처럼 만나기가 어려울 것이다.

차브다 부부는 나에게 도전을 주었다. 그들은 내게 확신을 주었다. 그들과 함께 있으면, 나는 하나님을 더욱 갈망할 수밖에 없다. 어쩔 수 없는 일이다. 하나님을 향한 그들의 갈망 그리고 그들이 경험한 초자연적인 삶은 전염성이 강하기 때문이다.

이 책은 계시를 드러내주고, 교훈을 가르치고, 영감을 불어넣어 준다. 나는 이 책을 사랑한다. 한 권의 책에서 이 세 가지 유익을 발견하기란 쉽지 않다. 그러나 이 책에는 이들 요소가 다 들어 있다. 이 세 가지 요소는, 주님께서 이미 승리하신 싸움의 현장으로 투입될 용사들을 준비시키는 데 필요한 도구다. 성도들의 마음에 가장 중요한 자질을 불어넣어 줄 이 책을 나는 사랑한다. 그것은 다름 아닌 '용기'다! 이 책을 다 읽고 난 후에도 마음속에 초자연적인 용기가 일어나지 않는다는 것을, 나는 상상조차 할 수 없다.

마헤쉬와 보니 차브다를 칭찬하는 마음으로, 이 책 『폭풍의 전사』를 권하는 바다. 그들의 삶이 곧 메시지이기 때문이다.

빌 존슨 (Bill Johnson)
『하늘이 땅을 침노할 때』(When Heaven Invades Earth)의 저자
캘리포니아 레딩, 베델 교회 담임목사

머리말

성경은 서로 대적하는 두 왕국의 대립구도를 그려내고 있다. 구약에는 하나님과 하나님을 대적하는 이 땅의 군대 사이에서 일어나는 전쟁이 기록되어 있다. 신약에는 하나님과 그를 대적하는 영적 원수 사이에서 일어나는 전쟁이 기록되어 있다. 에덴동산의 나무(선악과)에서부터 갈보리 언덕의 나무(십자가)에 이르기까지 성경은 전쟁의 기록이다.

두 왕국의 대립구도 안에 '하나님의 백성'이 자리하고 있다. 속박의 상태로부터 이끌어내시고 전쟁 계획을 주신 후에 실전에 투입하시기까지 하나님께서는 자신의 백성을 인도하셨다. 그리고 전쟁에서 승리하도록 허락하셨다.

하와가 금단의 과일을 바라보았을 때, 그리고 그 과즙이 그녀의 입술을 적셨을 때, 하나님께서는 사탄을 향해 전쟁을 선포하셨다. 범죄의 현장에서 하나님께서는 남자와 여자에게 죄를 책문하셨고 사탄에게는 그의 반역을 책문하셨다. 이후로 사람은 구원을 기다려야 했고, 사탄은 지속되는 전쟁을, 그리고 종국에는 패망하는 운명을 받아들여야 했다. 하나님이 말씀하셨다. "내가 너로 여자와 원수가 되게 하고 너의 후손도 여자의 후손과 원수가 되게 하리니 여자의 후손은 네 머리를 상하게 할 것이요 너는 그의 발꿈치를 상하게 할 것이니라"(창 3:15).

이후 인류는 계속되는 영적 전쟁, 물리적 전쟁 가운데 하나님의 구원과 회복을 맛보기 위하여 속량되고 재무장되어야만 했다. 전쟁의 용사이자 왕이었던 다윗은 이렇게 노래했다. "여호와는 나의 산업과 나의 잔의 소득이시니 나의 분깃을 지키시나이다. 내게 줄로 재어 준 구역은 아름다운 곳에 있음이여 나의 기업이 실로 아름답도다"(시 16:5-6). 여기에 기록된 다윗의 '믹담'은 미래의 왕이라는 자신의 운명과 왕의 기름부음을 성취하기 위한 전쟁의 한가운데에서 그가 예언적으로 선포한 내용이다. 돌팔매질을 하고 하프를 켰던 어린 시절부터 왕의 군대를 이끄는 장수가 되기까지, 이 용사는 다음과 같이 선포했다. "(하나님께서) 내 손을 가르쳐 싸우게 하시니 내 팔이 놋 활을 당기도다 주께서 또 주의 구원하는 방패를 내게 주시며 주의 오른손이 나를 붙들고 주의 온유함이 나를 크게 하셨나이다"(시 18:34-35).

1세기 전, 윈스턴 처칠은 지평선 너머로 폭풍이 일어나는 것, 빛과 어둠의 큰 전쟁이 일어나는 것을 바라보았다. 이와 동일한 전쟁이 우리, 곧 하나님의 백성들에게 닥쳐올 것이다. 우리는 다음 세대를 위한 이 영적 유업을 수호하기 위해 미리 대비해야 할 것이다. 이사야 선지자는 예언했다. "대적이 홍수처럼 임할 때 주의 영이 공의(기준)를 일으키실 것이요." 우리는 새로운 기준을 간직한 자들이다. 다음 세대들은 우리에게 기댈 것이다.

그렇다면 이 기준은 무엇인가? 우리 구원의 머리 되신 예수 그리스도께서 "다 이루었다!"라고 말씀하심으로 대적의 우두머리를 섬멸하시고 승리를 쟁취하셨던 십자가-그 십자가가 바로 기준이다. 십자가에서 승리하신 예수님은 자신을 따르는 모든 사람들이 억압된 사람들을 풀어낼 수 있도록 또한 전리품을 취할 수 있도록 길을 열어주셨다(엡 4:8 참조). 모든 성도는 효과적인 용사, 기쁨으로 충만한 폭풍의 전사로서 임명받았다. 십자가의 전사!

십자가를 기준으로 우리 믿는 모든 성도는 모인다. 대열을 갖춘다. 위대한 폭풍의 전사이신 예수님으로부터 명령을 받는다. "내가 다시 올 때까지 정복하고 점령하라!"

거듭하여 당신을 패배의 구덩이로 몰아가는 것이 당신의 마음속에 숨어 있는 그림자이든, 당신의 자녀를 위협하는 육체의 질병이든, 당신의 재산, 명성, 관계를 무너뜨리는 급작스런 재앙이든 상관없이 하나님은 우리에게 이미 약속하셨다. "이 모든 일에 우리를 사랑하시는 이로 말미암아 우리가 넉넉히 이기느니라"(롬 8:37).

예수 그리스도의 소유된 용사들에게 바울이 전한 격려의 말은 지금도 동일하게 울린다. "군사로 다니는 자는 자기 생활에 얽매이는 자가 하나도 없나니 이는 군사로 모집한 자를 기쁘게 하려 함이라 경기하는 자가 법대로 경기하지 아니하면 면류관을 얻지 못할 것이며"(딤후 2:4-5). 이러한 영적 전쟁의 기술은 예수를 따르는 모든 성도가 따라야 할 중요한 지침이다. 승리하는 삶, 성령 안에서 기뻐하는 삶, 은혜와 능력의 조화 가운데 머무는 삶은 모든 성도에게 주어진 과제이다.

이 책, 『폭풍의 전사』를 통해 우리가 바라는 것은 지난 30여 년간 승리하는 삶을 살아왔던 우리 부부의 간증, 이 책에 기록된 영적 전쟁의 원칙을 통해 독자들이 모두 영감을 얻고 훈련과 도전을 받아 모든 영적 원수들을 물리치고 그리스도를 믿는 믿음 위에 굳게 일어서는 것이다. 하나님께서 당신을 위해 예비해두신 기름부음을 확신하며, 우리는 당신과 당신의 가족을 위해 이 책을 썼다. 하나님의 지혜와 대적의 문을 취하게 하시는(창 22:17 참조) 그분의 능력이 당신에게 임하길 기도한다. 그리스도 안에서 당신이 거머쥘 풍성한 유업을 붙들기 바란다.

폭풍을 겪지 않는 사람은 없다. 이 책 안에서 당신은 진정한 폭풍의 전사로 거듭나기 위한 용기와 실질적인 도움을 발견하게 될 것이다.

– 마헤쉬 & 보니 차브다

1 | One Word From Glory
영광으로부터 온 한 마디 말씀

너희는 가만히 있어 내가 하나님 됨을 알지어다(시 46:10)

처음에는 '뚝뚝' 떨어지는 빗방울 소리가 집회 장소에 운집한 우리들을 환영해 주는 것만 같았다. 집회가 열리는 이곳은 노스캐롤라이나 주에 소재했는데 오랫동안 극심한 가뭄으로 어려움을 겪고 있었다. 이러한 이유로 머리 위 천막을 두드리는 빗소리에 우리는 안심했고 기뻐했다. 집회를 위해 설치한 이 거대한 천막은 수년 동안 숱한 소나기, 강한 폭풍까지 견뎌내며 집회 참석자들에게 안식처를 제공해주었다. 그렇기 때문에, 우리는 '영광의 파도'라는 타이틀로 시작한 집회 중, 비가 오는 것에 그다지 신경을 쓰지 않았다.

그러나 신경을 썼어야 했다.

온화하게 내리기 시작한 빗방울이 갑작스레 급하고 강한 폭풍으로 돌변하였기 때문이다. 거센 바람과 쏟아지는 폭우의 횡포 앞에 천막을 지탱하던 육중한 강철 버팀대가 휘청거리기 시작했다. 이제 중앙 버팀대가 고정판으로부터 분리되는 것은 시간문제였다. 깜짝 놀란 스태프들은 자리를 박차고 일어나 중앙 지지대로 몰려들어 그 강철 버팀대를 고정판에 위치시키려고 갖은 노력을 다했다. 이어 더 많은 수의 스태프들이 천막의 네 벽으로 달려가 바람에 날아갈 듯 펄럭이는 두꺼운 천들을 붙잡아 두려고 애를 썼다. 하지만 거센 바람 때문인지 그들의 노력은 별 소용이 없었다. 게다가 급작스런 폭우에 힘을 얻은 물살은 거세게 휘몰아쳐 발목까지 차 들어왔다. 이제 곧 텐트가 무너질 것이다. 집회 참석자 수백 명의 생명이 위태로워졌다. 그러나 피할 길은 없었다.

벌에게 배운 교훈

이러한 일이 있기 하루 전, 나(마헤쉬)의 마음은 집회의 준비과정에 완전히 몰두된 상태였다. 심지어 러닝머신에서 운동을 할 때에도 나는 방언으로 기도하면서 집회 때 전달할 주님의 말씀을 구하고 있었다.

"주님, 이 집회를 위해 주실 말씀은 무엇입니까?" 나는 수도 없이 이 질문을 드렸다. 하지만 주님으로부터 어떠한 대답도 듣지 못했고 방향성도 제시받지 못했다.

그때-아주 화창한 어느 가을 날-열린 창문으로 벌 한 마리가 '윙윙' 소리를 내며 날아들어 왔다. 내 시선은 방 안 이곳저곳을 옮겨 다니는 벌의 날갯짓을 따라가고 있었다. 그런데 그 벌이 러닝머신의 회전벨트 가장자리에 앉는 것이 아닌가?

다시금 날갯짓을 재개하여 날아갔다면 연명할 수도 있었겠지만, 아뿔싸! 그 벌은 회전벨트 위에 앉은 채 기계 속으로 빨려 들어갔다. 마치 워너브라더스사의 만화, '로드러너'(Road Runner)에 등장하는 불쌍한 코요테 같았다(로드러너는 뻐꾸기과의 새를 잡아먹으려고 쫓아다니는 코요테가 결국에는 항상 당하고 마는 만화-역자 주). 벌의 죽음을 시적으로 표현하고자 나는 중얼거렸다.

"벌이 사느냐 죽느냐 그것이 문제로다!"

"To bee or not to bee!"

(햄릿에 등장하는 대사 To be or not to be의 언어유희임-역자 주)

그 불쌍한 벌이 이미 죽었다고 생각했기 때문에 나는 다시 주님께 말씀을 달라고 간구하기 시작했다. 그런데 이번에는 주님의 응답이 있었다.

"샬롬." (유대인들의 인사-역자 주)

아주 작고 고요한 목소리였다.

"샬롬, 주님" 나는 공손히 대답했다. "이 집회를 위해 주실 말씀이 무엇인가요?"

"샬롬."

또 다시 그 말씀이었다.

"아니, 예수님! 물론 당신께서 유대인인 것은 압니다만 제가 지금 알고자 하는 것은 이 집회를 위해 주실 말씀이 무엇이냐는 겁니다!"

바로 그때였다. 벌의 사체처럼 보이는 것이 회전벨트에 묻어 나왔다. 순간 나의 관심은 그쪽으로 기울었다. 그 모습을 봤다면, 아마 대부분의 사람들은 벌의 머리가 회전벨트와 기계 사이에 끼어 짓이겨졌으리라 생각했을 것이다.

"벌은 죽었도다!"(It's not to bee) 나는 이렇게 결론을 지었다.

다시금 주님과 대화를 시도하려는 순간, 무엇인가 살짝 움직이는 것이 눈에 띄었다. 벌의 머리가 제 형태로 부풀어 오르더니 윙윙 소리를 내기 시작하는 것이 아닌가! 나는 놀라움을 금치 못하고 그 광경을 쳐다보고 있었다. 그 벌은 한두 번 시험 삼아 날갯짓을 해보더니 이내 공중으로 떠올라 햇살이 부서지고 있는 마당을 향해 날아갔다.

"오, 결국 벌은 살았도다!"(It was to bee after all!) 나는 기쁨의 탄성을 질렀다. "난 지금 작은 규모의 부활 사건을 목격한 거야!" 의심할 여지없이 이것은 내가 하나님과 대화하는 동안, 영광의 주님으로부터 흘러나온 생명의 찬란한 광선이 벌의 사체에 닿았기 때문이리라. 내 눈 앞에서 그 벌은 다시금 생명을 얻은 것이다! 부활의 영광이 가득한 이 현장에서 나는 다시금 주님께 여쭤보았다.

"이번 집회를 위한 말씀, 단 한 마디라도 좋으니 제게 주십시오."

"샬롬."

이것이 내가 들은 전부였다. 이번 집회를 위한 영감을 받거나 성경 구절을 받지 못했으므로 나는 운동을 멈추고 집무실로 들어가 다른 업무를 보기 시작했다.

우레 같은 홍수

하늘 맑던 오후가 별빛 가득한 밤으로 저물어가는 저녁, '영광의 파도' 집회가 시작되었다. 그러나 집회 둘째 날, 맑은 하늘은 온데간데 없었다. 참석자들이 예배를 드리기 위해 자리에 앉았던 그날 오후, 하늘은 점점 검은 구름으로 뒤덮이기 시작했다.

예배가 어느 정도 진행되었을 때에야 비로소 이제 곧 내리게 될 비가 겨울비처럼 가볍게 끝날 성질의 것이 아님을 깨달았다. 멀찍이 들렸던 '우르릉' 천둥소리가 점점 가까워지기 시작했다. 가볍게 빗방울을 흩뿌렸던 하늘이 이내 굵은 빗줄기를 쏟아냈다. 당시 내 아내 보니(Bonnie)는 과거 자신의 생일날 방문해주신 주님에 대해 간증을 전하고 있었다. 재미있고 또 신기한 체험을 담은 그녀의 간증은, 답답하고 메마른 종교 위에 성령의 강물이 쏟아지면 어떤 일들이 일어나는지를 알려주는 내용이었다. 그녀는 회중의 맨 앞, 몇 줄을 왔다 갔다 하며, 어떻게 하나님께서 우리들을 종교적 속박과 대적의 압제로부터 풀어주시는지를 설명하고 있었다.

사실, 간증의 첫 부분이 진행되는 동안 갑작스레 불어 닥친 광풍과 쏟아지는 폭우는 보니의 이야기에 드라마적 효과를 더해주었다. 천막 바로 밖에서 섬광을 번뜩이는 번개, 큰 소리로 울어댄 천둥… 이것들은 마치 그녀의 이야기를 강조해주는 것 같았기에 심지어 보니는 말하다말고 큰소리로 웃기까지 했다. 그러나 폭풍의 기세는 점점 커져만 갔고 비바람은 훨씬 더 격렬해졌다. 강한 바람이 무거운 빗방울을 휘몰았기에, 천막 위로만 쏟아지던 것이 이제 천막의 옆면을 때리기 시작했다. 사람들은 발밑으로 차오르는 빗물에 젖지 않게 하려고 주섬주섬 자신들의 물건을 챙기고 있었다. 하지만 보니는 임박한 위험을 알아채지 못한 양, 폭풍이 제공해주는 특수효과에 장단을 맞춰가며 계속해서 말씀을 잇고 있었다. 천막이 무너지려는 위기 앞에서, 나는 어떤 결정을 내려야 할지 몰라 조용한 기도로 주님께 여쭈었다. 심기가 불편해진 사람들은 염려로 가득한 얼굴을 들어 보니와 나를 번갈아 보았다. 그들은 빨리 어떤 조치가 내려지길 바라고 있었던 것이다.

그때 보니와 나의 눈이 마주쳤다. 순간, 나는 자리에서 일어나 마이크를 건네받았다.

"그동안 노스캐롤라이나는 사상 최악의 가뭄으로 고생해왔습니다. 오늘 밤, 하나님께서 이곳을 축복하신다고 생각합니다. 하나님! 자연 가운데 그리고 영 가운데 성령의 비를 내리소서! 당신은 선지자 요엘에게 말씀하셨습니다. '내가 내 신을 만민에게 부어 주리니 너희 자녀들이 장래 일을 말(예언)할 것이요…' 그렇습니다. 아버지, 감사합니다!"

이에 사람들은 찬양으로 화답했고, 몇 차례 '소심한' 박수소리가 나기도 했다.

폭풍의 기세가 한풀 꺾였다.

피할 곳 없는 상황, 회중과 폭풍 사이 바람에 펄럭이는 천막 한 장을 두고 임박한 재앙의 면전에서 나는 지혜를 갈구하였다. 어지러운 혼돈 속에 있는 나에게, 그 전날 러닝머신 위에 밀어닥쳤던 영광의 파도… 그 영광으로부터 들려왔던 말씀이 문득 생각났다.

바로 그 순간 그 말씀의 의미를 깨달을 수 있었다. 그래서 나는 마이크에 대고 외쳤다.

"샬롬!"

그러자 거짓말처럼 폭풍이 멈췄다. 그 자리에 함께했던 수백 명의 증인 앞에서 완전한 '고요'가 임한 것이다.

"샬롬!" 이 말씀이 내 입술을 떠난 순간-10초, 20초 혹은 1분 뒤가 아닌, 바로 그 순간-그 지역 전체의 폭풍이 멈췄다. 더 이상의 바람도 빗방울도 없었다. 영광으로부터 나온 한 마디 말씀, 곧 하나님의 온전한

'샬롬'(평안)이 자연계를 평정한 것이다. 내가 하나님과 교제할 때 나를 감쌌던 그 영광, 자그마한 벌을 되살려낸 바로 그 영광이 거대한 폭풍을 잠재우기 위해 그곳에 임했던 것이다.

이어서 놀라움과 안도의 탄성, 구원에 대한 감사의 찬송이 올려졌다. 과거 치유 사역 중, '쉐키나' 영광의 구름이 나타났을 때 성령께서 내게 주셨던 노래(영의 찬양) 가사가 떠올랐다. 보니와 나는 그 노랫말로 찬양하기 시작했고 여기에 회중이 동참하였다.

주는 영이시니
Now the Lord is the Spirit, and
주의 영이 계신 곳에
Where the Spirit of the Lord is,
자유 자유 자유함 있네.
There is Liberty, Liberty, Liberty.

하나님 나라의 증거

폭풍우가 휩쓸고 간 다음 날 아침뉴스에서는 이날 밤 70년 만에 최악의 폭우가 내렸다고 보도했다. 폭풍의 피해 반경이 1백 마일 이상이었고 수차례 회리바람까지 동반했을 정도였다고 한다. 우리의 천막은 바로 그 중심에 놓여 있었다. 그러나 이 모든 들썩거림은 영광으로부터 온 한 마디 말씀 앞에 잠잠해져야만 했다.

이것이 바로 이 세대의 파도와 바람을 잠잠케 한 그리스도의 왕국의 간증이다. "평안하라! 잠잠하라." 하늘 아버지의 임재는 우리의 삶에 찾아오는 모든 폭풍(그것이 참사이건, 질병 혹은 죽음일지라도)을 잠재우는 능력으로 나타났다. 이 사실을 증명하기 위하여 예수님께서 우리에게 보여주신 것이 바로 '기적'이다. 공생애 초반에 예수님께서 행하신 일들은 사회정의의 실현도 아니었고 인본적인 선(善) 또는 박애정신의 징표도 아니었다. 그것들은 하나님 나라(천국)를 증명하는 '기적'이었다.

하나님은 모든 성도들을 이러한 '자유'와 '샬롬'의 사절(使節)로 만들길 원하신다. 우리는 샬롬을 말할 수 있고, 샬롬을 전할 수 있다. 외칠 필요도 없고 큰 소리를 지르지 않아도 된다. 그저 사람들의 마음에 대고 이야기하면 된다. 또한 우리는 영적 세계의 정사와 권세들을 향해 말할 수 있고 물리적 영역의 구성 요소들을 향해서도 샬롬을 선포할 수 있다. 가족에게, 그리고 친구와 이웃에게 샬롬을 전할 수 있다. 폭풍 가운데 우리가 이야기할 메시지는 "평안하라! 잠잠하라!"이다.

당신은 이렇게 질문할지 모른다. "어떻게 내가 이러한 기름부음 안에서 행할 수 있습니까? 예수님께서 보이신 기적과 표사를 내가 어떻게 일으킨단 말입니까?"

기적을 일으키는 능력을 받기 위한, 하나님의 능력 안에 거하기 위한 조건 두 가지가 있으니, 첫째는 '전이'(impartation)이고 둘째는 '행함'(action)이다.

'전이'로 시작되다

기적을 위한 기름부음은 성령의 '전이'(Impartation)를 통하여 우리에게 임한다. 모세가 여호수아에게 손을 얹었다. 엘리야는 엘리사에게 손을 얹었다. 바울은 디모데에게 손을 얹었다. 예수님은 자기를 믿는 모든 이에게 성령을 주신다. 위의 모든 경우, 전이를 받은 사람들은 평생토록 그 기름부음으로 사역하는 '하나님의 종'이 된다.

이러한 '전이'는 '관계'로부터 시작된다. 엘리사의 경우를 보라. 그가 어느 날 갑자기 엘리야 앞에 나아가 갑절의 기름부음을 요구했는가? 아니다. 엘리사는 사역으로의 부르심을 받았던 날, 이미 자신의 꿈과 계획을 포기했으며 자기 자신에 대하여 죽었다! 그리고 수년 동안 엘리야를 따랐다. 디모데의 경우는 어떤가? 바울이 부흥집회에서 디모데를 만나 "너는 교회를 개척하라!" 하고 파송했는가? 아니다. 바울은 디모데를 '극렬'하게 훈련시켰다. 기름부음의 전수와 전이, 그 시작과 끝은 우리의 결정에 달렸다. 자기 자신을 하나님의 일꾼으로 내어 드리는가, 아니면 거부하는가?

엘리사는 엘리야로부터 기름부음을 전이받았다. 수년 후 엘리사는 죽어서 장사 지낸 바 되었다. 그런데 어떤 청년의 시신이 무덤 속에 있던 엘리사의 뼈에 닿자 소생되는 기적이 일어났다(왕하 13:21 참조)! 모세는 떨기나무 앞에서 자신의 신을 벗었다. 엘리야는 광야에서 스스로를 정결케 했다. 다메섹으로 가던 중 나귀에서 떨어진 사울은 강렬한 빛을 본 뒤, 성품의 극적 변화를 체험한다. 이들 모두는 살아 계신 하나님의 임재를 생생하게 체험한 뒤 자신의 목표를 이루기 위한 삶을 떠나, 하나님의 뜻을 행하기 위한 삶으로, 삶의 방향을 바꾸었다. 하나님은 자신의 '종'이 될 사람들에게 투자하신다. 하나님과의 영적 사귐 가운데 그들은 기름부음을 받았고 또 그것을 다른 이에게 전이시켜주었다. 예수님께서 세례를 받으신 것은 '모든 순종을 이루기' 위해서였다. 성령께서는 이처럼 '어린양'의 예(순종의 모범)를 따르는 사람들 위에 임하시고 머무신다.

하늘에 계신 아버지와 화목을 이루면서 그와 사귀는 것, 또 그로부터 기름부음을 전이받는 것은 기적의 원동력이다. 하나님과의 사귐을 누리며 평생토록 주를 섬기리라 결심할 때, 우리는 폭풍을 잠재울 수 있는 능력의 사절(使節)이 된다. 러닝머신 위에서 하나님과 교제를 나누었던 그날 오후, 기적을 위한 말씀 한 마디가 내 영혼 안에 전이되었다. 내가 한 일은 천국에 주파수를 맞추고, 영광으로부터 흘러나온 그 한 마디 말씀을 받은 뒤, 폭풍을 잠재운 것뿐이었다.

영광으로부터 흘러나온 말씀은 '샬롬'과 같은 간단한 단어일 수도 있다. 그러나 그 한 단어 안에는 온 우주를 창조하신 창조주의 능력이 담겨 있다. 특별한 상황 가운데 주어지는 살아 계신 하나님의 말씀은 죽은 사람도 생명으로 옮겨놓을 만큼 강력하다. 엘리야가 사르밧 과부의 아들을 살려낼 때도 마찬가지였다. 소년의 주검 위에 자기의 몸을 펴고 엎드리기를 몇 차례 했을 때, 엘리야는 하늘의 소리를 듣게 되었다. 그리고 보좌에 앉으신 '그분'의 생명을 받아 아이에게 전달해 주었다. 엘리야는 생명의 통로가 된 것이다! 성령의 능력 안에서 엘리야는, 보좌로부터 발산되는 생명의 호흡을 모아두었다가 주검의 허파 속으로 주입해 주었다.

전이를 받는다는 것은 '소리굽쇠'가 되는 것과 다름없다. 소리굽쇠를 두드리면 그것으로부터 소리의 파동이 흘러나온다. 그때, 이와 동일한 공명주기를 지닌 또 다른 소리굽쇠는 그 파동을 받아들여 저절로 동일한 소리의 파동을 울리기 시작한다. 결국 소리굽쇠의 합창이 이뤄진다. 마찬가지로 우리가 하나님과의 사귐 안으로 들어가면, 우리의 전 존재는 하나님을 닮기(하나님과 조화를 이루기) 시작한다. 우리는 하나님의 기적을 담아내는 그릇이 된다. 하나님께서 '기적'이라는 악기의 현을 튕기신다. 그때 공명되어 울려나온 소리(기적)를 그릇에 담아둔다. 그러면 우리는 그와 동일한 기적의 소리를 발하게 된다―저는 자가 걷게 된다. 눈 먼 자가 보기 시작한다. 죽은 자가 일어난다!

과학은 이제 막, '기적'이라고밖에는 형언할 수 없는 영역에서 새로운 사실들을 발견하기 시작했다. 모든 물질을 구성하는 양성자, 중성자, 전자는 '쿼크'(quark)라고 불리는 '극세자'로 이루어져 있다. 쿼크는 '에너지의 진동하는 끈'(string)이다. 여기서 말하는 끈은 흔히 분자보다 더 작은, 더 이상 세부구조로 나뉠 수 없는 가장 기본적인 단위를 지칭한다. 소위 '끈 이론'(string theory)이라 불리는 물리학 모델은 이렇게 설명한다. "모든 분자는―눈에 보이든, 보이지 않든―동일한 기본 물질인 끈의 결합으로 구성되어 있다. 그러므로 바위, 책상, 바이올린 활, 나무 등의 사물이 서로 다른 형질을 나타내는 이유는 오직 끈의 진동 형태가 다르기 때문이다." 즉 끈의 진동 형태에 따라 질량을 비롯한 모든 물리적 성질이 결정된다는 이론이다. 콜롬비아 대학의 물리학자 브라이언 그린(Brian Greene)은 이 이론을 다음과 같이 설명한다.

당신과 나의 몸을 구성하는 분자, 중력을 비롯한 여러 가지 힘들을 전달해주는 분자 사이에 발견되는 유일한 차이점은 미세한 끈의 '진동형태'이다. 이처럼 진동하는 끈들의 광활한 연합체인 우주는 마치 거대한 교향악과 같다. [1]

히브리서 11장 3절을 보라. "믿음으로 모든 세계가 하나님의 말씀으로 지어진 줄을 우리가 아나니 보이는 것은 나타난 것으로 말미암아 된 것이 아니니라." 영광의 보좌에 앉으신 하나님은 창세전에 이미 흑암과 혼돈과 공허를 다스리셨다. 하나님의 입에서 하나님의 기쁨과 의지를 담은 말씀이 튀어나왔다. 그러자 자연계의 모든 구성 요소들이 영광스러운 조화 가운데 제각각의 모습을 드러내었다. 그들 모두는 하나님이 지휘하시는 심포니를 이루었다. 땅과 하늘, 바다와 뭍이 하나님의 음성으로 충만하였다. 우리는 하나님의 입에서 나온 선포의 말씀, 곧 '춤추는 메아리'의 말씀이 빚어낸 피조세계 속에서 살고 있다. 그의 첫 번째 선포는 "빛이 있으라!"였다.

성령께서는 불협화음의 장소에 '조화'를 선사하고자 하나님의 영광과 능력을 전달하시면서 이 세상의 '폭풍'과 '혼돈' 위를 운행하셨다. 우리 역시 하늘에서 울려나오는 성부 하나님의 신호음을 받아 그것을 이 세상에 전파하면서 성령님이 행하셨던 것처럼, 그와 같은 영광의 파동을 전달해낼 수 있다. 처음부터 하나님은 기적을 행하시며 자신의 존재와 능력을 증명해 보이셨다. 모세를 파송할 때에 하나님께서는 기적을 행하셨다. 엘리야 및 여러 선지자를 세우실 때에도 하나님은 이 방법을 사용하셨다. 하나님의 아들이신 예수께서 육신을 입고 인간의 몸으로 내려오신 것 역시, 이 방법-기적-을 통해서이다. 우리는 예수님께서 지금도 살아 계시고 이 땅 위에서 역사하신다는 사실을 안다. 육신을 입고 이 땅에서 행하셨던 그 일들을 지금도 동일하게 행하신다. 아니, 자신을 믿는 사람들을 통해 과거 자신이 행했던 일보다 더 뛰어난 일들을 이루신다. 이런 일들이 가능한 것은 '전이' 때문이다. 하나님과 우리가 맺은 관계의 친밀성이 천상에서 흘러나오는 영광의 파동과 조화를 이룰 때, 우리는 하나님의 기적과 치유를 주변 사람들에게 전달할 수 있다. 예수님은 제자들에게 말씀하셨다. "아버지께서 나를 보내신 것 같이 나도 너희를 보내노라"(요 20:21). 주님이 행하셨던 일보다 더 놀라운 일이 당신을 기다리고 있다!

다니엘은 예언했다. "세상이 '마지막'을 향해 더 가까이 다가갈수록 자기의 하나님을 아는 백성은 강하여지고 용맹을 발하리라"(단 11:32 참조). 예수님이 이 땅 위에서 행하신 기적들은 하나님이 살아 계신다는 사실과 그 능력과 그의 임재를 입증해 주었다. 마찬가지로 오늘날 도처에서 일어나는 수많은 기적과 표사는 예수의 부활을 증언해 주고 있다. 하나님께서는 모든 이가 듣고 볼 수 있도록 하기 위해서 능력의 말씀과 기적을 통해 하나님 나라의 복음이 전파되도록 디자인해 놓으셨다.

행함으로 증폭되다

'전이' 다음은 '행함'이다. 대부분 사람들은 서부 영화 한두 편 정도는 봤으리라 생각한다. 항상 그렇듯 주인공과 악당의 마지막 결투 장면에서 영화는 절정에 이른다. 오늘날의 영화를 봐도 동일한 선악 대결 구도를 볼 수 있다. 다만 우주공간 또는 도시의 어두운 뒷골목 등으로 장소만 옮겼을 뿐, 스토리 전개 방식은 예나 지금이나 다름이 없다.

고전 서부 영화 속에서는 어딘지 알 수 없는, 먼지가 흩날리는 작은 마을이 주 무대가 된다. 기타 현을 튕기는 소리가 바람에 실려 배경음악을 연출한다. 태양은 중천에 올랐다. 정오다. 마을의 중심가는 모래와 먼지가 흩날리는 사막이다.

악당은 '터벅터벅' 술집 문을 열고 거리로 나선다. 상대하는 것 자체가 두려울 만한 모습이기에 마을 사람들은 그의 등장에 공포심을 느낀다. 그때 어디선가 나타난 우리의 영웅! 그의 찡그린 한쪽 눈에선 매서운 빛이 감돈다. 그의 손은 허리춤에 차고 있는 6연발 권총 손잡이 언저리에 머물고 있다. 언제든지 총을 쏠 준비가 되어 있다. 홀로, 아무런 두려움의 기색 없이, 그는 악당과 대면한다. 긴장감은 고도에 이른다. 그 때, 섬광과 함께 들리는 총소리… 그리고 화면을 가득 메운 연기… 연기가 걷히면 모래 위에 '털퍼덕' 쓰러져 더 이상 움직임이 없는 악당의 몸(사체)이 시야에 들어온다. 악당의 죽음은 유유자적 말 위에 올라 자신의 길을 떠나는 영웅의 면모, 그가 겸비한 용기와 능력을 증명해 준다. 집에서 숨죽이며 이 광경을 본 마을 사람들은 어느새 대로를 가득 채운다. 이들은 기쁨으로 충만한 탄성을 지르며 석양을 등지고 말 달리는 구원자를 먼발치서 바라본다.

아주 닳고 닳은 선과 악의 대결구도이지만 여전히 훌륭하다! 이처럼 옛 서부영화에서나 볼 수 있는 '구식' 영웅들이 이 세대에 등장해 준다면 얼마나 좋을까? 지금은 악에 대항하길 두려워 않고 무고한 포로들을 구출하기 위해 기꺼이 싸울 준비가 되어 있는 남녀 대장부들이 필요한 때이다.

미 서부 개척 시대, '텍사스 레인저스'(텍사스 경비대)라 불리는 한 무리의 사람들이 있었다. 이들 경비대원은 용기와 기개로 유명했다. 그들은 가장 악랄한 범죄자까지도 끝까지 추적하여 수감시킬 정도로 용감했다. 남북전쟁이 끝날 무렵 텍사스는 무법천지가 되었다. 이에 경비대원들이 다시금 소집되어 법과 질서를 회복시키는 등, 문제 해결에 앞장섰다.

경비대원들은 실제적인(가시적) 결과를 만들어내느라 바빴지 서류업무 및 행정보고 같은 일 따위에는 신경 쓰지 않았다. 대원들 각자는 자신을 필요로 하는 곳에 파견되어 맡은 바 임무를 완수할 때까지 그곳을 떠나지 않았다. 단지 그것뿐이다. 그들은 집을 떠나 먼 거리를 여행하기도 했고 며칠이 걸리든 단잠까지 설쳐가면서 악당을 소탕해내는 일에 집중했다. 악당 패거리들, 살인자들과 교전까지 벌여야 했다. 또한 필요에 의해 지휘체계를 만들었다. 그들은 최고 상관 즉, '대령'(Colonel)의 통제를 자발적으로 따랐다.

폭력이 횡행했던 어느 텍사스 마을의 이야기가 전해진다. 그 마을의 시장은 주지사에게 전보를 보내 경비대원의 파견을 요청했다. 주지사는 승낙했고, 마을 주민들은 경비대원들이 오기만을 간절히 기다렸다. 마침내, 수많은 경비대원이 탑승했으리라 예상했던 열차가 도착했다. 기차역에 운집한 환영인파의 얼굴은 기대감으로 가득했다. 그러나 객실 출입문이 열렸을 때, 침통한 분위기가 빠른 속도로 확산되었다. 오직 한 사람, 단 한 명의 경비대원이 하차하는 것이 아닌가? 그는 경비대 B 중대(B Company) 소속 빌 맥도날드(Cpt. Bill McDonald) 대위였다.

시장은 긴 침묵을 깨고 그에게 물었다. "어째서 주지사님은 단 한 명의 경비대원만을 파견하신 겁니까?"

맥도날드 대위는 입 꼬리를 살짝 치켜올려 미소를 지은 뒤, 다음과 같은 대답을 전했다. "이 마을엔 한 차례의 폭동이 있다면서요?"

'한 차례 폭동에 한 명의 경비대원'(One Riot; One Ranger). 그 뒤로 이것은 경비대원들의 구호가 되었다.

그러나 지금 텍사스 레인저 대원들은 대부분 특별사건 수사관으로 활동하고 있다. 오늘날 경비대원이 된다는 말은 악당과의 대결은 고사하고, 오히려 관료체제하에서 수많은 서류 작업을 수행한다는 것을 의미하게 되었다. 이에 수많은 대원들이 실망을 감추지 못하고 이러한 일에 염증을 느껴 레인저 배지(badge)를 반납했다. 경비대원만의 탁월성 그리고 그들의 구호가 전달했던 메시지는 빛바랜 지 오래다.

당신은 예수 그리스도의 교회 역사 속에서도 이와 동일한 양상이 발견된다는 사실을 아는가? 예수님이 소집한 경비중대 대원들, 즉 '특별한 사람,' '소중한 보물,'—어둠에서 구출되어 예수님이 하셨던 일보다 더 큰 일을 수행하도록 부름 받은 제사장들—은 이제 과거 역사를 조사하는 수사관의 무리로 전락해버렸다. 목적 없는 철학, 희석된 신학, 세상으로부터 거절당할까봐 두려워하는 마음… 왕 같은 제사장들이 이 모든 것들을 허용했을 때, 이것들은 교회로부터 '권위의 배지'를 앗아가 버렸다.

오늘날 너무나 많은 크리스천들이 어떻게 복음이 시작되었고 복음이 어떤 경로로 확장되었는지를 지식적으로 아는 것에 만족할 뿐이다. 그러나 복음에 합당한 행동을 취할 때가 도래했다. 지금은 영혼의 도적, 강도, 살인자들의 횡포를 저지하고 그들을 체포할 때이다. 하나님을 만나고, 하나님으로부터 전이를 받고, 그분의 임재 안에서 걸으며, 하나님이 하신 일을 목격한 대로 행했던 옛 사도와 선지자들처럼, 지금 우리는 구식 서부 영화의 영웅 역할을 부활시켜야 할 때이다. 모래와 먼지뿐인 마을의 중심 대로, 그 위 하늘의 태양은 정오를 가리키고 있다. 지금 하나님께서는 기름부음을 전이받고 그것을 행동으로 옮길 만한 경비대원들을 찾고 계신다.

모두가 하루 동안에 이뤄질 일

예수님의 입장에서 보면 성부 하나님의 기적은 모두 하루 동안에 '이뤄질' 일들이었다. 마태복음에 여덟 장 분량으로 기록된 사건들을 보라.

모두 하루 동안 이뤄진 일들이었다. 습관처럼 밤이 새도록 기도하신 후 산에서 내려오신 예수님께서 그날 처음 만났던 사람은 문둥병자였다.

"주여, 원하신다면 나를 깨끗케 하실 수 있나이다." 그가 말했다.

"내가 원하노라!" 예수님이 대답하셨다. 그리고 그 사람은 치유되었다.

이후 예수님은 백부장을 만나셨다. 당시 그의 시종이 병에 걸려 죽게 되었다.

"내가 가서 그를 고쳐주겠다." 예수님이 말씀하셨다.

"아닙니다, 주님. 말씀 한 마디만 해주십시오." 백부장의 대답이었다.

그 즉시 예수님은 그의 시종이 치료되었다고 말씀해주셨다.

바닷가로 발걸음을 돌리자 수많은 군중이 예수님을 따라나섰다. 예수님은 제자들과 함께 배에 올랐다. 그제야 무리로부터 떨어져 쉴 틈을 얻고 잠을 청하실 수 있었다. 예수님은 깊은 잠에 빠지셨다. 그러나 아무런 징조도, 또 예고도 없이 거친 폭풍이 밀려왔다. 파도가 높아 배 안에 물이 차기 시작했다. 제자들은 예수님을 깨웠다.

"주여, 우리를 구해주소서! 우리가 죽게 되었나이다!"

이에 예수님은 지친 몸을 곧추세우셨다. 피곤한듯 하품하시면서, 제자들의 믿음 없음을 질책하신 후 폭풍을 꾸짖으셨다. 그 즉시 '샬롬'이 임했다. 격노한 파도가 잠잠해졌다. 제자들은 그동안 온갖 종류의 기적을 보았다. 그러나 지금 그들은 또 다른 차원의 놀라움을 경험하고 있다. 제자들은 자문할 수밖에 없었다.

"도대체 이분이 누구이기에, 바다와 바람마저 순복하는가?"

대답은 간단하다. 예수님은 '자기의 하나님을 아는' (단 11:32) 사람이셨다. 그는 정오에 대로 한가운데에 설 줄 아는 총잡이 영웅이시다. 광활한 평야의 레인저이시다. 자신의 사명을 수행하는 전사, 즉 어둠의 왕국을 무릎 꿇리는 폭풍의 전사이시다!

폭풍이 잠잠해진 이 호수의 건너편(가다라 지방)에는 귀신에 사로잡혀 무덤을 전전긍긍하던 두 남자가 있었다. 이제 곧 그들이 예수님과 대면하게 될 것이다. 그러나 잠시… 한 번 생각해보라. 호숫가에 폭풍이 몰아쳤던 시간은 자정이었다. 게다가 예수님은 이미 바쁜 하루 일정을 보낸 상태였다. 전날의 철야기도 이후에 시작되었던 하루가 너무나 길었던 터였다.

"당신이 우리와 무슨 상관이 있습니까? 예수, 하나님의 아들이시여!"

그 두 사람은 소리쳤다.

"아직 때가 이르지도 않았는데 벌써 우리를 괴롭게 하러 오셨습니까?"

하지만 이 외침은 사람의 소리가 아니라 그들 안에 있던 마귀의 목소리였다. 예수께서 이들과 대면하신 곳으로부터 조금 떨어진 곳에 '쿵쿵' 소리를 요란하게 내던 돼지 떼가 있었다. 마귀들은 예수님에게서 천국의 향음이 퍼져 나오는 것을 확인했다. 그 소리가 자신들을 대적한다는 사실도 깨달았다. 마치 범행 현장에서 체포된 도둑처럼, 마귀들은 순복해야 했다. "당신이 우리를 쫓아내실 거라면, 좋습니다. 저기 있는 돼지 속에 들어갈 수 있도록 허락해주십시오." 그들은 예수님께 간절히 요청했다.

예수님은 한 마디로 명령하셨다.

"가라!"

마귀들은 이 두 사람을 떠나 돼지 속으로 들어갔다. 그러자 온 돼지 떼가 가파른 강둑으로 내닫더니 물속에 몸을 던져 익사해버린 것이 아닌가? 이에 돼지 치던 자들이 놀라 마을로 달려갔다. 그런데 이 소식을 들은 마을 사람들의 반응은 의외였다. 주민들은 귀신들린 사람이 자유케 된 것, 혹은 그 두 남자의 난폭한 행동이 사라지게 된 것에 대해서 조금도 기뻐하는 기색이 없었다. 게다가 그들은 예수가 누구인지 또 왜 이 마을에 왔는지 알고 싶은 기색도 없었다.

> 온 시내가 예수를 만나려고 나가서 보고 그 지방에서 떠나시기를 간구하더라(마 8:34)

역사상, 무지(무관심)와 두려움에 사로잡힌 '마을 사람들'은 언제든지 존재해왔다. 앞으로도 계속 존재할 것이다. '축사'(逐邪)보다 '귀신들림'을 더 선호하는 사람들, '하나님' 보다 '돼지'를 더 추구하는 오합지졸들이 미래에도 어김없이 등장할 것이다. 당신은 분명코 그들과 만나게 되리라! 그들 가운데에는 주일만 되면 교회에 가려고 멋진 옷을 갖춰 입는 사람도 있다!

케케묵은 신학이 주장하는 것처럼 하나님이 더 이상 기적을 행하시지 않는다고 말하는 것은 그리스도께서 십자가의 죽음 이후 부활한 적도 없고 무덤에서 나오지도 않았다고 주장하는 것과 진배없다. 이 같은 이론들을 뒷받침하는 근거로서 사람들은 "그리스도는 여전히 죽은 상태이다!"라고 말한다. 본질적으로 이 말은 그리스도의 구속사역이 전혀 효과가 없다는 주장이다. 단 한 차례도 효과를 발휘한 적이 없다는 의미이다. 그러나 이 세상은 폭풍 가운데 전복되기 일보 직전인 구명보트, 그 안에서 어쩔 줄 몰라 하는 위급한 상태의 사람들로 가득하다. 누가 가서 바람을 꾸짖고 멸망으로부터 이들을 구출해낼 것인가? 귀신들린 '가다라'(Gadarenes) 지역의 두 남자처럼 마귀의 영향력에 사로잡힌 채, 구원을 울부짖는 사람들이 각 대륙, 모든 도시마다 존재한다. 누가 가서 그들의 집을 깨끗이 소제하며 갇힌 자를 자유케 할 것인가?

성경은 주장한다. "예수는 어제도, 오늘도 그리고 앞으로도 영원히 동일하다." 만일 예수가 지금도 살아 계시다면, 그는 과거 병든 사람을 치유하고 귀신을 내쫓고 죽은 사람을 살려내고 폭풍을 잠재웠던 바로 그 예수일 것이다. 만일 그가 바로 그 예수라면, 그는 여태껏 해왔던 바로 그 일들을 지금도 동일하게 행하실 것이다. 예수님은 말씀하셨다. "나를 믿는 자는 나의 하는 일을 저도 할 것이요 또한 이보다 큰 것도 하리니 이는 내가 아버지께로 감이니라"(요 14:12). 기적을 위해 필요한 능력의 '겉옷'이 오순절 성령의 강력한 임재를 통해 우리 위에 내려왔다.

기적에 대해 말하자면, '보는 것이 믿는 것'이 아니라 '믿음'(believing) 때문에 '보게 되는 것'(seeing)이다. 수세대의 크리스천들이 '믿지' 않았으므로 '보지' 못했다. 심지어 어떤 사람들은 크리스천들이 왜 기적을 믿지 않는지 그 이유를 분석하여 여러 권의 책을 편찬하기도 했다. 또 어떤 신학자들은 왜 우리가 기적을 볼 수 없는지에 대한 신학을 정립하기도 했다. 지금의 상황이 이러하다는 것을 인식했다면, 우리가 수행해야 할 과제는 예수께서 놀라운 역사(치유와 축사사역)를 이루시며 설교하시고 행하셨던 '온전한 복음'을 그대로 전파하는 것이다. 우리의 메시지는, 오늘도 예수님의 기적이 일어나길 소망하고 온전한 구원을 갈구하는 사람들에게 전달되어야 한다.

이성주의와 세속적 인본주의가 만연한 이 시대에, 온 세계는 말씀에 기반을 둔 신앙의 회복을 간절히 기다리고 있다. 폭풍이 다가올 때, 인간의 지혜와 능력은 반드시 실패할 것이다. 반대로 하나님을 아는 지식-하나님과 긴밀하게, 개인적으로 나누는 친교-은 모든 집을 지탱해 줄 반석이 될 것이다. 우리는 장차 거센 바람이 불고 많은 양의 비가 내려 우리의 집을 위협할 것이라고 확신한다. 그러나 하나님을 아는 지식 위에 세워졌기 때문에 그 집은 견고히 설 것이다. 그리스도께서 이 땅 위를 걸으시며 성부 하나님과의 친밀함을 누렸던 것처럼, 우리가 하나님을 깊이 체험하며 그에 대한 지식을 더 많이 쌓게 될 때, 우리는 하나님을 온전히 신뢰하게 된다. 온전한 신뢰는 우리 안에 믿음을 심어준다. 그리고 이러한 믿음만 있으면 능치 못할 일이 전혀 없다. 이것이 바로 예수님께서 붙잡으신 성부 하나님의 사랑이며 그 사랑 속에 감춰진 비밀이다. 어디든지 또 언제든지 예수님께서 구원의 기쁜 소식을 전하신 곳마다 치유와 축사의 놀라운 기적이 일어났다. 이것은 성부 하나님과의 친밀함 가운데 일어난 기적들이다. 하나님을 아는 지식은 신뢰를 낳는다. 신뢰는 믿음을 낳는다. 믿음은 기적을 보여준다. 그러므로 "하나님을 알라. 신뢰하라. 믿으라." 이것이 우리를 승리의 삶으로 인도하는 초석이다. 다음의 여러 장을 통해, 어떻게 이 기초 위에 견고한 집을 세울 수 있는지 말할 것이다.

하나님의 임재 속에서 당신의 귓가에 들려올 한 마디 말씀은 오늘 당신이 겪게 될 폭풍이 어떤 것이든 상관없이 그것을 잠재우기에 충분하다. 영광으로부터 온 한 마디 말씀은 당신의 가족을 향해 거세게 불어오는 바람과 무서운 기세로 불어나는 홍수를 잠재우고 말리기에 충분하고도 남는다. 지금은 폭풍의 규모가 점차 커지는 때이다. 우리는 이러한 시대를 살아간다. 열방은 치유받기 원한다. 사람들에게는 구원이 필요하다. 폭력과 테러의 강도는 점점 심해져만 간다. 9·11사태는 영의 세계에 뿌리를 두고 있는 선과 악의 영적 전쟁이 가시적으로 발현된 결과로서 우리에게도 지대한 영향을 끼쳤다. 그뿐만 아니라 자연 재해나 전염병은 무방비 상태의 사람들을 죽음으로 이끌고자 위협하고 있다.

크리스천이라면 폭풍에 대한 하나님의 해결책을 수행할 준비가 되어 있어야 한다. 그리스도는 죽음에서 부활하셨고 지금 우리 안에 살아 계신다. 그러므로 폭풍에 대한 우리의 반응은 그리스도의 반응과 동일해야 할 것이다. 그리스도는 우리가 무엇을 알기 원하시는가? 영광(즉, 기적이 머물고 있는 그리스도 자신의 임재)으로부터 흘러나온 그리스도의 대답은 간단하다.

"내 백성에게 말하리라. 너희는 폭풍의 전사들이다!"

2 | Row Toward the Wave!
성난 파도를 향해 노를 저어라

여호와께서 명하신즉 광풍이 일어나서 바다 물결을 일으키는도다

(시 107:25)

우리는 지난 2004년 크리스마스 다음 날(12월 26일), 동남아시아를 강타하여 수많은 희생자를 내었던 '죽음의 파도'(쓰나미)를 기억한다. 수면 하부 지층에서 발원한 지진으로 시작되어 거대한 높이로 밀려들었던 그 파도는 삽시간에 2십만 명 이상의 목숨을 앗아갔다. 게다가 수많은 가옥이 그 파도에 휩쓸려 갔기에 이재민만 해도 수십만에 달했다.

이 사건이 일어나기 몇 해 전, 쓰나미와 비슷해 보이는 파도가 뉴기니의 조그마한 수렵마을을 강타한 적이 있었다. 당시 겁에 질린 마을 사람들은 대피하기 위해 고지대를 찾아 달려갔다. 그들 모두는 육감에 따라, 밀려오는 파도를 등진 채 파도로부터 더 멀리 달아나기 위해 내륙 깊

숙이 들어갔다. 주민 모두가 그렇게 대피했다.

그런데 수평선 위로 자그마한 '점' 하나가 떠 있는 것이 보였다. 한 무리의 사람들(대략 한두 가정 정도)이 조그마한 낚싯배에 올라 거센 파도를 향해 노를 저으며 돌진하고 있었던 것이다. 이들의 이야기는 진정한 용기가 무엇인지를 말해준다. 폭풍의 전사라면 누구나 가져야 할 용기, 단순한 '정복자'로 그칠 것이 아니라 참된 '용사'로 거듭나기 위해 필요한 '용기….'

이제 듣게 될 이야기는 이러한 용기가 무엇인지에 대해 명확한 청사진을 제시해줄 것이다. 여기서 우리가 기억해야 할 사실이 있다. 용기는 '관계'에서 비롯된다는 것이다. 낚싯배에 오른 사람들은 하나님을 향한 믿음(하나님과의 올바른 관계) 가운데 똘똘 뭉친 사람들이었다. 그들은 하나님을 믿는다는 이유로 마을 주민 대다수로부터 박해를 받기도 했고 추방당하기도 했다.

원래 그들은 함께 기도하기 위해 정기적으로 모였었다. 그날, 임박한 재앙에 대한 주님의 경고를 들은 것 역시 이 기도모임에서였다. 그들은 주님께서 자기들을 조그마한 낚싯배에 태워 바다 깊은 곳으로 인도하실 것이라는, 아주 특별한 '감동'(계시)을 받았다. "너희는 성난 파도를 향해 노를 저어라!" 기도 중에 그들이 주님으로부터 들은 말씀이었다.

그 마을의 적대적인 영적 분위기 속에서 생존을 위해서라도 주님의 목소리를 의존해야 했던 그들이었다. 그래서 그들은 일말의 주저함없이 주님의 지시를 따를 수 있었던 것이다. 이 용감한 사람들은 '예언의 말씀'에 순종하여 자녀들과 함께 배에 오르고 열심히 노를 저어 바다 한가운데로 나아갔다. 마을 주민들은 호기심 어린 눈으로 이들의 행동을 지켜보고 있었다.

그들의 배가 연한 파도를 가르며 전진한 지 얼마 지나지 않았을 때였다. 저 멀리서 높은 파도의 윤곽이 그들의 눈에 들어왔다. 손으로 꼭 쥔 노를 부지런히 저으며, 그들은 곧 '쓰나미' 처럼 불어날 파도의 능선을 타고 올라가기 시작했다.

마침내 그들의 배는 파도의 물마루(꼭대기)에 올랐다. 곧 그 배는 커다랗게 용솟은 바닷물 벽을 등 뒤로한 채 하강하기 시작했다. 그리고 얼마 지나지 않아 엄청난 파괴력을 동반한 파도가 해안에 닿았다. 마을을 휩쓸었다. 마을을 송두리째 앗아갔다. 그리고 이 파도는 썰물이 되어 다시금 바다로 빠져나갔다. 낚싯배는 해안으로부터 더욱 멀어졌다. 이들이 배의 방향을 돌려 다시 해안(황폐된 마을)에 닿기까지는 한나절이나 걸렸다.

뭍에 닿자마자 배를 정박시키고 사방을 둘러보기 시작했다. 수마가 휩쓸고 간 마을… 그들 외에 사람의 모습은 흔적조차 찾아볼 수가 없었다. 마을 사람들은 결국 재난을 피하지 못했다. 오직 파도를 향해 돌진했던 사람들만이 목숨을 건졌던 것이다.

우리 중, 주님의 말씀을 듣고 용기를 내어 거센 파도를 향해 돌진할 사람이 몇이나 되겠는가? 파도를 향해 돌진하라는 명령은 참으로 이상한 명령이다. 그러나 낚싯배에 올랐던 용사들은 믿음의 베테랑들이었다. 마을의 적대적인 영적 분위기 속에서도 주님의 목소리를 분별해내는 능력, 주님의 명령에 순종하는 능력은 나날이 예리해져갔다. 하나님과 밀착하여 살아가는 생활방식은 마침내 그들을 '정복자' 로 만들었다. 폭풍이 밀려왔을 때, 그들은 겁내지도, 숨지도 않았다.

폭풍의 전사를 폭풍의 전사답게 만드는 용기는 하나님 아버지와의 친밀함, 그리고 하나님을 아는 지식에 기반을 둔다. 어떻게 해야 이러한 관계를 발전시킬 수 있는지, 성경이 말하는 것을 들어보자.

전장(戰場)으로 달려가다

성경은 위대한 전사들의 그림으로 가득하다. '폭풍' 속으로 뛰어든 용감한 인물부터 살펴보자. 지금으로부터 3천 년 전의 이야기지만, 골리앗과 대항했던 다윗의 용기는 오늘날 폭풍의 전사가 지녀야 할 모습에 대해 많은 것을 이야기해준다. 다윗은 "블레셋 사람에게로, 그 항오(行伍)를 향하여 빨리 달려갔다"(삼상 17:48). 다윗은 열정으로 가득한 사람이다. 적들은 다윗에게 두려움을 주기 위해 모욕의 말을 내뱉었다. 그러나 다윗은 그들이 던진 모욕의 말을 자신이 알고 있는 하나님, 자신이 그토록 사랑하는 하나님에 대한 모독으로 받아들였다.

다윗은 외쳤다. "너는 칼과 창과 단창으로 내게 오거니와 나는 만군의 여호와의 이름 곧 네가 모욕하는 이스라엘 군대의 하나님의 이름으로 네게 가노라"(삼상 17:45). 다윗은 하나님께서 만군의 사령관이심을 알고 있었다. 오랜 세월 동안 양 떼를 지키느라 밤을 지새우며 하나님 아버지와 교감을 나눴던 그였기에 하나님을 향해 더욱 강한 믿음과 신뢰를 가질 수 있었다. 그는 양 떼를 보호하기 위해 늑대와, 사자와 싸워야 했다. 이러한 싸움으로 훈련된 다윗은 이제 거인들의 군대를 향해 저돌적으로 달려나간다!

나(마헤쉬)는 다섯 살 때 아버지를 여의었다. 그러나 하늘의 아버지가 내게 오셔서 나를 세우시고, 내게 그분의 이름을 주셨다. 하늘의 아버지께서는 내 육신의 아버지가 줄 수 있는 것보다 훨씬 더 크고 충만한 사랑과 계획 가운데로 나를 인도하셨다. "내 부모는 나를 버렸으나 여호와는 나를 영접하시리이다"(시 27:10). 이새는 그의 막내아들 다윗이 이스라엘의 왕좌를 차지할 것이라고는 꿈도 꾸지 못했다. 그러나 이 어린 목동이 신뢰했던 하늘의 아버지께서는 바로 이 아들에게 왕국을 맡기기로 결심하셨다. 다윗은 하늘의 아버지를 친밀하게 알았고, 하나님께서는 이 아들이 가지고 있는 '하나님을 아는 지식'을 통해 그를 창대케 하시기로 결정하셨다.

하나님을 아는 지식―우리는 바로 이 기초에서부터 시작해야 한다. 알라(Know)! 신뢰하라(Trust)! 믿으라(Believe)! 이 기초는 우리가 하나님과의 관계 속에서 친밀함을 누릴 수 있도록 인도해줄 것이다. 하나님과 친밀한 사람은 역경을 이길 힘을 얻게 된다. 그러면 어려움을 직면해도 승리(victory)하게 될 것이다. 하지만 우리는 승리에서 멈추지 않는다. 승리를 넘어 정복(triumph, 대승리)으로 나아가야 한다. 내 첫째아들 벤(Ben)은 선천적 장애 때문에 목숨이 위태로운 상태에서 태어났다. 그가 연명하여 정상적인 상태로 살아갈 확률은 3퍼센트에 지나지 않았다. 사실, 의사들은 신장 기능 마비(kidney failure) 때문에 이 아이가 수일 내에 세상을 떠날 것이라고 예상했다. 그들이 우리 부부에게 "아이가 오늘 밤을 넘기기 힘들 것입니다"라고 말했던 바로 그날 밤, 나와 아내는 무릎을 꿇고 생명을 하나님 앞에 내려놓은 채 기도했다. "주님, 어떤 일이 일어나더라도 우리는 온 맘 다해 주님을 섬기겠습니다." 기도한 후, 우리는 교회 식구들과 한 마음으로 연합하여 긴 영적 전쟁을 치렀다.

하룻밤 만에 승리를 얻은 것이 아니다. 끈질긴 기도와 금식, 많은 눈물이 뿌려졌을 때 비로소 승리를 취할 수 있었다. 이 경험을 통해 우리는 놀라운 전략을 배울 수 있었다. 아내가 둘째아들 애런(Aaron)을 임신했을 때였다. 우리에게 또 다른 어려움이 닥쳤다. 그러나 첫째아들의 문제를 통해 배웠던 전략은 둘째 전쟁을 잘 치러내도록 우리에게 힘을 실어줬다. 당시 태 속에 있던 애런이 건강하게 출생할 확률은 통계적으로 봤을 때, 0퍼센트였다. 다음 장을 통해 내 아내 보니가 이 이야기를 전해줄 것이다. 어쨌든 우리는 믿음(faith)에서 출발하여 충실함(faithfulness)으로 나아갔고, 승리(victory)를 얻었으며 정복(triumph)하기에 이르렀다. 벤과 애런은 오늘날까지 건강하게 잘 살고 있다.

다윗은 입술로만 하나님의 이름을 부르는 사람이 아니었다. 그는 하나님을 친밀하게 알았던 사람이었다. 그는 '하나님을 아는 지식'을 갖고 있었다. 다윗은 그 지식으로부터 나오는 자신감과 능력으로 살았다.

그 이름의 계시

다윗은 하나님과의 친밀한 관계 속에서 성장했던 수많은 사람들 중 한 명이다. 그가 하나님과 친밀한 관계를 갖게 된 것은 하나님께서 자신의 이름을 그에게 계시하여 주셨기 때문이다. 하나님은 자녀들의 마음에 생명의 진리를 전이(轉移, impart)시켜 주시려고 자신의 이름을 알려주신다. "영광의 왕이 뉘시뇨 강하고 능한 여호와시요 전쟁에 능한 여호와시로다 영광의 왕이 뉘시뇨 만군의 여호와께서 곧 영광의 왕이시로다"(시 24:8, 10).

진리의 전이는 곧 행동으로 이어진다. 그리고 그 기저에는 하나님과의 친밀한 관계가 놓여 있다. 이스라엘 백성이 애굽을 탈출하여 홍해를 건넜을 때, 하나님께서는 그들에게 약속을 주셨다. "만일 너희가 내 명령을 따르면 내가 애굽 사람에게 내린 모든 질병의 하나라도 너희에게 내리지 아니할 것이다. 너희는 질병 때문에 고생하지 않을 것이다"(출 15:26). 이 약속을 주신 후 하나님은 자신의 이름을 알려주시며 자신을 계시하셨다. "나는 너희를 치료하는 여호와이니라"(26절).

아브라함이 조카 롯을 구하려고 자기 종들을 이끌고 다섯 왕이 이끄는 군대를 격퇴했을 때, 하나님은 자신을 "지극히 높으신 하나님"으로 계시하셨다(창 14:19). 하나님의 이름 안에서 승리를 얻었음을 깨달았기에 아브라함은 전리품 10분의 1을 멜기세덱 앞에 바쳤다. 그러자 하나님께서는 아브라함에게 "나는 너의 방패요 너의 지극히 큰 상급이니라"라고 말씀하시며 자신을 계시하셨다.

위의 모든 경우를 살펴보라. 하나님의 자녀들이 폭풍을 만난다. 그것을 극복한다. 이후 하나님께서는 자신의 이름을 알려주신다. 폭풍을 지나는 경험을 한 후 하나님의 백성들의 마음에는 생명의 진리가 전이된다. 하나님의 임재를 친밀하게, 또 직접적으로 경험했기 때문에 그들의 마음에 새겨진 생명의 진리는 곧 그들이 자신 있게 부를 수 있는 하나님의 이름으로 변화(transform)되는 것이다. 하나님의 거룩한 이름 야훼(YHWH)는 지금까지 계시된 하나님의 모든 이름 속에 내재한 영원한 능력과 사랑을 담아내고 있다. 예수님은 이렇게 기도하셨다.

> 세상 중에서 내게 주신 사람들에게 내가 아버지의 이름을 나타내었나이다… 나는 아버지를 알았삽고 저희도 아버지께서 나를 보내신 줄 알았삽나이다. 내가 아버지의 이름을 저희에게 알게 하였고 또 알게 하리니 이는 나를 사랑하신 사랑이 저희 안에 있고 나도 저희 안에 있게 하려 함이니이다(요 17:6, 25-26)

우리가 하나님을 믿고 기대하는 가운데 그의 앞으로 나아간다면, 하나님의 이름이 지닌 능력을 체험하게 될 것이다. 일단 하나님과 친밀한 관계를 형성했다면, 하나님은 항상 당신과 함께 계실 것이다. 삶의 모든 전쟁을 승리로 이끄실 것이다. 그리고 당신에게 자신의 이름을 계시하여 주실 것이다.

예수님의 제자들이 폭풍을 만나 밤새도록 거센 바람과 파도와 싸우고 있었다(요 6:19). 때는 제4시, 어둠이 깊었다. 그때, 예수님께서 물 위를 걸어 제자들에게 다가가셨다. 물 위를 걷는 것-이것은 참으로 신기한 광경이었다. 하나님이 행하신 놀라운 일들을 수없이 지켜봐왔던 사람들에게라도 두려운 광경이었으리라. 제자들은 겁먹었다. 그러나 예수님께서 "내니 두려워 말라" 하시며 자기를 나타내셨을 때 그들은 "기뻐하며 예수님을 배로 영접"했다(요 6:21). 그리고 그 배는 "곧 저들이 가려던 목적지에 이르렀다"(요 6:21).

만일 우리가 폭풍 중에라도 기뻐하며 하나님의 임재를 환영한다면, 하나님은 그 즉시 신기한 방법으로 우리에게 다가오실 것이다. 어쩌면 우리는 폭풍 때문에 '밤새도록' 고생할 수도 있을 것이다. 힘이 없어 주저앉을 수도, 동이 트리라고는 생각지도 못할 만큼 지쳤을 수도 있다. 그러나 예수님은 어제도, 오늘도, 그리고 영원토록 동일하시다. 예수님이 다가오실 때까지 기다리라. 어쩌면 이미 당신과 함께 계실지도 모른다. 다만 당신이 처한 환경 때문에 그가 함께 계심을 인지하지 못할 뿐인지도 모른다. 그러므로 다시 한 번 눈을 들어보라. 예수님께서 배에 오르시는 그 순간, 당신은 이미 폭풍 저편의 목적지에 도착해 있을 것이다. 하나님은 자신의 음성에 주파수를 맞추는 폭풍의 전사들을 찾고 계신다. 자신과 친밀한 사랑을 누리기 갈망하는 사람들을 찾으신다. 그래서 이 시대의 어려움(폭풍)을 지나는 그들에게 자신의 이름을 계시해주기 원하신다. 이러한 관계를 발전시키는 열쇠는 하나님을 아는 지식이다. 그 이름에 계시된 하나님의 성품, 하나님의 사랑과 그의 음성을 아는 지식….

우리가 그 이름에 순종한다면, 폭풍이 다가와 우리의 삶을 송두리째 파괴할 것처럼 위협하는 순간에도 우리에게서 하나님의 성품이 드러날 것이다. 예수님은 하나님 아버지의 성품을 계시하기 위해 이 땅에 오셨다. 우리 역시 예수님과 동일한 일을 하도록 부름 받았다.

아버지의 사랑으로 정복하다

죽으시고 부활하시기 전, 제자들과 마지막 순간을 보내시며 예수님께서는 장차 다가올 폭풍에 대해 경고하셨다. "이것을 너희에게 이름은 너희로 내 안에서 평안을 누리게 하려 함이라 세상에서는 너희가 환난을 당하나 담대하라 내가 세상을 이기었노라"(요 16:33). 바울은 이것을 근간으로 로마서 8장 37절을 썼다. "그러나 이 모든 일에 우리를 사랑하시는 이로 말미암아 우리가 넉넉히 이기느니라."

하나님께서는 우리가 하나님 안에서 '승리'한 자임을 알려주시기 위해 그 아들을 보내셨다. 하늘의 아버지는 우리가 여기저기서 조금씩 승리하는 것에는 관심이 없으시다. 하나님께서는 우리가 그 이상을 경험하길 원하시기 때문이다. 단순한 승리(victory)가 아니라 정복(대승리, triumph)을 원하신다. 당신이 당신의 적을 무찌르면 그것은 승리이다. 그러나 당신이 원수를 이기고 그의 소유(가축, 재산, 부)를 전리품으로 취하고 그를 감금한다면 그것은 정복이다. 우리는 성경이 쓰였던 시대, 로마제국의 '정복'에 대해서 잘 알고 있다. 전투의 승리자는 전리품을 이끌고 거리를 행진한다. 전리품 가운데에는 금과 은, 쇠사슬에 매인 포로들과 적장이 있었다. 심지어 정복지의 야생동물을 포획하여 철장에 가둬 놓고 행진 대열에 포함시킨 경우도 있었다. 십자가에서 예수님은 정사와 권세들을 정복하셨다. 그리고 이와 같은 장엄한 행진을 하셨다. 부활을 통해 예수님께서는 자신을 믿는 모든 자들에게 정복하는 능력을 부어 주셨다.

바울은 이렇게 말한다.

> 내가 확신하노니 사망이나 생명이나 천사들이나 권세자들이나 현재 일이나 장래 일이나 능력이나 높음이나 깊음이나 다른 아무 피조물이라도 우리를 우리 주 그리스도 예수 안에 있는 하나님의 사랑에서 끊을 수 없으리라(롬 8:38-39)

십자가는 당신을 향한 하나님의 궁극적인 사랑의 표현이다. 그 사랑 때문에 당신은 정복자이다. 아니, 그 이상이다. 이 세상 그 무엇도 하나님의 사랑에서 당신을 끊을 수 없다. 이 사실이 유진 피터슨의 『메시지성경』(The Message)에는 이렇게 표현되어 있다.

> 그리스도의 사랑과 우리 사이를 가로막을 수 있는 것이 존재한다고 생각하십니까? 제가 확신하건대 하나님의 사랑과 우리 사이를 가로막을 수 있는 것은 아무것도 없습니다. 아무것도 우리를 가로막지 못합니다. 왜냐하면 우리의 주(主)이신 예수님께서 우리를 붙드시기 때문입니다. (롬 8:35, 38)

당신은 얼마만큼 승리하는 삶을 사는가? 이것은 당신이 하늘 아버지와 얼마나 친밀한 관계를 맺느냐에 달렸다. 하나님과의 연합이 없이 사탄의 왕국에 대적하여 전쟁을 치르면, 당신은 죽음과 파멸의 권세에 종노릇하게 될 것이다. 매 순간 그의 거짓말과 위협이 당신을 두렵게 만들 것이다. 하나님과 친밀한 관계를 누리지 못하는 사람들은 종종 "승리를 얻기 위해 나는 더 많은 전쟁을 치러야만 해"라고 말하곤 한다. 그러나 영적 전쟁은 해결책 중 일부일 뿐이다. 사실 승리를 위해 더 중요한 것은 우리가 얼마나 하나님과 친밀한 사랑을 누리고 있는가를 점검해보는 일일 것이다. 친밀한 사랑의 관계는 진리의 교리에 지적으로 동의하는 것만을 의미하지 않는다. 친밀한 사랑의 관계는 우리가 성령의 영향 아래 있을 때, 우리의 마음 안에 생긴다. 당신과 하나님과의 관계가 확고하다면 당신은 다음과 같은 확신을 갖게 될 것이다. "내가 계란을 요청했을 때 하나님은 내게 전갈을 주시지 않을 것이다. 내가 빵을 달라고 하면 하나님은 내게 돌덩이를 주시지 않는다."

한번은 영국에서 순회 사역을 하던 중 응급 수술을 받은 적이 있었다. 여태껏 경험한 것 중 가장 참기 힘들었던 고통의 시간이었다. 수술 후 마취에서 깼을 때 내가 깨달은 두 가지 사실이 있었는데, 하나는 의료진들이 내게 '과도할' 정도의 치료를 행하고 있다는 것과, 둘째, 마취전문의의 실수로 내 몸의 가장 큰 절개부위는 마취되지 않았다는 것이었다. 그 수술은 복잡하고도 규모가 큰 수술이었기 때문에 수술 과정 내내 내 몸을 고정시킬 필요가 있었다. 그래서 마취가 필요했다. 또한 마취를 해야만 수술 후 회복 과정 중에도 몸이 안정을 취할 수 있다고 했다. 그러나 마취전문의의 실수로 인해 나는 끔찍한 통증을 느껴야만 했다. 하지만 입이 떨어지지 않아 간호사들에게 이 통증에 대해 말할 수가 없었다. 다만 하나님 아버지께 울부짖을 뿐이었다.

"내 아버지, 오, 예수님이시여!"

이 한 마디를 외치자마자 주님께서 그곳에 나와 함께 계셨다. 예수님은 내게 말씀하셨다. "고개를 돌려 나를 봐라." 나는 그분의 음성을 향해 고개를 돌렸다. 예루살렘의 서쪽 벽에 서 계신 예수님의 모습이 눈에 들어왔다. 예수님은 내게 손을 펴신 채로 노래를 부르고 계셨다. 내 눈은 그분의 모습을 보았고, 내 귀는 그분의 노래를 들었다. 바로 그때, 그의 노래가 내 몸을 씻는 것이 아닌가! 그분의 목소리는 입체 음향과 같았다. 예수님이 부르시는 사랑의 노래 속에서 천상의 음악이 파도처럼 흘러나와 나를 감싸 안았다. 순간, 모든 통증은 사라졌다.

수술 후 36시간이 지나서야, 의사들은 수술 과정 중 어떤 실수가 있었는지를 알아냈다. 그러나 내 아버지 하나님께서 불러주신 사랑의 노래가 내 몸의 통증을 삼켜버렸다. 내가 확연한 하나님의 사랑 속에 온전히 잠겼을 때, 현실을 지배하던 물리법칙은 예수 안에 있는 승리 앞에 무릎을 꿇어야 했다. 예수 그리스도의 승리가 내 몸의 통증을 앗아갔기에 나는 연거푸 웃을 수밖에 없었다. 나를 둘러싼 의료진들은 잔뜩 긴장했지만, 나는 이미 웃음에 취해버린 상태였다! 예수님의 방문으로 영원한 평화와 기쁨이 내 영혼 깊숙이 침투하였던 것이다. 폭풍 가운데 하나님의 사랑을 체험한 그 사건 이후, 내 일상의 모습은 완전히 변화되었다. 나는 다른 사람을 향해 더 많은 사랑, 더 많은 긍휼을 품게 되었다. 내 삶 속에서 전에 느껴보지 못했던 큰 기쁨이 넘치기 시작했다. 지금도 내 영혼에는 그날 예수님께서 불러주신 노래가 깃들어 있다. 그 노래는 내가 어디를 가든지, 나를 통해, 주님의 임재를 풀어낼 것이다. 나는 내가 경험했던 영광을 담아내고 운반하는 그릇이 되었다.

우리는 하나님 아버지를 알고, 그와 친밀함을 누리도록 창조되었다. 하나님은 일상적인 관계에 만족하시지 않는다. 하나님은 우리와 친밀한 관계를 누리시기 위해 가장 비싼 대가를 치르셨다. 그렇기에 그 값어치 이하의 관계로는 결코 만족하시지 않는다. 하나님을 알 때, 우리는 그분의 성품과 사랑을 따라 소망을 품고 믿음 안에서 행하게 된다.

하나님과 우리와의 관계는 예수 그리스도께서 사신 '삶', 우리를 위해 내려놓으셨던 그의 '삶'에 의해 척량(尺量)된다. 만일 그 관계가 결점과 실수로 가득한 우리 인생에 의해 척량된다면, 우리는 하나님의 사랑으로부터 더욱더 멀어질 수밖에 없다. 하나님께서는 우리가 하나님의 일꾼이 되길 원하시며 깨끗하고 거룩한 삶을 살아가길 바라신다. 이러한 일은 기름부음이 있어야만 가능하다.

규범과 규정의 종교는 우리에게 승리를 안겨줄 수 없다. 우리가 얼마만큼 승리하느냐는 하늘의 아버지와 얼마만큼 친밀한 관계를 유지하느냐에 달려 있기 때문이다. 하나님의 사랑 때문에 우리는 정복자이다. 그 어떤 것도 하나님의 사랑으로부터 우리를 끊을 수 없다. 하나님의 사랑 때문에 우리는 할 수 있다! 하나님은 종교적 행위에 감동받지 않으신다. 갈보리 언덕 십자가… 못 박힌 그리스도의 두 팔… 그 펴신 팔의 품 안으로, 하나님은 우리를 인도하신다. 사랑이 계시된 그곳에서 우리는 승리할 수밖에 없다.

하나님의 가족 안에서 안전하다

모든 관계는 '진행'한다. 결혼 관계만 보더라도 알 수 있지만, 결혼

후 1년이 지난 부부생활과 20년이 지난 부부생활은 결코 같을 수 없다. 시간이 지남에 따라 부부간 상호 신뢰도가 높아지거나 견고해지는 쪽으로 진행될 수도, 혹은 낮아지거나 파괴되는 방향으로 진행될 수도 있다. 이제 우리가 하나님 아버지와 맺고 있는 관계를 살펴보자. 우리는 하나님의 말씀을 신뢰하여 믿음으로 하나님 안에 들어간다. 그런데 이 관계의 힘은 우리의 경험(과거 혹은 역사)을 통해 발휘된다.

히브리서 11장 13절은 "믿음을 따라 죽은 모든 사람들은 약속을 받지 못하였으되 그것들을 멀리서 보고 환영하였다"라고 이야기한다. 하나님을 직접 만나면 우리는 하나님의 권위를 체험하고 하나님을 신뢰하게 되는데, 우리가 체험하는 권위와 신뢰에는 단계가 있다. 우리가 하나님과 함께 '개인적인 역사'(경험)를 체험한다면, 이러한 경험을 통해 우리는 더 깊이 하나님을 신뢰하게 될 것이다. 이처럼 하나님을 신뢰하는 법을 배우면, 우리의 믿음도 성장하게 된다.

다시 말하지만 하나님을 알면 하나님을 신뢰하게 된다. 이 믿음을 통하여 우리는 '산을 옮길 수 있는' 정복자의 정신을 가지고 일어설 수 있다. 하나님께서는 승리를 넘어 정복으로 행진하도록, 또 정복의 기쁨을 만끽하도록 이 세대를 부르신다.

하나님과 우리의 관계, 살아 숨 쉬는 이 관계는 예수님의 모델을 닮아야 한다. 예수님이 붙드신 승리의 비결은 이것이다. "어떤 상황 속에서도 나를 향한 하나님의 사랑은 확실하다." 바로 이 확신이 기적을 행하신 예수님의 능력의 원천이었다. 이 확신이 있었기에 예수님께서는 자신의 기도가 응답될 것을 아셨다.

당신은 패배했다고 느끼는가? 삶이 당신을 넘어뜨린다고 느끼는가? 삶의 환경이 당신의 목을 죄는 것처럼 느끼는가? 하나님께 기도하

라. "하나님! 당신의 사랑을 보여주소서!" 그러면 하나님의 사랑이 당신을 변화시킬 것이다. 예수 그리스도를 사랑하시듯, 하나님은 당신을 사랑하신다. 이미 예수님께서는 당신을 일으켜 세우셔서 자기의 형제와 자매로 삼으셨다. 당신은 그분의 가족이다. 하나님은 당신의 아버지이시다.

아이들이 어렸을 적에, 우리 부부는 "어미를 잠시 동안 잃어버린 아기 새" 이야기책을 읽어주곤 했다. 아기 새는 어디를 가든지, 누구를 만나든지 항상 이렇게 물었다. "당신은 내 엄마인가요?" 그 아기 새는 가족을 찾아 헤맸다. "당신은 내 엄마인가요?" "아저씨가 내 아빠인가요?" 모든 사람의 마음속에는 하나님과의 관계로만 채워질 수 있는 빈 공간이 있다. 지금 우리는 아버지 없는, 어머니 없는 세대가 자라나는 것을 목도하고 있다. 하지만 요한복음 1장 12절은 말한다. "영접하는 자 곧 그 이름을 믿는 자들에게는 하나님의 자녀가 되는 권세를 주셨으니…." 거듭난 모든 사람은 하나님의 가족이다.

하나님께서는 우리가 공동체 안에서 살아가도록 계획하셨다. 우리는 '나 홀로' 하나님과 관계를 맺을 수 없다. 그러므로 하나님의 자녀들과 관계 맺기를 거절하면서, "나는 하나님과 친밀하다"라고 주장할 수는 없는 것이다. 이 땅에서 우리가 수행해야 할 과정 중 하나는 하나님의 가족들(자녀들)을 통해서 하나님을 알아가는 것이다. 마귀는 당신을 고립시키려고 할 것이다. "무리에게서 스스로 나뉘는 자는 자기 소욕을 따르는 자라 그들은 온갖 참 지혜를 배척하느니라"(잠 18:1). 우리는 홀로 여기저기 떠다니는 객(客)이 아니다. 왜냐하면 "하나님은 고독한 자로 가속(family) 중에 처하게 하시기" 때문이다(시 68:6).

만일 당신이 아직도 지역 교회 안에서 가족을 발견하지 못했다면,

오늘 찾으라. 하나님의 가정 속으로 들어가 하나님께서 예비해두신 영적인 아비와 어미로부터 영양분을 공급받으라. 당신이 성숙하고 성장하는 과정의 일부분은, 하나님께서 당신에게 예비하신 교회(가정)와 얼마나 깊은 관계를 맺고 있느냐에 달렸다. 우리의 가정에서와 마찬가지로 영적인 가정에도 우리가 담당해야 할 책임과 임무가 존재한다. 당신이 진정으로 그리스도의 몸 된 교회와 관계를 맺고자 한다면, '그저 교회에 와서 받아가기만 하는' 사람이어서는 안 된다. 히브리서 2장 10절은 이렇게 말한다.

> 만물이 인하고 만물이 말미암은 자에게는 많은 아들을 이끌어 영광에 들어가게 하시는 일에 저희 구원의 주를 고난으로 말미암아 온전케 하심이 합당하도다(히 2:10, 개역한글)
> 만물을 창조하시고 보존하시는 하나님이 많은 사람을 영광으로 인도하시려고 구원의 창시자이신 예수님을 고난을 통해 완전하게 하신 것은 너무나 당연한 일이었습니다(현대인의 성경)

수많은 아들들의 처음이신 예수님은 진정한 제자도를, 참된 종의 모습을 본보이셨다. 진정한 아들들에게서는 예수님의 모습이 나타난다.

나와 보니는 우리의 영적 아버지인 데릭 프린스(Derek Prince)를 존경한다. 수년 동안 나는 세계 곳곳을 다니며 복음을 전하고 지역 목회자들을 훈련시키는 데릭의 사역에 동참했다. 어느 날, 아프리카의 목회자 수천 명이 운집한 컨퍼런스에서, 데릭은 나를 향해 몸을 돌려 말했다. "마헤쉬, 내가 아는 모든 것을 자네에게 가르쳤네. 그리고 하나님께서는 자네에게 더 많은 것을 보여주실 걸세. 자네의 사역은 내가 했던 것보다 열 배 이상 효과적일 거라네. 이것이 영적인 법칙이기 때문이지."

순간 나는 울었다. 데릭도 울었다. 우리가 눈물을 흘렸던 이유는 데릭이 이 말을 전했을 때, 기름부으심이 너무나 강렬했기 때문이다. 이것이 참된 아버지의 마음이다. 아들이 더 큰 일을 해내는 것을 목도하는 것 말이다. 이러한 일은 하늘에 계신 아버지와의 관계를 통해서, 그리고 매일의 삶 속에서 우리와 동행하는 영적 아버지 어머니와의 관계를 통해서만 가능하다.

현재, 우리는 전 세계 수억의 사람들을 향해 사역을 하고 있다. 이들 중 많은 수가 이슬람의 압제 아래 살고 있는 사람들이다. 데릭의 여러 가지 소망 중 하나는 이들에게 자유를 안겨주는 것이었다. 우리가 진행하는 아랍어, 이란어 방송 프로그램을 통해 하나님께서는 데릭의 꿈을 이루어주신다. 바로 데릭의 영적 자녀들(나와 보니와 함께하는 사역자들)을 통해서, 하나님께서는 이 놀라운 일을 이루신 것이다. 이것은 하나님께서 우리를 가족으로 부르셨던 때에 우리가 우리 자신의 이익을 내려놓고 데릭의 사역을 충성스레 섬겼기에 하나님께서 우리에게 전수해주신 기름부음 때문이다. 우리는 이 사실을 알고 있다.

하나님의 가족이 되면, 그리고 영적 권위자의 보호 아래에 들어가면 이에 따르는 축복이 우리에게 임한다. 기름부음의 전이가 그것이다. 하나님께서 영적 권위와 기름부음을 먼저 권위자에게 부어주시고, 그것이 흘러내려 그리스도와 올바른 관계를 맺는 모든 이에게 닿는 것이다. 그리스도의 몸 안, 영적 아버지 혹은 어머니에게 주어진 은혜는 하나님께서 부어주신 것이다. 우리가 한 '지체'로서 아버지의 집을 세우고, 그리스도의 몸을 튼튼히 하는 일을 도울 때, 하나님께서는 우리에게 축복을 넘치도록 부어주신다.

'위대함'으로 정의되다

폭풍의 전사는 하나님의 위대함을 자신의 정체성으로 삼는다. 당신은 놀라운 하나님의 가정, 곧 성부, 성자, 성령의 가정 안으로 부름 받았다. 게다가 사랑 안에서 이미 당신은 하나님으로부터 승리를 받았다. 그러므로 모든 일 가운데, 당신은 이미 승리했다. 당신이 이 기반 위에 삶을 쌓아간다면, 모든 것이 제자리를 찾을 것이다. 당신의 정체성, 당신의 목적, 당신의 권위… 이 모든 것이 제 위치로 회복될 것이다. 당신의 영적 가정을 위한 하나님의 원대한 비전과 목표를 이루기 위해 당신의 삶을 내려놓는다면, 당신은 개인적인 삶의 목표와 방향을 전보다 더 많이 발견하게 될 것이다. 당신은 그리스도의 몸 된 교회의 일원이기에 위대한 목적을 갖고 있다.

예수님께서 제자들에게 말씀하셨다. "하늘과 땅의 모든 권세를 내게 주셨으니 그러므로 너희는 가라"(마 28:18-19). 진정한 폭풍의 전사이신 예수님께서는 두려움과 의심을 버리고 파도를 향해 돌진하는 방법을 몸소 보여주셨다. 우리 아버지 하나님의 이름과 사랑이 우리에게도 계시되었기에, 우리는 용기를 얻어 예수님과 동일한 일을 행할 수 있다.

> 주께 힘을 얻고 그 마음에 시온의 대로가 있는 자는 복이 있나이다 저희는 눈물 골짜기로 통행할 때에 그곳으로 많은 샘의 곳이 되게 하며 이른 비도 은택을 입히나이다 저희는 힘을 얻고 더 얻어 나아가 시온에서 하나님 앞에 각기 나타나리이다(시 84:5-7)

예수님을 좇고, 그의 행하심을 따라 행함으로 우리는 능력에서부터 능력으로(from strength to strength) 나아가게 될 것이다. 앎에서부터 믿음으로, 믿음에서 승리로, 승리를 넘어 정복으로 돌진한다!

3 | Anatomy of a Storm Warrior
폭풍의 전사를 해부하다

달려갈 때에 실족하지 아니하리라(잠 4:12)

몇 해 전의 일이다. 나(보니 차브다)는 플로리다 포트 러더데일(Ft. Lauderdale)의 해변(집 근처)을 따라 달리고 있었다. 오전 9시밖에 안 되었지만, 이미 날씨는 덥고 습했다. 달리기는 나의 스트레스 해소법이었다. 그날 나는 예전보다 두 배나 더 긴 거리를 달리려고 마음먹었다. 저 멀리 높게 서 있는 콘도 건물이 '결승선'이었다.

몸을 풀고 달리기를 시작했을 때, 히브리서 12장의 처음 말씀, 사람들이 좋아하는 그 말씀 구절이 떠올랐다. "이러므로 우리에게 구름같이 둘러싼 허다한 증인들이 있으니 모든 무거운 것과 얽매이기 쉬운 죄를 벗어 버리고 인내로써 우리 앞에 당한 경주를 경주하며"(히 12:1).

중간쯤 지났을 때, 내게 이런 의문이 들었다. "혹시 오늘 달리기로 마음먹은 그 거리가 내 인내의 한계를 넘어선다면 어쩌지?" 나는 뛰고 또 뛰었다. 하지만 결승선은 수백 마일이나 떨어져 있는 것 같았다! 그 시점에서 깨달았다. 이 '달리기'는 곧 내 인생의 묘사라는 것을 말이다. 내 영혼의 근심과 걱정을 큰 소리로 떠들면서 내 육체가 말을 걸어왔다. "왜 사서 고생을 하지? 살아가는 것만으로도 고달프지 않아? 밖에 나와 뛰니까 덥고, 땀 차고 괴롭잖아? 저길 봐! 사람들은 바다를 즐기며 쉬고 있다. 이쯤에서 멈추지 그래? 누구도 너더러 뛰라고 하지 않았잖아? 아무도 네가 뛰는 걸 보고 있지 않다구!"

이것은 내가 인생의 고달픔에 얼마나 짓눌려 있었는지를 적절하게 묘사한 그림과 같다. 남편인 마헤쉬와 나는 살아가면서 참으로 극한 경험들을 했다. 한때, 자녀들을 거의 잃을 뻔했다. 또한 우리는 이곳(미국)에서 지역 교회의 목회자로 섬기고 있는데, 우리가 갖고 있는 문화적 배경의 극심한 차이 때문에 우리의 삶이 무너지려 하고 있다. 이 모든 것 때문에 낙심한 적도 많았다. 그날 아침 내가 달린 경주는 곧 내 인생을 비춰주는 거울이었다. 목표를 세우고 출발했건만, 발이 땅에 닿을 때마다 내 마음은 무너져 내렸고 내 몸은 경주하는 것을 저항했다. 날씨는 참담함 그 자체였다. 마음으로는 "그래, 이쯤에서 그만두자"라고 수차례 되뇐 상황이었다. 그런데, 바로 그때, 어떤 남자가 나타나 빠른 속도로 나를 앞질러 달려가는 것이었다.

그는 나이가 지긋했다. 하지만 고개를 높이 들고 밝게 미소 지으며 힘차게 달렸다. 나는 그의 눈이 저 먼 곳을 향해 고정된 것을 볼 수 있었다. 이러한 그의 모습은 마치 내게 말을 건네는 것만 같았다. "힘을 내요. 당신은 할 수 있어요!"

그의 경주하는 자세는-그는 나보다 나이가 두 배나 많았다!-나에게 신선한 충격을 안겨주었다. 순간 내 몸은 힘을 얻었다. 게다가 그 남자의 태도는 내 영혼에도 영향을 끼쳤다. 나는 그 아침의 경주를 끝내는 것은 물론 내 인생 속 믿음의 경주도 끝마칠 수 있다는 사실을 깨달았다.

이 모든 일이 한순간에 일어난 것이다. 사실 그 남자가 누구였는지 알게 된 것도 바로 그 순간이었다. 그는 종종 우리 부부를 격려해주고 용기를 북돋아주었던 우리의 친구이자, 나이 지긋하신 목사님이었다. 내 생각이 복잡해졌다. "아니 어떻게 이럴 수 있지? 그분은 수백 마일이나 떨어진 곳에, 그것도 죽음을 앞둔 채로 침상에 누워 계신데 말이야!"

내 마음이 이러한 의문을 품은 순간, 그분은 내 시야에서 사라졌다. 갑자기 눈물이 내 두 뺨을 타고 흘러내렸다. 그 환상을 통해 하나님의 메시지를 받았기 때문에 나는 감사의 눈물을 흘린 것이다. "멈추지 마라! 상을 위해 달리거라!"

나는 시계를 보고 이 일이 일어난 시간을 확인했다. 집에 돌아와 알게 된 사실은, 그가 나를 앞질러갔던 바로 그 시각에 소천하셨다는 것이었다. 그는 목표를 향해 달리고 또 달렸었다!

폭풍의 전사의 해부도는 독특하다. 폭풍의 전사는 믿음이 무엇인지를 이해하고 있는 사람들이다. 그들은 예수님의 명령과 권위에 따라 삶을 영위한다. 그 가운데 믿음이 나타난다. 또한 그들은 믿음을 넘어 충성에까지 다다를 수 있는 사람들이다. 구별된 목표를 위해 주님을 섬기고 삶의 마지막까지 용기를 다하는 사람들… 그날 해변에서 주님은 내게 다음의 사실을 상기시켜주셨다. "주는 만주의 주시요 만왕의 왕이시다. 그와 함께 있는 자들, **곧 부르심을 입고, 빼내심을 얻고, 진실한**(충성된) 자들은 이기리로다"(계 17:14, 굵은 글씨는 저자 강조). 내 삶을 향한 하나님의 부르심에 어떻게 대답하느냐에 따라, 이 세대 가운데 하나님이 계획하신 임무를 위해 내가 선택받느냐 아니냐가 결정된다. 나는 이 사실을 안다. 일단 하나님께서 나를 그분의 종으로 택하시고 기름부으시면, 나는 매일같이, 낮에도 밤에도, 하나님 앞에 나의 충성을 증명해 보여야 한다. 그날 해변을 달릴 때, 한 발자국 또 한 발자국 내디딘 것처럼 말이다. 나는 반드시 결승선에 도달해야 한다. 이 사실을 나는 알고 있다.

창조주 하나님 아버지는 이 세상이 창조되기 전부터 당신을 권념(생각)하셨다. 하나님께서 나라의 경계를 그으시고 만물을 움직이셨을 때, 당신은 하나님의 마음 안에 있었다. 이미 그의 아들과 딸로 인침을 받은 것이다. 어쩌면 당신은 하나님께서 당신의 삶 가운데 역사하신다는 사실을 인식했던 처음 순간을 기억하는지도 모른다. 처음으로 들었던 그분의 음성을 생생하게 기억할 수도 있을 것이다. 당신이 이 모든 순간을 기억한다 하여도 그것은 크로노스(일반적 시간)가 아니라 카이로스이다. 하나님과의 운명적 만남을 위해 모든 상황과 조건이 맞물리는 특별한 시간 말이다. 바로 그 순간에 예수님께서 말씀하신다. "내가 곧 길이니, 바로 지금, 그 자리에서부터 나를 따라오라!" 우리는 이 땅에 주님의 임재와 영광을 전달해주는 그릇으로 부름을 받았다. 주님은 우리가 이러한 부르심을 깨닫기 원하신다. 주님은 우리 각 사람이 부르심 받는 것에 만족하는 것이 아니라, 선택된 자로서, 부르심대로 행하기를 원하신다. 또한 우리가 선택받은 것을 넘어서 충성을 다해 경주를 완주해내는 아들과 딸임을 증명해내기를 원하신다.

하나님의 가족으로 입양되다

폭풍의 전사인 당신의 해부도는—즉, 당신의 정체성, 비전, 사명과 권위—당신이 하나님의 자녀라는 사실에 잘 나타나 있다. 이 사실의 근간이 되는 말씀을 살펴보자.

너희는 다시 무서워하는 종의 영을 받지 아니하였고 양자의 영을 받았으므로 아바 아버지라 부르짖느니라 성령이 친히 우리 영으로 더불어 우리가 하나님의 자녀인 것을 증거하시나니 자녀이면 또한 후사 곧 하나님의 후사요 그리스도와 함께한 후사니 우리가 그와 함께 영광을 받기 위하여 고난도 함께 받아야 될 것이니라(롬 8:15-17)

십자가는 전쟁터, 곧 태풍의 눈이었다. 선과 악, 육과 영, 율법과 은혜의 싸움터…. 완벽한 전사 예수의 죄 없으신 육체 안에서 하늘과 땅이 만났다. 그리고 예수님은 이 싸움을 승리로 이끄셨다. 예수 그리스도 안에서, 믿음으로, 우리는 더 이상 어둠의 자녀가 아니다. 더 이상 사탄과 세상과 육체와 죽음의 영향력 및 그 권세 아래 있지 않다. 우리 조상 아담의 죄는 이제 우리의 영적 DNA로부터 떨어져 나갔다. 우리는 새로운 유전자를 받았고 새로운 유산을 상속받았다. 우리는 우리를 입양하시는 성령(양자의 영)으로 인해 하나님의 자녀가 되었다! 궁극적으로는 우리의 육체가 '입양되어' 영원한 영광으로 변화될 것이다.

어쩌면 입양된 아들이 친아들보다 유산의 가치에 대해 더 잘 알 것이다. 입양된 미국인인 나 마헤쉬는 이 나라의 시민권자로서 누릴 수 있는 축복에 대해 매일같이 깨닫고 있다. 이것은 하나님의 나라에서도 마찬가지다. 한때 우리는 하나님 나라의 백성이 아니었지만 이제는 그 나라의 백성으로 입양되었다.

성령은 우리의 입양을 보증해주는 '보증금'(downpayment) 혹은 '보증' 그 자체이시다. 성령은 우리가 하나님의 자녀임을 증언해주신다. 또한 우리에게 어려움이 닥칠 때 우리를 참소하는 원수의 면전에서 우리의 영혼이 알아듣도록 우리의 정체성을 말씀해주신다. "주는 영이시니 주의 영이 계신 곳에는 자유함이 있느니라"(고후 3:17). 우리 안에 계신 성령님의 임재, 기름부음, 은사와 능력은 보증금이자 우리가 받을 영원한 유산의 첫 열매이다.

히브리어로 '아들'은 '벤'(ben)이다. 그 뜻은 '가족의 이름을 세우는 자'이다. 하나님의 아들들은 자신이 하나님의 가정 안에서 '세우는 자' '상속받는 자'라는 사실을 이해한다. 그들은 자신의 부르심을 완성하는 것은 물론이거니와 전체 가족의 미래를 세우고 보호하는 일을 감당한다. 아들은 탕자와는 다르다. 탕자들은 아버지에게 와서 이렇게 말한다. "아버지. 내 분깃을 주십시오." 자기 분깃을 받고는 자신의 이름을 내거나 자기 사역을 세우기 위해 떠난다. 그러나 개인의 꿈을 이루는 데에는 관심을 덜 갖고 하나님의 일을 이루는 데에 목마른 아들들은, 어떻게 해야 하나님의 온전하신 뜻이 그의 모든 자녀들에게 이뤄질 수 있겠는가, 또 이를 위해 무엇을 해야 하는가에 더 큰 관심을 둔다. 하나님 아버지 앞에 엎드린 예수님의 모습을 그려보라. 그리고 그가 기도하는 내용을 들어보라. "아버지, 아들이 왔나이다. 내 뜻대로 하지 마시고, 오직 아버지의 뜻대로 하옵소서." 아버지의 뜻을 행하는 것은 진정한 아들과 딸의 핵심이다.

아들의 정체성(sonship)은 지역 교회 안에서, 사람들과 맺는 관계를 통해 더욱 선명해질 수 있다. 자연적인 가족이든 영적인 가족이든, 가족 안에 있어야만 우리는 남을 섬기고 사랑하는 법을 배우기 때문이다. 게다가 가족 안에서 섬기고 사랑하는 법을 배울 때, 우리는 효과적인 영적 전쟁을 위한 훈련을 받을 수 있고 또 이 싸움을 위해 적절한 위치에 배치될 수도 있다. 다른 사람이 보다 나은 삶을 살 수 있도록 나의 책임을 다할 때, 또 하나님께서 우리에게 주신 권위자들의 권위와 축복 아래서 남 섬기는 법을 배울 때, 우리는 진리 안에서 참된 아들들이 될 것이다.

아들은 고용인이 아니다. 그러므로 아들은 아버지의 집을 짓는 일에 기뻐한다. 교회 혹은 하나님의 나라에서 다른 사람보다 높아지거나 사역의 대표자가 되려고 악을 쓰지 말자. 아들이 된 것으로 만족하고, 모든 사람의 이익을 위해 참고 순종하는 일에 기뻐하자. "다른 사람이 나보다 낫다고" 여기자. 우리는 지금 수평선 위로 넘실거리는 새로운 영광의 파도를 보고 있다. 지역 교회로부터 이 파도가 시작되고 있다. 폭풍의 전사는 파도의 현장에 서 있을 것이다. 그들은 지역 교회에 몸을 담고 영광의 파도를 맞이하기 위한 준비를 할 것이다. 우리가 하나님의 가정 안에서 우리의 처소를 발견할 때, 우리는 우리에게 주어진 사명을 이룰 것이며 함께 하나님의 나라를 건설할 것이다. 가족 안에 뿌리를 내려야만 아버지의 집을 짓는 일에 헌신할 수 있다. 그러면 배고픈 자들에게 열매를, 아픈 자를 치유하기 위해 잎사귀를 건네줄 수 있다(겔 47:12).

역경 속에서 빛나는 용기

나를 위해서 깃발을 내리지 말라. "이것이 마지막 시도였다"라는 말도

하지 말라.

바라던 목적지에 도착했다면, 이제 새로운 목적지를 향해 나아가야 한다.

- 어니스트 섀클턴(Earnest Shackleton), 남극 탐험가

1914년 어니스트 섀클턴은 27명의 탐험대원을 이끌고 인듀런스(Endurance) 호에 올랐다. 런던을 출항한 이 배는 남극을 향할 것이다. 이들은 세계 최초로 남극을 횡단하여 남극의 해도(海圖)를 작성한다는 야심찬 목표를 가지고 있었다. 이들의 이야기는 인간의 용기, 인내, 협동심에 관한 웅장한 서사시이리라. 끔찍한 환경, 재앙과도 같은 일련의 사건들이 섀클턴 일행에게 닥쳤다. 그들은 죽을 고비를 수십 번이나 넘겨야 했다. 이 이야기는 다른 사람을 위해 자신의 전부를 내어주었던 폭풍의 전사의 진면모를 담아낸 감동적인 실화이다.

항해 후 5개월쯤 지났을 때, 탐험대원들에게 끔찍한 사건이 일어난다. 거대한 얼음 덩어리가 선박에 달라붙은 것이다. 시간이 지남에 따라 이 얼음 덩어리는 점점 더 크게 불어났다. 이러한 상태가 수개월 이상 진행되자 인듀런스 호는 결국 얼음의 압력을 못 이기고 부서지기 시작했다. 결국 탐험대원들은 '탐험'이라는 목표를 포기했다. 그리고 새로운 목표를 붙잡았다. '남아 있는 모든 자원과 에너지를 다해 살아남는 것' - 이것이 그들의 새로운 목표였다. 그들에게 남아 있는 자원은 구명보트 세 척, 썰매를 끄는 개들, 그리고 여러 가지 장비와 물자들이었다. 탐험대장인 섀클턴은 남극 횡단이라는 자신의 개인적 비전과 야망을 내려놓았다. 그 대신 대원들 전체의 무사귀환이라는 새로운 사명을 품었다.

1년이 지났다. 그들은 커다란 얼음 덩어리 위에서 여기저기 해수가 이끄는 대로 떠다녀야 했다. 얼음뗏목에 목숨을 의지해야 했던 탐험대원들은 본래 의도했던 경로로부터 1천 마일이나 이탈되었다. 그들이 가까스로 구명정을 바다에 띄울 수 있게 되었을때, 닿을 수 있는 가장 가까운 곳을 향해 나아가 기적적으로 남극반도(Antarctic Peninsula)의 끝자락에 배를 댈 수 있었다. 대원들은 그곳에 캠프를 쳤다. 구명보트를 뒤집어 은신처로 삼았다. 유일한 식량으로는 포획한 바다표범 고기뿐이었다. 연료로는 바다표범의 지방(비계)을 사용했다.

이런 식으로 남극에서 한 차례 겨울을 더 보낸다면, 대원들이 생존할 가능성은 희박했다. 섀클턴에게는 두 가지 선택권이 있었다. 포경선이 와서 그들을 발견하고 구조해주기를 기다리든가, 아니면 남아 있는 자원을 가지고 위험한 모험을 하여 가장 가까운 기지인 사우스 조지아(South Georgia)까지 가든가…. 하지만 사우스 조지아 기지는 바닷길로만 8백 마일이나 떨어져 있었다.

섀클턴은 결심했다. 대원들 중 자신과 함께 사우스 조지아까지 갈 대원들과, 남아서 동료들을 돌봐주고 그들에게 용기를 북돋아줄 대원들을 선정했다.

반드시 돌아오겠다는 약속을 건네며, 섀클턴과 두 명의 대원들은 다시금 차디찬 얼음 바다를 향해 나아갔다. 두 주간의 호된 항해를 마칠 무렵 사우스 조지아 빙산의 봉우리가 가시권 안에 들어왔다. 이들이 배를 댄 곳에는 까마귀들이 날고 있었다. 기지까지는 아직 22마일이나 더 남았다. 지도에 나타나지 않은 높은 산들과 얼음 절벽들은 그들이 서 있는 곳과 목적지 사이를 가로막고 있었다. 섀클턴은 이렇게 기록했다.

내가 그때를 회고해 보건대 나는 하나님의 섭리가 우리를 인도한다는 사실을 조금도 의심하지 않았다. 눈 덮인 평지를 지날 때뿐만 아니라, 엘리펀트 섬에 동료들을 남기고 폭풍이 몰아치는 하얀 바다를 향해 노를 저을 때에도, 사우스 조지아에 발을 내디딜 때에도, 그 어느 순간에도 하나님께서 우리를 지켜주신다는 사실을 의심하지 않았다. 사우스 조지아에서의 고통스럽고도 길었던 36시간의 행군, 이름 모를 산들과 빙하들을 건너는 그 괴로움의 시간 동안 나는 우리 일행이 셋이 아니라 넷이었음을 깨달았다. 나는 일행에게 이 점에 대해서 아무 언급도 하지 않았다. 그러나 후에 월슬리(Worsely)가 내게 이야기했다. "대장님, 우리가 걷는 내내 이상한 느낌이 들었습니다. 우리 말고 누군가가 우리와 동행하는 것만 같았습니다."[2]

새클턴의 일행이 사우스 조지아의 기지로 향하는 마지막 산봉우리에 올라섰을 때, 그들 앞에는 거대한 폭포수가 길을 가로막고 있었다. 자칫하면 추락사할 것이고 정말 운이 좋다면 목숨은 부지하겠지만 팔다리를 잃게 될지도 모르는 절체절명의 순간 앞에서 그들 세 사람은 엘리펀트 섬에 남겨둔 동료들을 떠올렸다. 자신들을 간절히 기다리는 동료의 얼굴이 아른거렸던 것이다. 그들은 주저함 없이 자유낙하하는 거대한 물의 장벽 속으로 뛰어들었다.

젖었다. 얼었다. 피곤하다 못해 지쳤다. 옷은 얼룩지고 해어졌다. 그때였다. 여섯 명의 남자들이 스트롬네스 기지로 들어가는 것이 보였다. 그중 한 사람, 여위고 나이 많은 한 남자가 새클턴 일행에게 다가왔다. 그는 스트롬네스 기지의 대장이었다. 드레이크 해협(남아메리카 대륙 남단과 남극반도 사이에 있는 해협)을 건너 험악한 섬, 사우스 조지아를 횡단한 이 세 명의 사람들을 보고 그는 감동을 받아 자신의 모국어인 노르웨이 말로 외쳤다.

"이들은 진정한 사나이들이다."³

섀클턴은 친구에게 편지를 썼다. "우리는 기뻐서 미칠 지경이다." 그들 자신이 무사했기 때문에 기쁜 것이 아니라 이제 동료들을 구해줄 수 있어서 기쁜 것이었다. 빛바랜 사진 한 장에는 엘리펀트 섬에서 구조를 기다리던 22명의 폭풍의 전사들의 모습이 담겨 있다. 꽁꽁 얼어붙은 엘리펀트 섬의 해변 위에 이들 22명은 일렬로 서서 구조선이 다가오는 것을 보며 기쁨의 환호성을 지르고 있었다. 그들이 이 섬에 착륙한 지 105일째였다. 휘몰아치는 바람을 견뎌낸 105일…. 그들은 두 팔을 벌려 귀환하는 대장을 환영했다. 약속대로 돌아온 대장 일행을 보며 목청껏 소리 높여 기쁨의 환호성을 질렀다.

구조선의 고물에 선 채로 섀클턴은 동료 대원 와일드(Wild)에게 외쳤다. "잘 있었나?"

해변에 선 채로 와일드가 대답했다. "모두 안전합니다! 잘 있었습니다!"

섀클턴이 말했다. "하나님 감사합니다!"⁴

섀클턴이 귀환했던 날, 엘리펀트 섬에 남아 있던 22명의 대원들에게는 단 하루치의 식량만이 남아 있었을 뿐이었다. 불을 지필 수 있는 연료도 이미 다 써버린 상태였다. 이것은 구조선이 도착했을 당시 그들이 처한 상황을 생생히 말해준다.

우리는 지금 이 세대의 어둠의 골짜기를 통과하는 믿음의 탐험을 하고 있다. 이 어둠의 골짜기는 예상치 못한 위험의 요소로 가득하다.

하지만 여정의 끝에는 영원한 생명이 약속되어 있다. 우리 자신이 막다른 골목에 다다랐을 때, 심지어 가진 자원도 바닥나고 마지막 소망의 끈마저 끊어져 버렸을 때, 우리의 선장 되신 예수님께서 성령을 통해 우리와 동행하신다. 우리를 인도하시고 보호하시고 공급해주시며 폭풍을 지나게 하신다.

꼭 들어맞게 만들어진 마음

어니스트 섀클턴은 항상 모험을 갈망해왔다. 그러나 자신의 소망과 꿈을 포기해야 하는 상황 속에서 그의 '긍휼의 리더십'(compassionate leadership)은 시험대 위에 올랐다. 위기가 닥치면 사람들은 자신의 진가를 발휘하곤 하는데, 자발적으로 발휘하는 경우는 매우 드물다. 대부분은 '위기'가 능력을 이끌어낸다. 성경에 나오는 에스더의 이야기가 훌륭한 예이다.

에스더는 고아였다. 게다가 잔혹한 군주가 다스리는 타국에서 3류 계층의 천민으로 자라났다. 비록 에스더의 이야기가 인기 있는 것은 사실이지만, 그녀의 삶은 로맨틱한 소설이 아니었다. 갑작스런 정치적 격변, 임박한 대량학살 때문에 에스더는 자신의 도덕적, 영적 영향력을 행사하게 되었다. 물론 자신이 바라던 일은 아니었다. 위기 때문에 그녀는 꿈꿔보지도 못했던 국가적, 역사적 명성을 얻게 되었다.

에스더가 자란 나라인 페르시아는 전 세계를 정복하려 했다. 그러한 나라에서 육체적인 아름다움 때문에 이방 나라 왕의 후궁으로 선출된 에스더의 모습을 상상해보라. 비록 어렸지만 하나님께 충성스러웠던 여인이었다. 그녀의 마음속에서는 '순종'이 '두려움'을 다스리고 있었기에 에스더는 민족을 구원하는 하나님의 도구로 사용되었다.

그녀가 순종했을 때, 감당해야 할 사명을 위한 기름부음이 임했다. 하나님께서는 은혜를 베푸셔서 그녀의 주변에 영향력 있는 사람들을 붙여주셨다. 그중 큰 인물로는 페르시아의 국왕도 포함된다. 에스더를 훈련시키고 감싸주고 보호하였던 환관들도 있었다. 그들은 성령님이 행하시는 역할을 담당했다. 환관들 중 헤개(Hegai)라는 사람이 있었는데 그 이름의 뜻은 '묵상하다, 열망하다, 선별하다'이다. 다른 사람(왕)의 나라를 섬기기 위해 스스로 환관이 된 사람들보다 이러한 일을 더 탁월하게 할 사람은 없다. 그녀의 몸과 마음을 가족에의 연민, 가족의 보호, 가문의 정체성으로부터 분리시켜 국왕을 섬기는 후궁으로 새롭게 탄생시켜 낼 수 있었다. 또한 환관들 중에는 사아스가스(Shaashgaz)라는 사람이 있었다. 그 이름의 뜻은 '양털 깎는 사람'이다. 삶의 여정을 지나면서 우리는 하나님께서 우리에게 내려주실 기름부음을 받기 위해 종종 모든 것을 포기해야만 할 때가 있다. 에스더가 받았던 미용 훈련은, 이를테면 몸과 마음을 가꾸는 고급스런 '군사 기초 훈련'과 같았다.

때때로 영적, 도덕적 용기를 발휘해야만 하는 상황이 닥치지 않으면 우리가 완수해야 할 사명에 대해 깨닫지 못하는 경우도 있다. 에스더의 경우는 위기가 닥쳐서야 자신의 진가를 드러낸 경우였다. 그러므로 만일 당신에게 어려움이 닥쳤는데, 이러한 깨달음이 찾아오더라도 놀라지 말라. "내가 왕후의 위를 얻은 것이 이때를 위함이 아닌지 누가 아느냐?"

하나님께서는 자신의 종들을 적재적소, 영향력의 위(位)에 일찍감치 배치해 두셨다. 또한 에스더에게 충성스런 마음과 맑은 정신을 주셨다.

그녀가 고민할 법한 개인적인 문제들을 멀리 던지셨다. 그녀의 마음이 흔들릴 때, 나이 많은 조언자를 붙이셔서 그녀를 진정시키셨다. 에스더가 선택한 금식과 기도는 승리를 얻기 위한 교두보, 즉 '그녀의 능력'과 '하나님의 개입' 사이를 잇는 다리 역할을 했다. 이제 믿음으로 담대해진 에스더는 자기 생명을 하나님 앞에 내어 던졌다. 자신을 선택하고 부르신 그분 앞에 자신을 맡긴 것이다. "내가 왕께 나아가리이다. 비록 이 나라의 법이 금한 일이지만, 내가 죽으면 죽으리라!"

바로 그 순간 에스더에게서 폭풍의 전사의 진면모가 극대화되었다. 하나님을 향한 거침없는 순종으로 그녀는 결국 왕의 자비를 얻어냈고 대적의 머리를 짓밟았으며 자기 백성을 구원하였다. 그녀가 위기 상황을 어떻게 대처했는지에 대해서는 알 수 있지만 그것 말고는 에스더에 대해 더 알 수 있는 정보가 없다. 하지만 우리는 그녀의 충성을 통해 하나님의 백성이 구원받았다는 사실은 알고 있다.

폭풍의 전사는 하나님의 음성(부르심)을 들을 수 있는 심장(마음)을 계발한다. 그리고 그 부르심에 순종한다. 예수님께서는 유월절을 위해 예루살렘으로 올라가셨다. 그는 자신이 모든 사람의 죄를 대속할 유월절 어린양으로 예비되었음을 알고도 예루살렘을 향해 나아가신 것이다. 겟세마네 동산에서 주님은 기도하셨다. "아버지여 내 뜻대로 마시고 당신 뜻대로 이루어주옵소서!" 폭풍의 전사이신 예수님은 이 역경을 직면하기 위해 한 계단 위로 올라서셨다. 예수님이야 말로 하나님의 부르심에 응답한 최초의 전사이시다. 예수님은 지금도 아버지 앞에 충성스러우시다.

모든 크리스천은 두 왕국이 부딪치는 전쟁터의 최전선으로 부르심을 받았다. 하나님은 재능이 많거나 은사가 많거나 혹은 기발한 아이디

어를 가진 사람들을 찾지 않으신다. 하나님은 자신을 아는 사람을 원하신다. 매 순간 충성스러운 사람들, 어떤 환경에서도 하나님 앞에서 충성을 다할 사람을 찾으신다. 우리의 개선장군이신 예수님은 이러한 사람들의 모델이 되셨다. 마지막 날에 주님과 함께 말을 타고 전장으로 달려갈 군사들은 '폭풍의 전사의 심장'을 지닌 하나님의 아들들, 딸들이다.

성령께 주파수를 맞추다

운전하던 중, 혹시 당신의 마음 깊은 곳에서 울려 퍼지는 노래의 가사를 읊조리거나 곡조를 흥얼거려본 적이 있는가? 그렇다면 그 곡조가 점점 커져서 당신의 마음을 선점하고 여러 가지 다른 생각들을 잠재우는 것도 경험했을 것이다. 점차, 당신의 전 존재가 그 노래의 멜로디 속으로 빨려 들어가 아름다운 하모니를 이룬다. 당신은 기쁨에 겨운 나머지 큰 소리를 고래고래 지르며 그 노래를 부르고 있지 않은가? 목적지에 도착하여 차에서 내린 후에도 당신이 만끽했던 그 분위기가 당신을 따라다니며 당신이 어디로 가든지 그 장소를 기쁨으로 가득 채워준다. 유진 피터슨의 『메시지성경』은 마태복음 11장 27-29절을 다음과 같이 기술하고 있다.

> 예수님은 사람들과의 대화를 재개하셨습니다. 그러나 부드러운 억양으로 말씀하십니다. "아버지께서 나에게 이 모든 것, 내가 행하고 말할 모든 것을 내게 주셨노라. 이는 아버지와 아들만이 누리는 독특한 관계이다. 그러므로 아버지와 아들의 관계에 친밀함이 있고 이 친밀함을 통해 하나님을

아는 지식이 나오느니라. 아버지가 아들을 아는 것처럼, 아들을 알 사람은 아무도 없다. 하지만 나는 아버지를 아는 지식을 내 안에 가두지 않으리라. 누구든지 듣기 원하는 자에게 아버지를 알려줄 것이니…. 나에게 오라. 나와 함께 가자. 나와 함께 있는 사람은 자신의 생명을 발견할 것이다. 내가 참된 휴식을 주겠노라. 나와 함께 걷고 나와 함께 일하자. 내가 어떻게 일하는지 보아라. **은혜의 리듬, 강요하지 않는 은혜의 리듬을 배워라.**"
(마 11:27-29, 메시지성경, 굵은 글씨는 저자 강조)

폭풍의 전사를 해부해보면 어떤 상황 속에서도 하나님과 하모니를 이루는 구조(anatomy)가 발견된다. 우리는 하나님이 베푸시는 치유의 전달자이다. 속박으로부터의 구원을, 낙심한 자들에게 위로와 격려를 전달하는 하나님의 사자(使者)가 되었다. 우리는 하나님의 영광에서 흘러나오는 진동을 붙잡는다. 그리고 성도를 추격하는 사탄의 병거를 뿌리째 뽑아버린다. 우리의 삶은 하나님의 노래이다. 그것은 사랑의 노래이다. 승리의 노래, 소망과 능력의 노래이다. 폭풍의 전사의 주제가이다. 역사 이래로 하나님을 아는 충성된 백성들의 합창이다.

내가 무슨 말을 더 하리요 기드온, 바락, 삼손, 입다와 다윗과 사무엘과 및 선지자들의 일을 말하려면 내게 시간이 부족하리로다 저희가 믿음으로 나라들을 이기기도 하며 의를 행하기도 하며 약속을 받기도 하며 사자들의 입을 막기도 하며 불의 세력을 멸하기도 하며 칼날을 피하기도 하며 연약한 가운데서 강하게 되기도 하며 전쟁에 용맹되어 이방 사람들의 진을 물리치기도 하며 돌로 치는 것과 톱으로 켜는 것과 시험과 칼에 죽는 것을 당하고 양과 염소의 가죽을 입고 유리하여 궁핍과 환난과 학대를 받았으니(이런 사람은 세상이 감당치 못하도다) 저희가 광야와 산중과 암혈과 토굴에 유리하였느니라 이 사람들이 다 믿음으로 말미암아 증거를 받았으나 약속을 받지 못하였으니 이는 하나님이 우리를 위하여 더 좋은 것을 예비하셨은즉 우리가 아니면 저희로 온전함을 이루지 못하게 하려 하심이니라(히 11:32-34, 37-40)

폭풍의 전사는 왕국들을 정복하라는 부르심을 받아들인다. 칼의 폭력을 잠재우고 적의 군대를 곤경에 처하게 하며 유업을 쟁취하라는 부르심을 받아들인다. 당신은 하나님을 아는 일에 부르심을 받았다. 그리고 하나님의 이름으로 큰 공을 세우도록 부름 받았다. 충성스러웠던 남극 탐험가들처럼, 오래전 페르시아 궁전의 용맹스럽던 젊은 여인처럼, 당신 역시 자신의 약점을 강점으로 탈바꿈할 것이다. 당신은 선택받은 사람들, 충성스러운 사람들 가운데 서 있다.

폭풍의 전사여! 당신 앞에 사명이 있다. 당신이 '구원에 이르는 믿음'의 수준을 박차고 일어서서 '충성스러운 섬김'에 이르기를 갈망하게 될 때까지, 당신이 치러야 할 가장 큰 전투는 계속해서 당신을 기다릴 것이다. 당신은 여러 가지 난관과 폭풍들을 만나게 될 것이다. 그러나 하나님께서는 당신에게 승리를 보장하셨다. 여러 가지 난관과 폭풍 그리고 하나님이 보장하신 모든 승리는 당신의 삶의 기반을 이룰 것이다. 그러므로 충성하라. 하나님은 당신에게 간증할 일을 만들어주신다. 인내, 오래 참음, 견고한 기반, 균형 잡힌 삶, 초자연적 계시의 활성화, 성령의 영감, 그리고 현실… 이 모든 것이 합력하여 당신을 정복자로 빚어낼 것이다.

섀클턴과 인듀런스 호 탐험대의 이야기를 통해 하나님께서 어떤 성품의 소유자를 찾고 계시는지 알 수 있다. 섀클턴의 탐험대 이야기는 그리스도를 믿는 믿음으로 하나님의 자녀가 된 우리에게서 어떤 성품이 나타나야 하는지를 일깨워준다. 현세의 영광이나 개인적 이득을 추구하지 말라. 참된 아들과 딸의 성품이 우리의 머리에서부터 발끝까지 흘러야만 한다. 우리에게는 우리를 위한 처소를 마련하시려고 우리보다 앞서 하늘로 올라가신 위대한 폭풍의 전사가 계시다. 그분은 자신을 기다리는 모든 사람들에게 다시 돌아오실 것이다.

마지막 날, 우리 모두는 해변에 서서 그리스도의 나타나심(재림)을 바라볼 것이다. 그가 구름을 타고 오실 때, 그 영광의 빛이 우리의 심장을 고동치게 할 것이다. 우리는 낡아빠진 육신의 옷을 벗어던지고 정결하고 흰 세마포, 곧 성숙한 자녀의 예복을 갖춰 입을 것이다. 어떠한 폭풍이 닥쳐올지라도 견뎌내자. 이러한 이유로 하나님께서 우리를 부르시고 선택하신 것이다. 늘어진 어깨를 가다듬고 하늘을 향해 두 팔을 뻗자. 인내하기를 선택하여 우리의 충성을 증명하자. 우리의 선장 되신 그리스도께서 다시 오실 그날까지 우리 주위의 사람들을 잘 보살피자.

4 | The Storm Warrior's Mission
폭풍의 전사가 수행할 작전 명령

제자들이 나가 두루 전파할쌔 주께서 함께 역사하사
그 따르는 표적으로 말씀을 확실히 증거하시니라 (막 16:20)

하나님은 모든 크리스천을 향해 세상의 빛과 소금이 되라고 명령하셨다. 예수님께 속한 폭풍의 전사들은 이 목표를 붙잡고 하나님의 작전 명령에 집중한다. 하나님의 작전 명령은 그리스도의 나라를 선포하고 그의 재림을 세상에 알리는 것이다!

이것을 다른 말로 표현하면, 우리가 종종 말하듯 "이것은 너에 관한 것이 아니야"이다. 하나님이 주신 사명은 우리 자신을 위한 것이 아니다. 그 사명은 어떤 역경이 찾아오든지 그것을 뚫고 지날 수 있는 방향을 제시하는 큰 그림이다.

사도 바울은 이러한 폭풍의 전사들이 어떠한 삶을 살게 되는지 몸소 보여주었다. 타고 가던 배가 난파당한 일, 체포된 일, 배고픔을 겪고 수감된 일…. 그가 간증했던 이 모든 일들은 생명유지 혹은 개인적 사역의 성공 사례에 관한 이야기가 아니다. 복음이 죄인들에게 전파된 이야기다. 진리를 전파하고 그 진리를 입증하는 기적이 일어난 이야기다. 참된 예언의 영이 장래의 일을 알려준 이야기이며 현실의 삶이 구원받고 하나님의 명령이 완수되는 이야기이다. 여행의 일정이 순조롭게 진행되어서 이 모든 일이 가능했던 것이 아니다!

한번 바울의 입장에 서 보자. 그의 놀라운 이야기들이 많지만, 한 가지 사건을 택하여 그 속으로 들어가보자. 사도행전 27장, 그가 죄수의 신분으로 로마에 호송되는 장면을 살펴보자. 유죄로 기소를 당하여 두 발이 차꼬에 묶인 채, 바울은 로마행 화물선에 오른다. 로마로 이송되면 적대적인 이방인의 법제도 아래 재판을 받게 된다. 그러나… 비록 두 발은 묶였지만 바울은 자유인으로서의 평안과 권위를 지니고 있었다. 오히려 그 자유함 가운데 그는 승선한 사람들을 위로하고 어떻게 어려움을 헤쳐 나가야 하는지 조언하기도 했다. 그는 단 한 번도 자신의 목적을 잊은 적이 없다. 로마에서도 복음을 전해야 하리라!

바울은 성령께 주파수를 맞추고 있었기 때문에 주변 사람들에게 예언적인 통찰력을 전할 수 있었다. "여러분이여!" 바울이 말했다. "내가 보니 이번 행선이 수화물과 배만 아니라 우리 생명에도 타격과 많은 손해를 입히리라"(행 27:10). 앞으로 닥칠 난파에 대한 소식은 전혀 기쁘지 않다. 바울이 전한 소식은 "계속 항해하게 되면 결국 이 배는 난파할 것이오"라는 경고의 말이었다. 하지만 선장과 선원들은 바다의 일기에 관한 한 자기네들의 경험과 지식이 천막장이 설교자의 지식보다 더 낫다고 생각했다. 그래서 바울의 경고를 무시한 채, 순남풍을 타고 항해를 진행했다.

　이들의 무모한 행동에도 바울은 두려워하지 않았다. 그는 하나님이 주신 사명을 감당하기 위해 이 배에 오른 것임을, 또 하나님께서는 자신이 시작하신 일을 충성스럽게 완수하신다는 사실을 확신했기 때문이다. 이 경우뿐만 아니라 바울의 사역 중 일어났던 여러 다른 사례를 보더라도 바울의 영적인 삶이 얼마나 균형 잡혀 있는지를 알 수 있다. 그의 영적 수양과 삶의 균형으로 인해 바울은 예언적 통찰력을 정확하게 전달할 수 있었을 뿐만 아니라 예언의 말씀을 어떻게 적용해야 하는지도 명확히 알았다. 그는 성령님과의 친밀한 관계를 확고히 했고, 교회의 리더들에게 절대적으로 순종하였다. 바울이 수감될 것이라는 예언의 말씀이 주어졌을 때 이에 대한 하나님의 뜻을 온전히 이해하지 못했던 주변 친구들은 바울이 수감되는 것을 막으려 했다. 물론 좋은 뜻에서였다. 하지만 이 예언에 대한 하나님의 뜻을 이해했던 바울은 혼돈을 겪지 않았다. 그의 마음은 흔들리거나 요동하지 않았다. 이에 대하여 바울은 에베소의 교인들에게 담대히 말했다.

> 보라 이제 나는 심령에 매임을 받아 예루살렘으로 가는데 저기서 무슨 일을 만날는지 알지 못하노라 오직 성령이 각 성에서 내게 증거하여 결박과 환난이 나를 기다린다 하시나 나의 달려갈 길과 주 예수께 받은 사명 곧 하나님의 은혜의 복음 증거하는 일을 마치려 함에는 나의 생명을 조금도 귀한 것으로 여기지 아니하노라(행 20:22-24)

　다른 사람들은 바울의 감금에 대한 예언의 말씀을 듣고 그것을 바울이 한 발자국 물러서야 한다는 하나님의 경고로 이해했다. 하지만 바울은 장차 자신에게 닥칠 환난을 받아들이기 위해 마음의 준비를 다하라는 말씀으로 받았다. 이제 바울을 태운 배는 폭풍을 향해 돌진한다. 죄수로서 승선하였지만 하나님의 종이었던 바울은 이미 환난을 맞닥뜨릴 준비가 되어 있었다. 선장과 선원들이 자신의 경고를 무시했을 때에도 바울은 전혀 개의치 않았다. 그는 자신의 최종 목적지가, 임박한 죽음의 위협 저 너머에 있음을 알았기 때문이다. 이제 바울은 배 위에 승선한 사람들의 생명과 자신의 생명을 보호하기 위해 대적 마귀의 계획을 무너뜨리는 중보기도자의 역할을 감당하기 시작한다.

자신의 지혜와 충고를 무시하고 경멸의 말을 던졌던 선장과 선원 때문에 바울이 마음의 상처를 입고 의기소침하였다면 에베소 교인들에게 말했던 담대한 선포와는 얼마나 다른 결과가 빚어졌겠는가! 그러나 바울은 묵묵히 하나님에 대한 자신의 신뢰를 표출했다. 자신에게 사명을 주신 하나님께서 '능력 위의 능력'으로 이 폭풍을 지나게 하시고 배 위의 모든 사람을 안전하게 인도하실 것임을 알고 있었기 때문이다. 그리고 바울은 이 사명이 자신을 위한 것이 아님을 알고 있었다! 이 사명은 하나님을 위한 것이었다. 하나님께서 영광 받으실 일, 하나님의 소원이 이루어지는 일, 전적으로 하나님에 관한 일이다. 거대한 폭풍이 승선한 모든 이의 생명을 위협했다. 그러나 바울은 로마에서도 복음을 전하도록 예정되었다.

폭풍 속에서 얻은 교훈

바울이 예언했던 폭풍의 위험이 현실로 다가왔기 때문에, 그 폭풍의 위세가 어떠했는지 또 선원들의 반응은 어떠했는지 잘 살펴보면 중요한 교훈을 얻을 수 있다. 우리가 얻을 교훈을 조명해줄 성경말씀을 살펴보자.

> 얼마 못 되어 섬 가운데로서 유라굴로라는 광풍이 대작하니 배가 밀려 바람을 맞추어 갈 수 없어 가는 대로 두고 쫓겨 가다가 가우다라는 작은 섬 아래로 지나 간신히 거루를 잡아 끌어 올리고 줄을 가지고 선체를 둘러 감고 스르디스에 걸릴까 두려워 연장을 내리고 그냥 쫓겨 가더니 우리가 풍랑으로 심히 애쓰다가 이튿날 사공들이 짐을 바다에 풀어 버리고 사흘째 되는 날에 배의 기구를 저희 손으로 내어 버리니라 여러 날 동안 해와 별이 보이지 아니하고 큰 풍랑이 그대로 있으매 구원의 여망이 다 없어졌더라 여러 사람이 오래 먹지 못하였으매 바울이 가운데 서서 말하되 여러분이여 내 말을 듣고 그레데에서 떠나지 아니하여 이 타격과 손상을 면하였더면 좋을 뻔하였느니라 내가 너희를 권하노니 이제는 안심하라 너희 중 생명에는 아무 손상이 없겠고 오직 배뿐이리라 나의 속한바 곧 나의 섬기는 하나님의 사자가 어제 밤에 내 곁에 서서 말하되 바울아 두려워 말라 네가 가이사 앞에 서야 하겠고 또 하나님께서 너와 함께 행선하는 자를 다 네게 주셨다 하였으니 그러므로 여러분이여 안심하라 나는 내게 말씀하신 그대로 되리라고 하나님을 믿노라 그러나 우리가 한 섬에 걸리리라 하더라
> (행 27:14-26)

하나님으로부터 받은 사명을 완수하지 못하도록 우리를 낙담시키고 방해하는 장애물이 무엇인지 또 하나님 외에 우리가 집착하는 것이

무엇인지를 드러내시기 위해 하나님께서는 폭풍이라는 도구를 사용하신다. 폭풍은 올 것이다. 자연계에서든 영계에서든 폭풍은 언제나 존재해왔다. 폭풍은 영계의 두 왕국이 서로 부딪칠 때 발생하여 우리가 살고 있는 자연계의 환경에 영향을 미친다. 영계에서 일어난 싸움이 우리의 삶 가운데 드러난 것, 그것이 폭풍이다. 하지만 폭풍의 전사는 폭풍의 영향력에 상관없이 항상 목표를 주시한다. 우리의 시선을 하나님의 사명에 고정시키는 데 도움을 주는 조언들을 아래에 적어둔다.

1. 흐름을 타라

사나운 역풍이 불면 배는 앞으로 나아가지 못한다. 그러면 선원들은 "그래. 바람 부는 대로 가자"라고 말한다. 이러한 상황에 처하면 때때로 우리는 전복되거나 항로를 이탈한 느낌을 받곤 한다. 참으로 절망스럽다. 하지만 당신의 눈앞에 펼쳐진 상황이 당신의 통제 한계를 벗어난 것이라면 흐름을 타야 한다.

새롭게 닥치는 어려운 상황 모두를 일일이 뚫고 지나가야 한다는 생각 때문에 정신적으로나 감정적으로 피폐함을 입기보다는 폭풍으로 하여금 당신을 인도하도록 허락하는 편이 나을 때가 있다. 때때로 마귀는 당신이 계속해서 고난과 씨름하도록 만들 것이다. 대적의 위협에 신경을 곤두세우도록 만들 것이다. 그러면 마귀는 싸움을 하지도 않고 당신을 피폐하게 만들 수 있기 때문이다!

바울은 자신이 섬기는 하나님이 모든 일을 합력하여 선을 이루시는 아버지임을 알았다. 그 사실을 아는 것 하나만으로도 폭풍 가운데에서 안연할 수 있었다. 선박이 폭풍을 만나 우왕좌왕하기 전에도 이미 바울은 폭풍의 전사로서의 평안함을 선보였다. 선장이 자신의 충고를 무시한 채 멸망을 향해 진행하였을 때 바울은 궂은 날씨를 보면서도 편안하게 쉴 수 있었다. 무슨 일이 일어날지라도 하나님께서 자신을 목적지까지 인도하신다는 것을 기정사실로 믿었기 때문이다.

2. 쉬어도 된다

하나님께서는 우리가 폭풍을 지나는 중, 쉴 수 있는 섬을 마련해주신다. 그 섬은 폭풍의 시기 한가운데 위치한 피난처이다. 그러나 만일 당신이 휴식하기를 거절한다면 아무런 득을 얻지 못할 것이다. 왜냐하면 당신은 "나는 쉬지 않고 싸우는 극도로 영적인 사람이야"라는 교만에 빠지거나 아니면 쉬는 것에 대해 죄책감을 느끼고 시달릴 것이기 때문이다. 전쟁에 대한 생각을 내려놓으라. 쉬어라. 회복을 얻고 생기를 얻으면 맑은 정신으로 복귀하라.

3. 다른 선택사항은 다 내려놓고 오직 하나님만 선택하라

폭풍이 닥치면 당신은 타고 있던 큰 배를 버려두고 조그마한 구명정이라도 얻어서 환난을 피해 달아나고 싶을 것이다. 하지만 "뒷걸음쳐서 달아나라!"라는 유혹을 경계하라. 물론 당신이 후퇴하면 마귀는 당신을 내버려둘 것이다. 하지만 당신은 너무나 큰 것을 잃게 된다. 만일 이 큰 배를 포기하라는 유혹이 설득력 있게 들린다면 그 유혹을 떠나보내야 한다. 때때로 당신을 향한 하나님의 계획은 단순하다. 큰 배에 머물러라. 하나님과의 연합을 유지하라. 하나님 안에 깊이 뿌리를 내리고 그 안에 단단히 박혀 있으라. 폭풍의 시간은 중보자가 되어 어려움 속에 허덕이는 주변 사람들의 삶 가운데 하나님의 영광을 전달해야 할 때이다. 그러므로 폭풍의 시간에 뒷걸음질쳐서는 안 된다.

4. 당신의 기반을 견고히 하라

예수님과 맺고 있는 인격적인 관계를 대체해줄 것은 아무것도 없다! 당신과 성령의 친밀함을 대체해줄 것은 아무것도 없다! 당신과 성경말씀이 맺고 있는 인격적 관계를 대체할 만한 것은 눈 씻고 찾아봐도 없다! 폭풍이 일어 당신이 타고 있는 선박을 짓누르고 부서뜨리려고 할 때, 당신은 당신의 기반을 견고히 해야 한다. 말씀의 원리를 사용하라. 영원한 진리를 선포하시는 하나님의 임재를 확신하라. 심지어 모든 상황이 당신을 대적하여 삶 자체를 무너뜨리려고 하는 그 순간에도 하나님의 임재를 확신해야 한다. 기반을 견고히 하면, 당신은 다른 사람을 위한 '안전과 위로'의 방주가 된다. 먼저 당신의 가족과 교회의 친구들에게 방주가 되어보라. 그 옛날 홍수 위로 떠오른 노아의 방주 이야기는 지극히 높으신 분을 자신의 피난처로 삼았던 '믿음의 사람들'의 이야기이다. 이스라엘 민족을 구름기둥과 불기둥으로 인도하셨던 쉐키나 영광과 같은 성령의 임재가 바로 당신의 능력이다.

5. 돛을 내려라(주제넘게 굴지 마라)

개인적인 야망을 추구하기를 멈춰라. 모든 일이 항상 당신의 뜻대로 이뤄져야 한다는 생각은 내려놓으라. 결국엔 하나님의 숨이 불어와 하나님의 목적지로 당신을 인도할 것이기 때문이다. 때때로 우리 자신의 계획이나 편견, 전통, 의견, 실천과제 등은 커다란 돛(主帆)과 같아서 불어오는 역풍을 그대로 받아 하나님의 목적지와 반대방향으로 선박을 이동시키곤 한다. 폭풍이 불어올 때 어떻게 해서든 개인적인 야망의 돛을 하늘 높이 펼치려 한다면, 결국 당신의 가족 전체, 교회 성도 전체, 국가의 모든 백성이 멸망을 당할 것이다.

종종 극복하기 힘든 역경이 찾아올 때 최상의 전략은 "나는 손을 뗀다. 하나님께서 하시도록 내어 드린다"(Let Go, Let God)이다. 침략자의 군대가 이스라엘을 압제하여 이스라엘 백성이 꼼짝달싹 못할 때 선지자 이사야가 말했다. "주 여호와 이스라엘의 거룩하신 자가 말씀하시되 너희가 돌이켜 안연히 처하여야 구원을 얻을 것이요 잠잠하고 신뢰하여야 힘을 얻을 것이어늘"(사 30:15). 성자 예수님을 통해 하나님께서 우리와 맺으신 기초적인 언약을 신뢰하고 그것을 소망하며 거기에 잠잠히 머무는 것은, 궁극적으로 모든 대적이 멸망당할 것이라는 보장보다 훨씬 더 강력한 전략이다. 최상의 전략은 '잠잠히 그가 하나님이심을 아는 것'이다.

6. 선적된 수화물을 바다에 던져라

우선순위를 정하라. 먼저 하나님의 나라, 둘째는 가족, 죄인들과 성도들이 세 번째, '나'는 마지막이다. "모든 무거운 것과 얽매이기 쉬운 죄를 벗어 버리고 인내로써 우리 앞에 당한 경주를 경주하며"(히 12:1). 바울이 승선한 배에는 상당량의 수화물이 선적되어 있었다. 그것들은 선장과 선원들의 1년치 봉급이었다. 그러나 바람이 거세게 불면 수화물의 무게는 곧 선박의 파괴, 선원 및 승객의 사망을 의미한다.

폭풍의 시간에 당신의 약점들 곧 무겁고 얽매이기 쉬운 수화물들이 겉으로 드러날 것이다. 그것들을 바다에 내어 던지라. 오랫동안 품고 있던 마음의 상처, 쓴 뿌리, 당신을 옥죄는 슬픈 기억들, 과거의 실패… 이 모든 것을 '하나님의 망각'이라는 깊은 바다 속으로 던져버려야 한다. 삶 가운데 중요하다고 여기는 것들 대부분은 어쩌면, 폭풍을 뚫고 지나가기 위해 버려야 할 품목에 지나지 않을 것이다.

결국 선원들은 밀과 곡식 포대 전부를 바다에 던져버렸다. '목숨'이라는 항목이 대차대조표에 오르는 순간, '흑자' '적자'는 문제일 수 없다.

7. 몇 가지 필요한 품목만 챙겨라

누군가 와서 "효율적으로 행동해"라고 말해주기를 기다리지 마라. 사실 생명을 위해서 정말로 필요한 것은 몇 개 되지 않는다. 음식과 집 정도…. 종종 '이생의 것들'을 너무 많이 소유할 때 우리는 우울해하거나 낙심하곤 한다. '소유물'(이를테면 비생산적인 물건 혹은 사치스러운 여가활동)에 대한 과도한 집착으로 인해 발생되지 않아도 될 복잡한 문제들이 야기된다. 그러면 그 복잡한 문제들은 당신의 삶을 옭아매 무너뜨릴 것이다. 장차 닥쳐올 폭풍의 때에 육신의 소유물을 버리지 못해 안절부절못하고, 고민하고, 세속적인 욕정과 씨름하기보다는 바로 지금, 현재의 상황에 만족하고 단순하게 사는 삶의 방식을 몸에 익히는 편이 훨씬 낫다. "우리가 먹을 것과 입을 것이 있은즉 족한 줄로 알 것이니라"(딤전 6:8). 이웃에게 뒤처지지 않으려고 허세 부리며 인생을 치장하고픈 유혹에 주의하라. 지나치게 약속을 남발하는 경우와 같이 지나친 소유는 '전기회로 과부하'를 일으킨다. 중요한 것에만 집중하는 능력이 필요하다.

곧 하나님의 부르심과 그 계획에 순종하는 능력! 폭풍이 불어오면 그 외의 다른 모든 것은 불필요해진다.

8. 버텨라

"…모든 일을 행한 후에… 서기 위함이라"(엡 6:13). 자연자원, 인적 자원, 그리고 인간의 모든 능력의 끝을 볼 때가 도래할 것이다. 그러한 때에 성령 충만한 성도는 현실의 어려움으로부터 사람들을 이끌어내어 다른 차원의 세계로 인도해줄 생명선 역할을 할 것이다. 바울이 그러한 생명선이었다. 그는 사람들의 생명을 유지해주는 천국의 소망과 격려와 지침을 갖고 있었다.

역경을 지날 때마다 우리가 붙잡아야 할 소망에 대해서 바울이 증거해 주었다. 현실적으로 볼 때, 그 선박이나 선원들에게 남아 있는 소망은 없었다. 생존 확률을 높이려고 행했던 그들의 모든 시도는 맹렬히 추격하는 폭풍 앞에 물거품이 되고 말았다. 그 배의 선장은 바울의 경고를 무시했다. 그러나 그 배에는 또 다른 '선장'이 승선해 있었다. 모든 승객과 선원의 영혼을 책임지실 위대한 선장께서 바울의 마음 안에 내주하고 계셨다.

어려움 속에서도 바울이 입을 열어 소망의 말과 격려의 말과 올바른 지침을 선포할 수 있었던 핵심 열쇠는 그리스도와 연합하여 친밀함을 누렸던 그의 일상생활이었다. 우리의 선장 되신 그리스도께서는 바울과 같이 우리도 그분의 영광을 전파하는 일에 쓰임 받기를 원하신다.

9. 스스로 연단하라

바울은 자신의 믿음을 항상 '살아 있는' 믿음으로 유지하였다. 그의 연단된 삶은 그에게 영적 분별력을 안겨주었다. 영적으로 분별할 줄 알았기 때문에 선원들에게 유용한 지침을 전할 수 있었던 것이다. 폭풍의 전사는 매일의 영적 훈련을 통해 만들어진다. 이 영적 훈련에는 갑작스런 테스트(시험)도 포함된다. 사실, 매일매일 받는 영적 훈련은 시험을 앞두었을 때 가장 밝은 빛을 낼 수 있다. 여기에는 금식, 예배, 기도, 성도들 간의 교제가 포함된다. 음식을 절제하는 것은 바울 스스로가 꾸준히 행해왔던 영적 훈련이었다. 폭풍으로 인한 식량부족도 음식절제를 훈련해온 바울을 넘어뜨리지는 못했다.

10. 하나님께는 영광을 사람들에게는 위로를

사람들은 충분할 정도로 부정적이다. 누가 언급하지 않아도 자신의 실수와 실패를 너무나 잘 알고 있다. 진정한 예언(대언)의 영은 그리스도의 영(성령)이시다. 성령은 모든 정보를 언제나 명확하게 아신다. 또 그 안에 진리로 충만하지만, 그렇다고 해서 항상 말씀하시는 것은 아니다. 또한 어떤 일에 대한 최종 결정사항을 항상 말씀하시는 것도 아니다. 왜냐하면 성령께서는 자신이 누구인지 아시고 또 무엇을 해야 하는지를 아시기 때문이다.

마찬가지로 바울 역시 언제 말해야 하고 또 언제 침묵해야 하는지를 알았다. 그리고 그가 입을 열어 사람들에게 말을 할 때에는 항상 "담대하라!"라고 했다. 그는 은혜와 진리를 전달하는 사자(使者)였다. 바울과 마찬가지로 당신 역시 남을 위로하고, 격려하고, 높여주는 은혜의 기름부음을 받았다.

11. 혼자가 아님을 깨달으라

바울은 폭풍을 지나게 하시며 자신의 삶을 인도해주시는 위대한 선장, 그리스도를 신뢰하였다. 우리는 결코 혼자가 아니다. 천군 천사를 지휘하시는 위대한 대장께서 항상 우리와 동행하신다. 폭풍을 만나 파선될 지경의 어려움 속에 천사들의 방문과 개입이 있었다. 왜냐하면 그 현장에 폭풍의 전사(바울)가 있었기 때문이다. 하나님의 거룩한 천사들의 기능과 그들의 현현에 대해서는 이후에 좀 더 심도 있게 다룰 것이다.

12. 두려워 말라

당신 안에 내주하시는 성령님은 다른 어떤 권세보다도 더 강하고 위대하시다. 그러므로 폭풍의 전사라면 범상치 않은 정신을 소유하고 있을 것이다. "하나님이 우리에게 주신 것은 두려워하는 마음이 아니요 오직 능력과 사랑과 근신하는 마음이니"(딤후 1:7). 다른 사람들은 공포에 떨며 의기소침해하고 자기만 살아보겠다고 아등바등하지만, 성도는 폭풍 가운데 배를 지탱해주는 닻의 역할을 감당해낸다.

13. 사명을 완수하라

하나님은 바울에게 사명을 주셨다. 하나님께서는 당신에게도 사명을 주셨고, 당신이 그 사명을 이루기를 갈망하신다. 폭풍도, 어려운 환경도 하나님이 예비하신 축복을 가로막지 못한다. 예수님은 어떤 일이 일어나도 끝까지 견디고 충성할 자녀들을 찾고 계신다. 만일 당신이 위기의 시간들을 지날 때 머리를 높이 들고 올바른 길로 행한다면 당신에게 임할 기름부음은 그 위기를 함께 지나는 모든 사람들에게 영원한 영향력을 행사하게 될 것이다. 당신의 믿음과 순종을 통하여 하나님의 임재와 구원이 더욱 강력하게 임할 것이다.

14. 항상 충성하라

폭풍의 전사는 흔들림 없는 믿음 위에 선다. 주님의 음성이 바울의 마음을 두드렸을 때, 이미 바울은 천국에서 내려오는 가르침과 실질적인 지혜의 말씀을 받아들일 준비가 되어 있었다. 그래서 그가 타고 있던 선박이 두렵고 희망 없는 상황 속으로 들어갈 때에, 바울의 마음속에 계신 위대한 선장께서 바울의 입을 빌어 말씀하실 수 있었던 것이다. 바울의 말과 행동은 '샬롬'으로 충만했다. 배에 오른 그 순간부터 계속, 바울은 '샬롬'을 운반하였다.

새로운 관점

수감, 파선, 처형당할 가능성-이것들은 바울이 자신의 목적지까지 나아가는 길 중간마다 맞부딪칠 징검다리였을 뿐이었다. 바울의 목적지는 '세상이 이제껏 목격해왔던 것들 중 가장 큰 제국의 우두머리에게 복음을 전하는 것'이다. 바울은 이 사명을 잊어버리지 않았다. 그리고 자신을 부르신 하나님을 항상 신뢰하면서 여정의 모든 순간마다 하나님께 충성했다.

현실의 상황만으로 본다면, 큰 파도가 바울의 생명과 사명을 바위 투성이의 해변에 내동댕이치는 것처럼 보였다. 그러나 바울은 자신을 구원한 하나님의 영광, 함께한 사람들을 구원한 하나님의 영광을 운반하는 사람이었다.

> 두 물이 합하여 흐르는 곳을 당하여 배를 걸매 배의 이물은 부딪혀 움직일 수 없이 붙고 배의 고물은 큰 물결에 깨어져 가니 군사들은 죄수가 헤엄쳐서 도망할까 하여 저희를 죽이는 것이 좋다 하였으나 백부장이 바울을 구원하려 하여 저희의 뜻을 막고 헤엄칠 줄 아는 사람들을 명하여 물에 뛰어내려 먼저 육지에 나가게 하고 그 남은 사람들은 널조각 혹은 배 물건에 의지하여 나가게 하니 마침내 사람들이 다 상륙하여 구원을 얻으니라(행 27:41-44)

짐작건대, 사탄은 바울을 통해 복음의 강력한 씨앗이 로마에 전파되는 것을 원하지 않았다. 또 바울의 삶에 닥친 수많은 위험들은 그의 사명을 방해하는 장애물이었다고 가정할 수 있다. 어찌 되었든 바울은 자신에게 주신 하나님의 말씀 위에 굳건히 서서 조금도 흔들리지 않았다. 한 명의 충실한 용사가 전파한 복음의 씨앗은 마침내 전 로마제국을 뒤흔들어 놓았다. 작전 명령은 성공!

5 | The Calm in the Storm
폭풍 속의 고요

그가 광풍을 평정히 하사 물결로 잔잔케 하시는도다
저희가 평온함을 인하여 기뻐하는 중에(시 107:29-30)

　나(보니 차브다)는 이 장을 빌어 나와 내 남편이 겪었던 시간 중 가장 힘들었던 두 해 동안의 이야기를 전할 것이다. 우리 부부는 이 어려움의 시기를 지나면서 폭풍의 전사의 면모에 대해 참으로 많은 것을 배웠다. 당시에는 마치 전방위로부터 엄습하는 폭풍의 한가운데 서 있는 듯한 느낌이었다. 하지만 이 모든 일을 겪고 보니 그곳은 하나님의 신실하심을 맛보는 자리였다. 어려움을 지나면서 매 순간, 매 단계마다 우리와 함께 하셨던 위대한 폭풍의 전사의 음성을 듣는 법도 배울 수 있었다. 하나님께서는 우리로 하여금 목숨까지 내려놓도록 상황을 몰아가셨으나 그와 동시에, 역경을 이길 능력도 주셨다. 우리는 폭풍 속에서 고요함을 발견했다.

아프리카에서 상심하다

우리의 이야기는 20년 전으로 거슬러 올라간다. 당시 아프리카 잠비아의 어느 깊은 숲속 풀밭에서 데릭 프린스와 내 남편은 복음을 전파하며 축사사역과 치유사역을 펼쳤다.

여행 중 거의 모든 소지품과 가방을 도난당한 채, 그들은 루사카(Lusaka) 지역으로 이동하여 단기통엔진 동력 비행기를 타고 음위니룽가(Mwinilunga) 내부로 들어갔다. 그곳에는 수천 명이 운집할 수 있는 넓은 평야가 있었다. 수천에 달하는 마을 주민들이 하나님의 말씀을 듣기 위해 오전, 정오, 저녁, 이렇게 하루 세 번씩 그곳으로 모여들었다. 일주일간 진행된 집회 기간 동안 하나님께서는 데릭과 마헤쉬를 통해 영적으로 갈급하고 굶주린 사람들을 만져주셨다.

하나님의 놀라운 역사가 많이 일어났다. 소아마비로 10년 이상 불구로 지내야 했던 16세 소년이 몸을 곧추세우더니 휠체어에서 벌떡 일어섰다! 그는 노련한 육상선수처럼 뛰면서 집회장소를 빙빙 돌았다. 그 광경을 지켜본 사람마다 기뻐했고 또 놀라움에 사로잡혔다. 소년의 어머니는 마헤쉬에게 다가가 머리를 조아렸고 한 움큼의 흙을 자신의 머리 위로 흩뿌렸다. 이것은 위대한 추장에게 경의를 표할 때 행하는 그 부족의 관습이었다. 기쁨의 눈물을 흘리며 여성은 큰 소리로 외쳤다. "먼 곳 미국에서 오셔서 제 아들을 치유해주시니 참 고맙습니다!"

마헤쉬는 그녀의 손을 붙잡고 일으켜 세웠다. "어머님, 저는 가장 위대하신 추장의 작디작은 종일뿐입니다. 그 추장의 이름은 예수 그리스도 이십니다. 오늘 아드님을 고쳐주신 분은 제가 아니라 예수님이십니다."

저녁 집회가 끝났을 때, 그 지역 선교사 중 한 명이 마헤쉬에게 다가와 부탁의 말을 건넸다. "목사님, 지금 한 아이가 매우 아픕니다. 그 아이의 어머니를 좀 만나주시겠습니까?" 마헤쉬는 그 선교사를 따라 아이가 살고 있는 조그마한 움막으로 향했다. 도보로 이동하는 길은 칠흑같이 어두웠다. 길을 걸으면서 선교사는 그 여인에 관한 정보를 마헤쉬에게 알려주었다. 그녀는 결혼 후 쌍둥이를 낳았는데, 남편이 속한 부족은 쌍둥이를 흉조로 여겼기에 이 여인과 두 아이를 마을에서 추방시켰다. 보통 이와 같은 상황에 처하면 대부분의 여성들은 자녀를 먹이고 입히기 위해 자신의 몸을 성(性)의 도구로 팔곤 한다. 하지만 이 여성은 마을에서 쫓겨난 후 곧바로 예수님을 영접했고 지독한 가난에도 불구하고 하나님 앞에 신실하게 살려고 고군분투하였다.

여인이 살고 있는 움막에는 대문이 없었다. 문 대신 더러운 천 조각이 입구를 가리고 있었다. 그것을 옆으로 젖히고 안으로 들어가 보니 한 여인이 흙바닥에 앉아 있었고, 어둠 속에서 조그만 양초 하나만이 빛을 발하고 있었다. 그녀의 무릎엔 움직임이 전혀 없는 아이가 누워 있었다. 움막의 한쪽 귀퉁이에는 또 다른 아이가 건초 위에 누워 잠을 자고 있었다. 여인이 자신의 무릎에 뉘었던 아이를 마헤쉬에게 건네주었을 때, 그는 아이가 죽은 지 이미 상당 시간 지났다는 것을 알 수 있었다. 아이의 작은 몸은 차가웠고 점점 **뻣뻣**해져 갔다.

마헤쉬는 그 여인 옆에 앉아 기도하기 시작했다. 여인은 간절한 마음으로, 또 선교사는 소망의 눈으로 생기 없는 아이의 몸을 바라보았다. 마헤쉬는 아이의 몸에 살며시 손을 얹고 기도하고 또 기도했다. 한 시간이 지났을까… 자신이 할 수 있는 것은 더 이상 아무것도 없음을 깨달은 마헤쉬는 슬픈 마음으로 아이의 시신을 여인에게 건네주었다. 그녀의 두 뺨에는 눈물이 흘러내렸다. 여인은 아이를 품에 안고 하늘을 향해 나지막한 목소리로 말했다. "예수님, 이 아이를 당신의 두 팔로 살며시 안고 데려가세요." 그리고 오열했다. 수천 년 전 다윗 왕이 아들의 주검 앞에서 했던 말을 직접 들어보지는 못했겠지만, 그녀는 부드러운 목소리로 다윗 왕이 했던 말을 되뇌었다.

"이제 이 아이는 더 이상 내게 올 수 없지만, 나는 그에게 갈 수 있습니다."

마헤쉬는 움막을 나섰다. 그리고 어둠 속에 홀로 서 있었다. 이 여인의 순전한 믿음을 지켜보는 것이 너무나 힘들어서였다. 마음이 무너져 내렸다. 살면서 우리는 궁금한 것을 하나님께 여쭤볼 수 있다. "어디입니까? 언제입니까? 어떻게 하실 겁니까? 누구입니까?" 그러나 "왜?"라는 질문은 전혀 다른 것이다. 하나님이야 왜 그렇게 되었는지 그 이유를 아시지만 우리에게는 그 이유를 여쭤보는 것이 허락되지 않았다. 비록 마헤쉬는 "왜 아이를 살려주시지 않으셨습니까?"라고 하나님께 묻지는 않았지만 그 불쌍한 여인에게 절망을 안겨주었다는 생각을 도저히 떨쳐낼 수가 없었다. 그의 마음이 찢어질 듯했던 바로 그 순간, 온화한 바람이 그를 감쌌다. 그리고 거기서 하나님의 목소리가 들려왔다.

"마헤쉬야, 네가 신실하게 행했으니 너는 놀라운 일을 보게 될 것이다."

귀국한 후 몇 개월 지나서의 일이다. 마헤쉬는 자이르(Zaire, 지금은 콩고로 알려짐)의 여러 목회자들로부터 한 통의 초대장을 받게 되었다. 쭈글쭈글한 갱지 위에 타자기로 쳐 넣은 그 편지는 오자(誤字)투성이였다.

아마도 타자기의 글쇠 중 몇 개가 망가진 모양이었다. 하지만 그곳에 와서 사역해주기를 부탁하는 내용을 읽었을 때, 우리는 이것이 하나님의 음성임을 직감했다. 그 편지에는 이렇게 쓰여 있었다. "만일 당신이 와주신다면 우리나라의 미래가 바뀔 것입니다. 우리는 그렇게 믿습니다."

이 편지를 읽은 뒤 우리의 첫 번째 반응은 이 편지를 보낸 목회자들이 계획한 대로 전도집회를 해낼 수 있을까였다. 편지에는 다만 이렇게 쓰여 있었다. "수십만 명이 참석할 것으로 예상하고 있습니다. 그리고 아주 많은 사람들이 변화될 것입니다." 선교에 있어서만큼 우리는 단 한 번도 무시하거나 오만한 태도를 취한 적이 없었다. 우리는 선교할 때마다 극도로 조심스러운 자세로 임했다. 특히나 선교대원들(그들이 아버지이든 어머니이든 혹은 자녀들이든)의 목숨이 위험에 처할 수 있는 경우엔 더욱 그랬다. 하지만 그들의 초청에는 성령의 감동하심이 느껴졌다. 그래서 곧바로 거절하지 못했던 것이다.

사실 마헤쉬는 잠비아로 돌아갈 계획을 세운 상태였다. 그곳에는 이미 수천의 사람들이 예수님을 영접했고, 하나님의 기적적인 능력을 체험하여 치유된 사람들도 많았다. 또한 마헤쉬의 마음 한편에는 슬픔에 가득 찬 어머니의 품속으로 죽은 아이를 되돌려줘야 했던 아픔의 기억이 아직도 남아 있었다. 마헤쉬는 잠비아로 가고자 했다.

비록 자이르는 잠비아와 인접해 있지만, 잠비아에서 자이르로 가기 위한 경비가 너무나 컸기 때문에 경비문제 때문이라도 자이르에서의 초대를 정중히 사양해야 할 판이었다. 그런데 놀라운 일이 벌어졌다. 여행사에서는 잠비아발 자이르행 항공 추가운임이 겨우 27달러뿐이라고 말했다! 이렇게 주님께서는 확실하고 명백한 음성으로 응답하셨고 마헤쉬는 자이르에서의 초청에 '예스'라고 답변했다.

폭풍 속의 목소리

이런 일이 있은 직후, 우리는 또 한 차례 놀라운 일을 경험했다. 내가 넷째아이를 임신한 것이다. 그러나 임신 후 몇 주 지나지 않아 '전치태반'(placenta previa centralis)이라는 진단이 내려졌다. 태아에게 양분을 공급해주는 태반이 자궁 내 경부 전체를 덮고 있는 증상이었다. 태아와 산모 모두의 생명을 앗아갈 수 있는 위험한 상황이었다. 하지만 이것은 우리가 폭풍을 향해 나아갈 때 머리 위로 떨어진 몇 개의 물방울에 지나지 않았다.

몇 차례 검사 후, 의사들은 반드시 낙태해야 한다고 말했다. 내 생명을 살리기 위한 조언이었다. 게다가 자궁 안에서 생명의 기식이 발견되지 않았기 때문에, 출산을 하더라도 아이는 죽은 채로 태어나거나 며칠밖에 살지 못할 것이라고 말해주었다. 혹 그보다 더 오래 산다 하더라도 기껏해야 식물인간이 될 거라고 말했다. 그들이 염려하던 바를 입증해주듯 나는 하혈하기 시작했다. "하나님, 어떻게 해야 하나요?"라고 물었지만 하나님은 침묵하셨다. 우리는 그저 기다릴 뿐이었다.

몇 주 동안 마헤쉬가 가정주부 역할을 도맡아야 했다. 일곱 살도 채 안 된 세 아이들을 보살피며 살림을 돌봐야 했다. 나는 침대 위에 누워 있어야만 했다. 오직 세 발자국 걸어 화장실, 그리고 다시 세 발자국 걸어 침대… 의사는 그 이상의 움직임을 허락지 않았다. 우울증과 불확실성의 먹구름이 내 주위로 몰려들었다. 나는 최대한 긍정적이려고 노력했다. 성경말씀을 고백하면서, 또 폭풍의 시간들 속에서 나에게 신실하셨던 하나님을 기억하면서 긍정적인 생각을 되풀이하였다.

그러나 내 몸은 호르몬 수치의 급격한 변화로 인해 미쳐 날뛰었고,

때 이른 진통 때문에 말이 아니었다. 나는 좌절했다. 게다가 침대에만 누워 있는 것이 지겨울 정도로 따분해서 눈물이 다 날 뻔했다.-생각해 보라. 누워서 할 수 있는 것이라고는 잡지를 읽는 것뿐이다! 반면에 그것은 위기 속에서 하나님의 사랑 안에 거하는 훈련, 쉼을 얻고 샬롬의 처소에 잠잠히 머물기 위한 고된 훈련이었다. 이처럼 길고 지루하게 이어지는 전쟁 중에는, 뱃속 아이와 내 생명을 놓고 교전(交戰)이 벌어질 때마다 부지런히 참여하여 싸우기보다는 임신 기간 내내 몸을 추스르고 마음을 강하게 유지하는 것이 훨씬 더 효율적이었다.

수주간의 교전 기간 동안 내 눈은 마헤쉬가 아프리카 여행을 마치고 돌아왔을 때 사 왔던 기념품에 초점 맞춰져 있었다. 아주 조그마한 그림이었는데, 푸르고 울창한 밀림 숲을 헤치며 걸어가고 있는 한 남성의 모습을 담고 있었다. 거대한 수풀과 비교했을 때 이 남자의 형상은 초라하리만치 작고 어두웠다. 그 그림을 볼 때마다, 나는 아프리카에서 마헤쉬가 경험한 일들을 기억해냈다. 얼마나 많은 환자들과 굶주린 사람들이 복음의 말씀을 듣기 위해 수풀을 헤치며 얼마나 먼 길을 걸었던가….

그 그림은 벽에 걸려 있다. 내게 허용된 걸음, 즉 화장실을 가기 위한 세 발자국 걸음을 내디딜 때마다 나는 그 그림과 마주하게 되었다. 현대식 거주환경도 없고, 보살펴줄 교회식구들도 없고, 치료해줄 의사도 없는 환경 속에서 나와 동일한 상황에 놓였을 여인들을 생각해보았다. 나는 내 자신을 불쌍히 여기는 데에는 조금의 슬픔도 허용하지 않기로 결심했다. 그러자 그림 속의 남자는 내 기도의 '과녁'이 되었다. 삶과 죽음의 문턱에서 아무것도 하지 못하고 가만히 누워만 있는 것 -내 믿음을 테스트하는 이 큰 시험이 얼마나 더 오래 지속될는지는 몰랐지만,

그래도 나는 여전히 기도할 수 있었다!

그렇다. 나는 기도했다. 계속해서 하혈했지만 아프리카의 가난한 사람들, 복음을 필요로 하는 사람들을 위해 기도했다. 경련을 유발하여 쥐어짜듯 아픔을 가져다주는 가성(假性) 진통 때마다 나는 주님께 기도했다. "예수님, 보혜사(성령)를 받지 못한 모든 사람에게 놀라운 일을 보여주세요." 내 고통의 침상은 기도의 폭격기가 되어 어둠의 세력들이 득세한 곳마다 성령이 탑재된 기도의 로켓탄을 떨어뜨렸다. 나는 폭풍의 전사였다. 그리고 이 폭풍은 우리 카우보이 선조들이 입버릇처럼 말했듯, "참아내든가 아니면 닥치고 가만히 있든가"(put up or shut up) 해야 하는 성질의 것이었다.

임신 21주에 접어들었지만 내 자궁에는 생명의 기척이 없었다. 우리는 계속해서 하나님의 말씀을 기다렸다. 그러나 이 아이에 대해서만큼은 하나님께서 얼굴을 감추고 계신 것만 같았다.

첫째아들 벤(Ben)이 삶과 죽음의 기로에 선 것을 경험했을 때, 나는 또 다시 이 죽음과 같은 골짜기를 지날 것이라고는 상상도 못했다. 하지만 하나님께서는 우리가 경험했던 이전의 승리를 한 단계 더 강화된 믿음의 시험장으로 사용하신다.

마헤쉬 역시 날마다 온 힘을 다해 기도했다. 그러던 어느 날 오후, 하나님께서 그에게 말씀하셨다. "너에게 비밀 무기를 주겠다." 마헤쉬는 기다렸다. 이제 곧 기적이 일어날 것이라고 기대했다. 그런데 참으로 이상한 말씀이 들려왔다. "너와 너의 아내는 웃음으로 이 어려움을 이겨내야 한다."

마헤쉬의 첫 번째 반응이다. "하나님, 지금 이 상황에선 웃을 일이 하나도 없습니다. 웃음 근처에도 못 갈 일들뿐인데…." 하지만 우리는 말씀 앞에 순종해야 한다는 것도 알았다. 마헤쉬는 우리가 가장 좋아하는 코미디언의 개그 입담 오디오 테잎을 사 왔다. 매일 오후 한 시간씩 우리는 침대에 누워 우스꽝스런 개그를 들으며 웃고 또 웃었다. 그러고 나니, 정말 더 많은 믿음, 더 많은 소망, 더 많은 사랑과 평안이 우리 마음에 차오르는 것을 발견했다. 물론 상황은 점점 더 악화되어갔지만 말이다.

그러던 중, 나는 하나님의 음성을 듣게 되었다.

"너는 아들을 낳을 것이고, 그의 이름은 애런(Aaron)이 될 것이다."

그리고 주님께서는 나로 하여금 민수기 17장 3-4, 7-8절의 말씀을 붙잡게 하셨다.

레위의 지팡이에는 아론(애런)의 이름을 쓰라 이는 그들의 종족의 각 두령이 지팡이 하나씩 있어야 할 것임이니라 그 지팡이를 회막 안에서 내가 너희와 만나는 곳인 증거궤 앞에 두라… 모세가 그 지팡이들을 증거의 장막 안 여호와 앞에 두었더라 이튿날 모세가 증거의 장막에 들어가 본즉 레위 집을 위하여 낸 아론(애런)의 지팡이에 움이 돋고 순이 나고 꽃이 피어서 살구 열매가 열렸더라

이것을 믿어야 하는가? 의사들마저 내 자궁 속에서 심장박동을 찾지 못했는데, 정말 하나님께서 내게 아들을 주실 것인가? 나는 그 말씀을 마음 한구석에 숨겨버렸다.

그 다음 주에 일어난 일이다. 몇 년 동안 소식이 없었던 텍사스의 친구로부터 전화가 걸려왔다. "지금 기도하다가 전화한 거야." 친구가 말했다. "내 생전에 이런 말씀을 들어본 적이 없거든? 근데 하나님께서

하신 말씀이라고 믿고 너한테 전하는 거야. 하나님께서 그러시는데 네가 아들을 낳을 거래. 그리고 너는 그 아이의 이름을 애런이라고 지을 거래." 이처럼 놀라운 확증이 있었기에 나는 하나님께서 약속하신 그 말씀을 붙잡을 수 있었다. 그리고 다른 사람들도 나와 함께 하나님의 약속 위에 굳건히 서도록 인도할 수 있었다.

나는 그 약속을 믿었지만…, 하지만 내 몸은 아직 그 약속을 믿지 않았던 모양이다. 예정일로부터 수개월 전에 이미 양수가 터져버린 것이다. 하혈하는 동안 태반이 너무 강하게 움직여 그 절반이 터져버렸고 몸 밖으로 배출되었다. 그 후 몇 주 동안 나는 두 번이나 죽었다. 사람들이 "죽었다가 다시 돌아왔노라"라고 말하는 경험을 내가 직접 체험한 것이다. 영혼이 육체를 떠나고, 뒤에 남겨진 사람들을 바라보며, 그 주변에서 일어나는 모든 일을 관망하는 그런 경험 말이다.

내 영혼이 나의 피폐해진 육신을 떠나는 순간 나는 내 남편과 아이들의 모습을 보았다. 또 남편 혼자서 어떻게 가정을 꾸려나갈까 걱정하기도 했다. 그러다가 엄마가 필요한 시점에 엄마 없이 자라면서 어려움을 겪게 될 아이들을 생각한 순간, 나는 이 땅에 머물 것을 선택할 능력과 의지가 있음을 깨달았다. 믿는 자에게는 한 영역(realm)에서 다른 영역으로 이동하는 것이 얼마나 쉬운지를 알게 되었다. 숨 한 번 쉬는 것보다도 더 쉽다!

인도 시크교도였던 주치의는 나를 주의 깊게 지켜봐왔다. 그리고 우리 부부의 꾸준한 신앙에 대해 언급하기 시작했다. 어느 날 그가 말했다. "저는 선생님 내외만큼 신과 그렇게 친밀한 사람들을 본 적이 없습니다." 비록 우리는 우리 자신의 문제에만 집중했으나, 다른 사람들이 우리를 지켜보고 있다는 사실을 그때에야 비로소 깨닫게 되었다. 우리가 지나는 이 폭풍은 주님의 임재에 관한 간증으로 변해갔다.

나는 마헤쉬가 본인의 스케줄대로 전도여행을 떠나기를 바랐다. 주께서 우리 마음에 부어주신 것을 전파해야 한다고 생각했기 때문이다. 마헤쉬는 예정대로 카리브 해의 앤틸리스(Antilles)로 전도여행을 떠났다. 그때 일이 터졌다. 당시 나는 임신 25주차였고 마헤쉬는 집에 없었다. 나는 긴급히 병원으로 이송되었고 주치의는 응급 제왕절개술을 결정했다. 일반적인 남편이라면 나의 위급한 상태 때문에 병실의 간이침대에서 자고 있다가 수술실로 달려왔어야 했을 텐데…. 의사는 수술동의서에 남편의 서명이 필요하다고 말했다. "지금 남편은 앤틸리스 제도에 있는데요." 의사는 이해할 수 없다는 듯 고개를 가로저으며 밖으로 나가버렸다.

마헤쉬가 귀국하는 동안 수술 일정이 잡혔다. 그가 돌아오기 전날 밤, 나는 특별한 꿈을 꾸었다. 나는 커다란 새의 날개에 폭 싸인 채로 하늘을 날고 있었다. 그 새와 함께 광활한 태고적 광야 위를 날고 있었는데 눈 덮인 산에 야생동물들이 뛰어노는 것이 보였다. 그 큰 새의 날개 아래에서 나는 평안, 기쁨, 안전을 느꼈다. 나는 그 새가 내 구원의 하나님이심을 깨달았다.

그런데 갑자기 나를 붙들고 계신 그분으로부터 큰 소리가 울려나왔다. 그것은 노래도 아니고 말씀도 아니었다. 그것은 광선 곧 사랑, 능력, 생명, 창조의 광선에 더 가까웠다. 그것은 주님의 음성이었다. 빛과 생명의 파도가 울려날 때 산들이 흔들렸다. 가장 거대한 산허리마저 무너져 계곡으로 흘러내렸다. 하나님의 능력에 경탄하면서, 나는 그 광경을 지켜보았다. 그 후 하늘 위에 시편 29편의 말씀이 펼쳐졌다. "여호와의 소리가 암사슴으로 출산케 하시고"(9절). (개역한글 및 개역개정판에는 이 구절이 '여호와의 소리가 암사슴으로 낙태하게 하시고' 로 되어 있다. 하지만 NASB, ASV, NKJV 등의 영어성경에는 '암사슴으로 출산케 하시고' (makes the deer give birth, makes the deer calve)로 기록되어 있다.-역자 주)

    그 다음 날 아침, 마헤쉬가 돌아오자마자 나는 수술실로 보내졌다. 수술실은 20명 넘는 의료진들로 가득했다. 그중 절반은 내 생명을 유지시키려는 의료진이었고 나머지 반은 혹시라도 살아 있을지 모를 내 태의 아이 때문에 그곳에 포진되어 있었다. 그들은 종종걸음으로 수술실을 돌아다녔고, 마취전문의는 나를 잠재울 준비를 하고 있었다. 그가 내게 마취제를 주입하려는 순간, 한 남자(예수님)가 수술실로 들어왔다. 그가 내 머리 곁으로 다가왔을 때, 나는 그의 형체를 알아보았다. 그에게서는 빛과 사랑과 능력의 광선이 발산되었다. 그 광선은 전혀 낯설지 않았다. 그 광선이 내 머리를 감싸더니 곧 몸 전체로 퍼져 나갔다. 그것이 내 목구멍을 타고 가슴으로 내려와 두 팔로 퍼져 나갔을 때, 나는 내 손이 높이 들리는 것을 보았다. 나는 내 스스로가 의사에게 말하는 소리를 들을 수 있었다. "나는 이 아이를 수술하지 않고 낳을 수 있어요."

    수술 집도의는 나를 한 번 쳐다보더니 의료진들을 멈추었다. "그럽시다." 그가 대답했다. 세상에나! 나는 내가 방금 했던 말을 도무지 믿을 수가 없었다. 게다가 의사가 내 말에 동의하다니 더 큰 충격이었다! 나는 미친 듯이 생각했다. '뭐라고? 잠깐만, 나는 수술을 하지 않고서는 아이를 못 낳을 것 같은데! 마취하라고 제발!'

    바로 그때 그분의 음성이 내 자궁을 감쌌고 압박하기 시작했다. 얼마 지나지 않아 나는 다섯 차례의 조그만 울음소리를 듣게 되었다. 갓 태어난 새끼 고양이의 울음소리 같았다.

    의사가 무엇을 손에 받쳐 들고 있는지 보이질 않았다. 그러나 의사의 얼굴이 창백해졌고 근심 어린 눈으로 아기를 내려다보고 있다는 것을 알아챘다. 순간 나는 주님이 하셨던 말씀을 기억해냈다. 그래서 소리쳤다. "아들이죠? 그렇죠?" 이것은 질문이라기보다는 거의 선포에 가까웠다. 의사는 고개를 끄덕였다. "그 아이의 이름은 애런이에요. 그 아이는 살 거예요. 결코 죽지 않아요." 다음 날까지 나는 일어나지 못했다.

애런의 몸무게는 0.45킬로그램도 채 안 되었다. 포도상구균에 감염되었다. 그의 척수에 피가 섞인 것은 뇌에 출혈이 있었음을 말해주었다. 게다가 양쪽 폐가 제 크기로 자라질 못했다. 두 귀는 너덜거리는 피부조각에 불과했고, 완충작용을 해줄 양수가 없었던 터라 아이의 작은 얼굴은 납작하게 뭉개져 있었다. 바짝 마른 피부는 여기저기 멍투성이였다. 그러나 아직 최악의 상황이 더 남아 있었다. 애런의 장기 중 한 부분이 이미 태 속에서 기능 정지(죽음)된 것이었다. 석회화가 진행되었기에 아직 살아 있는 장기가 뚫리고 구멍이 난 상태에서 체강 안에 괴저가 생긴 것이었다.

내 결혼반지가 아이의 작은 허벅지에 들어맞을 것만 같았다. 아이의 손가락은 너무도 가늘고 작았기에 손톱은 아예 보이지도 않았다. 이 아이가 바로 하나님께서 말씀하신바, "그의 지팡이에 싹이 날 것이다"했던 아들이다.

너는 놀라운 일을 보게 될 거야

이 위기 속에서 마헤쉬가 아프리카로 떠나야 할 시간이 되었다. 지금 떠난다면 이 세상에서 애런을 안아볼 수 있는 기회가 다시는 없을 것만 같아 보였다. 그가 전도여행을 취소하려 한다는 것을 알게 되었을 때, 나는 재고해볼 것을 강요했다. 자이르의 목사님들이 구겨진 갱지 위에 쓴 간청의 말들이 떠올랐기 때문이었다. 그리고 침상에 누워 있던 동안 아프리카 사람들을 위해 기도한 시간들을 되새겨보았다. "당신이 여기 있은들 애런을 살리거나 죽게 하거나 할 수 없어요. 하지만 당신은 기적을 운반하는 사람이에요. 당신이 사람들을 만나거나 만나기를 거부하면 그것은 그들에게 생명 혹은 죽음을 의미하지요." 결국 마헤쉬는 아픈 가슴을 추스르고 하나님께서 우리의 심장에 넣어주신 부르심에 순종하기로 결심했다. 가난한 자들에게 기쁜 소식을 전파하기 위해 병원 문을 나선 것이다.

그가 전도여행을 떠났을 때, 나는 퇴원하여 애런과 함께 집에 머물렀다. 매일매일 내 아들이 회복되기를 소망하며 전쟁을 치르는 동안, 마헤쉬는 아프리카의 하늘 아래에서 병든 사람들을 위해 기도하고 복음을 전했다. 집회가 열렸던 주의 수요일 정오에 마헤쉬는 5만 명의 굶주린 사람들 앞에 섰다. 바로 그때, 잠비아의 움막 앞에서 마헤쉬를 감싸 안았던 1년 전의 그 온화한 바람이 다시 불어왔다. 그러자 그의 주변 상황이 슬로우 모션처럼 돌아가는 것 같았다. 시끌벅적한 군중의 소리도 잠잠해졌다. 고요함 속에서 하나님의 목소리가 들려왔다. "오늘 아침 아들을 잃은 남자가 여기에 있다. 그를 불러 세워라. 오늘 내가 놀라운 일을 행할 것이다."

다시 마이크를 붙잡은 마헤쉬는 주님의 말씀을 그대로 전했다.

"혹시 그분이 이 자리에 계시는지요? 계시다면 어디에 계십니까?"

물람바 마니카이(Mulamba Manikai), 키가 크고 잘생긴 한 남자가 군중 뒤편에서부터 뛰어나오며 손을 흔들어 그가 바로 자신임을 알렸다.

강단에 올라선 그는 통역관에게 설명하기 시작했다. 통역관이 말하길 이 남자의 여섯 살 난 아들 캇쉬니(Katshinyi)가 그날 동트기 직전 뇌 말라리아로 세상을 떠났다고 했다. '쌍둥이 여인'의 아들을 앗아갔던 바로 그 질병이었다. 캇쉬니도 그 아이와 같은 나이에 사망한 것이다. 물람바는 말했다. "자이르 킨샤사(Kinshasa) 시의 마마 예모(Mama Yemo) 병원에 캇쉬니의 축 늘어진 주검이 있습니다. 아이의 삼촌은 이 아이를 두 팔로 안고 있습니다. 아내는 그 곁을 지키고 있고요."

마헤쉬는 물람바의 손을 잡고 간단한 말로 기도했다. "하나님! 당신은 당신의 독생자를 죽음에서 일으키셨습니다. 예수 그리스도를 죽음에서 일으키신 바로 그 성령님을 지금 당장 이 남자의 아들에게 보내셔서 아이의 몸을 일으켜 주옵소서!" 그날 오후 마마 예모 병원에는 참으로 놀라운 일을 목격하게 된 몇 명의 증인이 생겼다. 그들은 정오가 막 지났을 무렵 이 죽었던 아이가 갑자기 재채기를 하더니 삼촌의 목을 감싸 안고 그의 팔 위에 앉는 것을 본 것이다! 기적의 소식이 그 지역 전체에 퍼졌다. 소식이 들리는 곳마다 기쁨의 탄성이 함께했다.

하지만 이것이 이야기의 끝은 아니다.

캇쉬니에게 임했던 바로 그 영광이 우리 집에도 임했다. 마침내 모든 상황들은 애런에게 유리한 쪽으로 변해가고 있었다. 죽음에서 생명으로, 하나님은 애런을 온전히 치유하셨다. 지금 이 아들은 하나님을 사랑하고 섬기는 아들, 운동도 잘하고, 얼굴도 잘생기고, 똑똑한 젊은이로 자라났다.

이 모든 일련의 사건들로부터 우리가 배운 것이 있다. 우리를 향한 하나님의 사랑이 먼저 하나님 자신을 감동시켜 우리에게 말씀을 주신다는 것이다. 우리가 고통의 시간을 지날 때 하나님께서는 우리를 사랑하시는 그 사랑으로 우리에게 말씀을 주신다. 우리 부부가 애런의 일로 힘든 시간을 보낼 때, 하나님으로 하여금 말씀하시게 만든 것은 바로 애런을 향한 하나님의 사랑이었다. 1년 전 하나님께서는 놀라운 일을 보여주겠다고 마헤쉬에게 약속을 주셨다. 하나님께서 그 약속을 신실하게 지키신 것은 캇쉬니를 향한 사랑 때문이었다.

잠비아의 그 여인과 쌍둥이를 향한 하나님의 사랑은 그들이 겪은 역경으로 인해 수많은 불꽃을 점화시킬 수 있었다. 그녀의 아들은 지금 예수님과 함께 거하고 있다. 장차 그녀는 그 아들을 품에 안을 것이다. 그녀의 이야기는 우리 부부의 이야기와 더불어 기적의 촉매제로 영원히 회자될 것이다. 그녀가 겪은 고통의 이야기를 듣고 이 땅의 수많은 어머니들과 아버지들이 소망을 갖게 될 것이기 때문이다.

하나님께서는 사랑 때문에 폭풍의 중간마다 고요를 창조하셨다. 그곳에서 우리는 피난처를 발견하여 쉼을 얻고 힘을 회복한다.

고요하고 작은 음성

어쩌면 당신은 당신이 사랑하는 누군가의 생명과 운명을 놓고 영적 전쟁을 치르고 있을지도 모른다. 그렇다면 그 싸움을 승리로 이끌 열쇠는 바로 '고요하고 작은 음성'이다. 하나님께서 가시떨기 불꽃이나 우레 가운데에서 말씀하지 않으신다 하더라도 우리는 그의 살아 있는 말씀을 붙들기 위해 또 그 말씀에 순종하기 위해 그의 음성을 들을 줄 알아야 한다.

열왕기상 19장은 엘리야가 하나님의 음성을 듣는 장면을 소개한다. 강한 바람도 아니고 지진 중에도 아니고 불 가운데에서도 아니었다. 하나님의 음성은 다만 고요하고 작은 음성이었다. 여기에 사용된 히브리어는 '콜'(kol)인데 직역하면 닫힌 두 입술 사이로 새어나오는 '음~' 소리 정도이다. 히브리 구전에 의하면 이 소리는 하나님의 영광을 바라보고 경이를 표하는 소리였다. 엘리야는 거의 자살하기 직전에 하나님의 음성을 들었다. 하나님의 음성을 듣는 즉시 엘리야의 영혼은 힘을 얻었다. 용기가 되살아났다. 하나님의 음성을 듣고 나서 그는 자기의 사명을 수행해나갔다. 고요하고 조그만 음성이야말로 폭풍을 이겨내는 해답이다.

하나님의 인도하심을 깨닫고 그의 고요한 음성을 듣는 데에는 훈련이 필요하다. 마헤쉬는 5천 명의 군중 속에서도 내 웃음소리를 구별해낼 줄 안다. 그가 내 웃음소리를 알기 때문이다! 마찬가지로 우리는 하나님과의 지속되는 관계를 통해 주님의 음성을 분별해내는 능력을 연마할 수 있다. 신비하게도 그 친밀함의 관계 속에 기적이 머문다.

여기서 다시 한 번 '관계'의 중요성을 깨닫게 된다. 영적 비전(vision)은 최악의 상황에서도 빛을 발하는 천국의 낙관(optimism)이다. 그것은 하나님과의 인격적 관계로부터 비롯되는 믿음에서 기인한다. 관계가 없다면 우리는 매번 폭풍이 불어 닥칠 때마다 굴복하게 된다. 하나님과의 관계에 집중하라고 해서 삶 가운데 일어나는 상황들을 무시해도 된다는 말은 아니다. 사실 하나님께서는 명확하게 말씀을 전달하시려고 종종 우리의 삶 가운데 구체적인 상황들을 설정해두신다. 아프리카 항공 추가비용이 27달러라는 말에 우리는 하나님께서 마헤쉬의 자이르 행을 원하신다고 확신하였다. 이처럼 일상적인 상황을 통해 하나님의 말씀을 확인할 수도 있다.

하나님께서 함께하시는 것 같아 보이지 않는 상황 속에서도 '하나님께서 우리와 함께하신다'는 비전과 확신과 낙관을 가질 때, 우리의 마음 문이 열려 우리가 하나님의 음성을 들을 수 있는 것이다. 하나님께서 말씀하셨을 때, 세상이 창조되었다. 바로 그 방식으로 하나님께서는 우리에게 말씀하셔서 우리 안에 믿음을 창조해주신다. "믿음으로 모든 세계가 하나님의 말씀으로 지어진 줄을 우리가 아나니 보이는 것은 나타난 것으로 말미암아 된 것이 아니니라"(히 11:3).

폭풍 속에서 고요를 찾기 원하는 폭풍의 전사, 폭풍 속에서 나지막한 작은 음성을 듣기 원하는 폭풍의 전사들을 위해 네 가지 핵심 열쇠를 아래에 적어둔다.

1. 계속해서 자신의 사명에 헌신하라

어려운 시간 속에서도 아프리카의 영혼들을 향한 하나님의 비전을 위해 기도하면서 헌신했을 때, 주님께서는 우리에게 은혜를 베푸셨다. 하나님의 비전은 우리 개개인의 구원 그 이상이다. 하나님의 비전은 열방에 복음이 전파되는 것이다. 물론 우리는 먼저 주변 사람들에게 이 복음을 전해야 한다. 하나님의 비전에 초점을 맞추며, 주님을 증거하는 도구로 우리를 사용해주시길 간구했을 때 우리의 마음속에는 이전에 느껴보지 못했던 확신이 생겼다.

아가서는 신랑이 신부를 향해 고백하는 말을 기록하고 있다. "네 얼굴을 보자꾸나. 네 음성을 듣자꾸나." 기쁜 일이든 슬픈 일이든 언제든지 주님과 함께하겠다는 신부의 마음을 가지고 있다면, (심지어 상황이 점점 더 악화되는 방향으로 진행될지라도) 폭풍 속에서도 주님의 음성을 들을 수 있다. 내 태 속에 애런이 머물러 있던 기간 동안 하나님께서는 우리가 예상했던 대로 움직이시지 않았다. 전혀!

그러나 우리는 하나님께서 어떻게 움직이실지 다 안다고 주제넘게 생각하지 않았기에 상처를 받거나 실망하여 넘어지지 않았다. 다만 우리는 우리가 알고 있는 것에만 매달렸을 뿐이다. 우리를 향한 하나님의 부르심과 우리가 헌신해야 할 일이 바로 '복음전파'라는 사실! 우리는 어려운 상황이 닥치기 전에 하나님께서 아프리카로의 전도여행을 승인하셨음을 알았다. 태 속의 아이가 점점 더 위험한 상황과 맞닥뜨려야 했을 때, 우리가 직면한 어려움에 대해 하나님께서 침묵으로 일관하셨을 때, 그분이 우리에게 주셨던 '사명' 그리고 전도여행에 대한 그분의 방침은 폭풍 가운데 우리의 선박을 조종하는 방향타와 같았다. 비록 그와 같은 어려움을 겪으리라고는 예상치 못했지만, '복음전파'라는 우선순위의 사명은 어려움 가운데 우리 믿음의 기반이 되었고 주님께서 우리에게 말씀하실 수 있는 통로 역할을 해주었다. 이미 우리는 '복음을 전파하는 간증'이 되기로 결심했다. 그렇게 "그리스도와 그 부활의 권능과 그 고난에 참예함을 알게 되기를" 소망했다(빌 3:10-11).

"이 천국 복음이 모든 민족에게 증거되기 위하여 온 세상에 전파되리니 그제야 끝이 오리라"(마 24:14). 이것은 모든 믿는 자의 사명이다. 또한 하나님의 영원한 계획을 담고 있는 큰 그림이다. 이 큰 그림만이 지금 이 땅에서 살고 있는 우리 인생의 의미를 정의할 수 있다. 이 큰 그림을 통해서 우리의 비전이 명확해진다. 이러한 큰 비전을 갖게 되면, 인생에 닥쳐오는 폭풍들은 여행 경로 가운데 놓여 있는 몇 개의 작은 점으로밖에 보이지 않는다.

2. 비밀 무기를 사용하라

기독교 역사를 공부하면 꼭 배우게 되는 사실이 있다. 사람들이 '종교의 영'에 압도되면 반드시 두 가지를 잃어버린다는 것인데, 첫째는 '삶의 기쁨'이고 둘째는 '예언적인 하나님의 음성'이다. 웃음은 좋은 약과 같다. 성경에 주로 표현된 하나님의 성품은 '기쁨'이다. 우리는 하나님께서 다스리시는 '영원'의 영역으로부터 생동감을 얻어낼 수 있다. 하나님은 '영원'의 능력으로 우리의 '현재'를 인도하시는 '위대한 지휘자'이시다.

가라앉을 기세를 보이지 않고 점점 더 성난 위세로 폭풍이 우리 부부의 삶에 불어왔을 때, 마헤쉬와 내가 수렁의 늪에 빠지지 않기란 참으로 어려운 일이었다. 밤낮으로 침상에 누워 있어야만 했을 때, 절망하지 않는다는 것은 엄청난 도전과제였다. 비록 마헤쉬와 나는 믿음 위에 굳게 서 있었고 하나님의 말씀에 순종하였지만, 우리는 우리의 무기고에 신무기를 들여놓을 필요가 있었다. 그 새로운 무기는 '기쁨'이었다!

포로 귀환 후(곧 에스라와 느헤미야의 때) 이스라엘 사람들은 예루살렘을 재건하고자 노력했다. 과거의 영광을 추억하면서 또 그것과 현저히 다른 현재의 초라함을 체험하면서 에스라의 율법 낭독에 백성들은 목 놓아 울었다. 그 당시 그들이 직면한 상황 속에서 그들이 수행해야 할 일은 불가능해 보였다. 예루살렘 시가지 전체가 말 그대로 '폐허'인데다가 백성들 스스로도 자신들이 '영적 구제불능아'라는 사실을 깨달았기 때문이다. 하지만 느헤미야는 그들을 격려하였다. "너희는 가서 살진 것을 먹고 단 것을 마시되 예비치 못한 자에게는 너희가 나누어주라 이날은 우리 주의 성일이니 근심하지 말라 여호와를 기뻐하는 것이 너희의 힘이니라"(느 8:10).

그들의 눈은 잘못된 그림에 초점이 맞춰져 있었다. 자기 자신, 실패, 그리고 어려운 환경…. 그들은 큰 그림을 놓치고 있었다. 하나님께서 그들을 기적적으로 회복시키시고 첫 사명을 감당시키게 하신다는 사실을 말이다. 이 기쁨은 자신 앞에 놓인 여정을 완주하는 데 꼭 필요한 능력이 될 것이다.

여호와를 기뻐하는 것은 우리의 힘이다. 연단의 시간에 '힘' 보다 더 필요한 것은 없다. 믿음에서 우러나오는 웃음을 웃을 때, 거기에서 영적 능력이 방출된다. "하늘에 계신 자가 웃으심이여"(시 2:4), 그리고 그분이 대적을 이기시리로다. 천국의 관점은 '기쁨' 이다. 이 관점은 모든 권세와 정사보다 높으신, 하나님의 오른편에 앉아 계신 예수 그리스도께서 완성하신 일에 기반을 둔다(엡 1:20-21 참조). 예수께서 승리하셨으므로, 우리는 원수의 궤계를 비웃을 수 있다. 사실 우리 부부의 경우에는 억눌린 감정을 회복시키기 위한 '영적이지 않은' 웃음거리도 필요했다. 우리가 좋아하는 코미디언의 익살이 효과를 냈다. 웃음은 우리에게 기쁨의 강물을 보내주었다. 웃음은 우리 안에 소망을 재생시켜 주었다.

기쁨은 폭풍의 전사가 지닌 비밀무기이다! 웃음은 우리의 감정을 묶고 있는 사탄의 밧줄을 끊어내고 두려움의 속박으로부터 우리를 풀어낸다. 웃음은 환경의 무겁고 절망적인 분위기를 제거해준다. 또 소망이 우리 주변에 스며들 길을 열어준다.

환경이 점점 비참한 모양으로 변화될 때, 이 비밀 무기를 일상생활의 일부로 삼는다면 우리의 믿음과 소망이 증폭될 것이다. 그러면 우리 주변의 분위기가 변화된다. 내가 "너는 아들을 낳을 것이다"라는 주님의 음성을 들은 것도 바로 웃음 때문에 주변의 분위기가 변화되었을 때였다.

3. 주님의 의견을 믿으라

비록 주변 모든 사람들의 목소리가 더 크고 설득력 있게 들리더라도 폭풍의 전사는 예수님의 의견을 믿는다. 모든 의사가 우리 아들이 살 수 없을 것이라고 말했을 때에도 우리는 주님의 소견을 붙들었다. "그는 살 것이다. 죽지 않을 것이다!" 주님의 의견을 믿었기 때문에 나는 이 어려움의 상황이 마헤쉬의 복음전도여행을 방해하지 못하게 막아설 수 있었다. 마헤쉬는 우리보다 훨씬 더 어렵고 절박한 처지에 놓인 사람들에게 복음을 전해야 했다. 하나님께서 우리에게 주신 사명을 마헤쉬가 충실히 감당하자 어린 캇쉬니를 죽음에서 일으켰던 기름부음이 결국 우리 아들도 살려냈다!

영광으로부터 흘러나온 참된 말씀의 사실성은, 어떠한 상황 속에서도 그 말씀이 부활의 능력을 안겨줄 수 있다는 점에 있다. 빛과 소리가 공간 속으로 퍼져 나가는 것처럼 일단 그 능력이 풀어지면 그것은 하나님의 거룩한 목적을 이루기 위해 계속해서 뻗어나갈 것이다.

히브리서 10장 35-38절은 이렇게 증언한다. "그러므로 너희 담대함을 버리지 말라 이것이 큰 상을 얻느니라 너희에게 인내가 필요함은 너희가 하나님의 뜻을 행한 후에 약속을 받기 위함이라." 깊은 어둠이 온 땅을 덮어도 하나님은 자신의 영광이 우리의 머리 위로 떠오를 것이라고 약속하셨다. 그분의 날개 안에서, 우리는 치유와 자유와 회복을 얻는다. 이 영광 안에는 하나님의 능력과 섭리가 담겨 있다. 우리는 하박국의 말씀을 기억한다. "의인은 믿음으로 살리라."

하나님의 음성은 불가능한 것을 가능하게 하시고, 오랫동안 죽어 있는 것 같아 보이는 약속 안에 부활의 생명을 불어넣으신다.

4. 듣는 법을 배우라

하나님의 음성을 듣고 순종하는 것은 계속 진행되어야 하는 과정이다. 사실, 듣고 순종하는 것을 항상, 제대로 하는 사람은 아무도 없다. 그렇지만 여전히 우리는 하나님의 약속을 가지고 있다. "내 양은 내 음성을 들으며"(요 10:27). 모든 성도가 하나님의 음성을 듣는 것은 하나님의 뜻이다.

하나님의 음성을 들을 수 있도록 우리의 청력을 미세 조정하실 때 주님이 사용하시는 도구 중 하나는 그가 기르시는 다른 양을 통해 자신의 말씀을 우리에게 확인시켜 주시는 방법이다. 우리가 주님의 음성을 듣고 확인하는 방법을 배우고자 할 때, 성숙한 믿음의 아버지들과 어머니들로부터 인도함을 받는 것이 중요하다. 텍사스에 사는 친구가 내 아들에 관한 주님의 말씀을 알려주었을 때, 그것은 앞에 놓인 전쟁을 치르는 동안 나를 무장시켜주고 나에게 용기를 북돋아준 확신의 증거가 되었다. '나 홀로 군대'라는 것은 없다. 성경은 말하길 "수많은 모사를 통해 우리가 선한 싸움을 싸운다"라고 한다(잠 24:6). 우리는 리더십의 위치에 있는 성숙한 믿음의 사람들을 통해 최고의 전략을 들을 수 있다.

사무엘 선지자가 처음 주님의 음성을 들었을 때, 그는 이것이 하나님의 목소리인 줄 알아채지 못했다.

> 이에 엘리가 사무엘에게 이르되 가서 누웠다가 그가 너를 부르시거든 네가 말하기를 여호와여 말씀하옵소서 주의 종이 듣겠나이다 하라 이에 사무엘이 가서 자기 처소에 누우니라 여호와께서 임하여 서서 전과 같이 사무엘아 사무엘아 부르시는지라 사무엘이 가로되 말씀하옵소서 주의 종이 듣겠나이다(삼상 3:9-10)

엘리는 사무엘의 영적 멘토였다. "이것은 하나님의 목소리다"라는 엘리의 확언 때문에 사무엘은 그 음성을 듣고 반응할 수 있었다.

우리의 청력을 미세 조정하는 두 번째 도구는 '성령 안에서의 기도'(방언)이다. 하나님께서 우리에게 말씀하실 때에는 '성령(the Spirit) 대 우리의 영(spirit)'으로 말씀하신다. 종종 하나님의 음성은 먼저 우리의 영혼에 닿는다. 그 후에 우리의 생각에까지 뻗친다. 하나님은 항상 말씀하신다. 시편 19편은 "만물이 하나님의 영광과 그의 지혜를 선포한다"라고 기술했다. 다만 우리가 항상 하나님을 인식하는 것이 아닐 뿐이다. 성령 안에서 기도하는 것은 우리의 영적 청력을 정확하게 또는 민감하게 단련시키는 최고의 방법이다. 성령 안에서의 기도는 우리의 마음을 일깨워 그분의 음성을 듣게 만든다.

매일매일 성령 안에서 기도하는 시간을 따로 마련하라. 이 시간은 부르짖거나 영적 전쟁을 하는 시간이 아니다(물론 그렇게 해야 할 상황이 일어나기는 하지만). 성령 안에서 기도하는 가운데 하나님과 교제하는 것은 당신의 심장이 수축 이완하여 피를 뿜어내 몸 전체에 영양분을 공급하는 과정과 같다. 당신의 기도 언어(방언)는 하나님의 '배달시스템'이다. 이 기도의 언어는 당신의 귀를 일깨워 하나님의 음성을 듣게 만든다. 하나님과 '영 대 영'으로 교제하는 삶을 발전시킬 때, 그분의 음성이 강물과 같이 흐를 것이다.

하나님의 음성을 듣고 테스트하여 그분의 음성인지 아닌지를 확인하는 법, 그 세 번째 도구는 말씀 곧 성경이다.

예수의 증거는 예언의 영이다. 예수님은 성육하신 말씀이다. 참된 예언의 말씀, 방향을 제시하는 말씀이라면 하나님의 말씀인 성경과 예수 그리스도의 성품과 맥을 같이할 것이다. 성경말씀에 친근할수록, 하나님께서 하시는 말씀을 더 잘 분별할 수 있다. 성경을 읽으라. 즐기라. 그 말씀을 씹어 삼키라. 말씀 속으로 들어가라. 그리고 말씀이 당신 속으로 들어올 수 있도록 하라. 그러면 당신이 직접 혹은 다른 사람을 통해 모사의 말씀이나 방향 제시의 말씀을 들을 때, 그 말씀의 '음질'과 '어조'를 깨닫고 그 출처가 어디인지(말씀이 하나님으로부터 온 것인지 아닌지) 확인할 수 있다.

말씀을 아는 것, 성령 안에서 끊임없이 기도하는 것, 권위에 순복하고 우리의 영적 가족을 멘토링 해주는 것-이것은 하나님께서 어떻게 말씀하시는가를 가르쳐주는 기초 학습과정이다. 더 많이 연습할수록 더 명확히 듣게 된다. 그러면 더 빨리 하나님의 음성을 확신하게 되기에 더 빨리 순종할 수 있다. 하나님의 음성을 듣고 그 음성에 순종할 때, 성령님은 이 땅에서 우리를 천국의 전권대사로 사용하실 수 있다.

하나님은 참새 한 마리도 지켜보신다

애런이 출생하기 전날 밤, 내가 꾼 꿈에는 수년 동안 나를 헷갈리게 만든 요소가 하나 있다. 나를 날개로 감싸 안고 날아다녔던 그 큰 새는 독수리도 아니었고, 우리가 생각해낼 수 있는 힘과 능력을 지닌 새도 아니었다. 그 새는 굉장히 컸다. 하지만 매우 온화한 성격이었다. 사실 그 큰 새는 참새였다!

그 뒤로 몇 년이 흘렀다. (하지만 마치 하루 정도의 시간만 지난 느낌이었다.) 하나님께서 그 새에 관하여 말씀해주셨다. "내 눈은 내가 조성하려고 너의 자궁 속에 놓아둔 작고 힘없는 아이를 향하고 있었다." 나는 이 말씀을 아주 오래된 찬양 가사에서 들어본 적이 있다. "하나님의 눈은 참새를 보고 계시네. 또한 나는 그가 나를 지켜보심도 안다네." 그 후, 예수님의 말씀이 떠올랐다. "참새 두 마리가 한 앗사리온에 팔리는 것이 아니냐 그러나 너희 아버지께서 허락지 아니하시면 그 하나라도 땅에 떨어지지 아니하리라 너희에게는 머리털까지 다 세신바 되었나니 두려워하지 말라 너희는 많은 참새보다 귀하니라"(마 10:29-31).

세례 요한은 예수님에 대해서 이렇게 증거했다. "보라. 세상 죄를 지고 가는 하나님의 어린양이로다" 그 후, 세례 요한은 하나님의 성령이 비둘기처럼 하늘로부터 내려와 예수님 위에 머무른 것을 목격하였다(요 1:29-30 참조). 마찬가지로 어린양의 성품을 지닌 자들의 삶을 비추기 위해 성령의 임재와 능력이 내려올 것이다. 우리가 하나님 앞에 겸손히 머무를 때, 성령의 기름은 점점 더 강하게 부어질 것이다. 비틀거리는 작은 새 한 마리도 하나님께서 관심 있게 지켜보신다면, 그분은 당신을 향해서만 '조준된' 눈으로 당신에게 사랑과 보살핌을 쏟아주실 것이다! 당신은 폭풍 속에서 '하나님의 고요'를 맛보게 될 것이다.

6 | Angels in the Storm
폭풍 속의 천사들

언제든지 하나님의 명령을 수행할 수 있는 너희 천사들이여
하나님을 송축하라(시 103:20, 메시지성경)

나(마헤쉬)는 1970년 커다란 회리바람이 불어왔던 그날을 절대 잊지 못할 것이다. 왜냐하면 그때 처음으로 '천사'라고 알려진 초자연적 존재와 만났기 때문이다.

텍사스 공대 도서관을 나서서 집으로 가는 길이었다. 엄청난 빗물이 내 얇은 외투를 흥건하게 적셨다. 그때는 5월이었고 나는 대학원에 재학 중이었다. 거의 열두 시간 내내 쉬지 않고 공부한 탓에 나는 지칠 대로 지쳐 있었다. 천둥이 요란했고 돌풍마저 불었던 그 저녁에, 나는 여섯 블록이나 떨어진 집까지 터벅터벅 걸어가야 했다.

비에 젖어 기분이 찝찝했지만 너무 지쳤던 나머지 옷을 갈아입을

생각도 못하고 낡은 소파에 그냥 털썩 주저앉아버렸다. 그때가 밤 아홉 시였다. 나는 침대에 눕기 전 잠시 쉬려고 소파에 앉은 채 텔레비전을 켰다. ABC 방송국에서 "폭풍의 눈"이라는 프로그램을 방영하고 있었다. 오늘까지도 나는 그 작은 텔레비전 수상기 화면 위쪽으로 프로그램의 제목이 반짝거리던 것을 생생하게 기억하고 있다.

삼십 분 정도 시청했을까, 갑자기 정전이 되었다. 무리하게 공부한 탓에 피곤함이 가시질 않았으므로 나는 손전등이나 양초를 찾아보려고 하지도 않았다. 그저 어둠 속에서, 컴컴한 텔레비전을 향해 멍하니 앉아 있었을 뿐이었다. 전기가 다시 들어올 때까지 소파에 기대어 잠깐 눈이나 붙이기로 마음을 먹으려는 순간, 어둠 속에서 큰 음성이 들렸다. "일어나!"

나는 깜짝 놀랐다. '그새 앉은 채로 잠들었던가? 꿈이었나? 여기 나 말고 다른 사람이 있나?' 나는 너무 지쳐서 환청을 들은 것이라고 결론 내렸다. 그리고 다시 소파에 푹 눌러앉으려고 했다.

그 목소리가 또 다시 들렸다. "일어나!"

'것 참… 괴상하네. 전기는 나갔고 텔레비전은 꺼졌는데 분명히 소리가 났단 말이지….' 이런 생각이 들 무렵 세 번째로 동일한 음성이 들려왔다. 이번에는 좀 더 다급히 재촉하는 어조였다. "일어나라구!"

그 시절 나는 꽤나 지적이었다. 내 이성으로 판단하건대, 환청을 듣는 경우는 한 가지뿐이었다. 살짝 '맛이 간' 경우이리라. 만일 당신이 환청을 듣고 거기에 대답할 정도까지 갔다면, 당신은 정신병원에 끌려갈 준비가 된 것이다! 이성적으로 상황을 판단하면서도 나도 모르게 그 음성에 대답해버렸다. "나 지금 피곤하다구!"

순간, 갑자기 어떤 강한 손이 내 몸에 닿는 것을 느꼈다. 그리고 소파에 축 늘어져 있는 나를 붙잡아 번쩍 들어올렸다. 캄캄했기 때문에 날 집어 든 사람이 누구였는지 알 수 없었다. 다만 내 자신이 허공에 떠서 발버둥치고 있다는 사실을 알 뿐이었다. 나는 어떤 것도 쉽사리 믿는 성격이 아니었다. 그것이 누구인지 모르지만 어쨌든 나는 그의 손아귀에서 벗어나려고 발버둥쳤다.

몇 초 후, 내 몸은 '쿵' 소리를 내며 소파 뒤편으로 내동댕이쳐졌다. 누군지 모르지만 그가 나를 마룻바닥에 밀착시킨 채 위에서 누르고 있었다. 나는 계속해서 일어서려고 그의 짓누르는 힘에 저항했다. 가까스로 손을 뻗어 소파의 등받이 윗부분을 잡을 수 있었다. 바로 그때, 마치 수백 대의 화물열차가 우리 집 안으로 들어오는 소리처럼 큰 굉음이 났다. 이내 폭음과 함께 유리로 만들어진 모든 것들이 깨져버렸다. 더 정확히 말하자면 '폭발' 해버린 것이다. 당시 내 머릿속에는 손등이 욱신거린다는 생각뿐이었다. 거실 앞 유리창이 깨지면서 유리파편들이 여기저기를 날아다녔다. 커다란 유리조각이 소파 등받이를 붙잡고 있는 내 손등에 상처를 입혔기 때문에 욱신거렸던 것이다.

그 유명했던 1970년도의 러벅(Lubbock) 회리바람이 우리 마을을 지나간 것이었다. 러벅은 미 남서부를 강타했던 회리바람 중 가장 강력했다. 그 밤에 스물여섯 명이 목숨을 잃었고 1천5백 명 이상이 부상을 당했다. 5급(F5) 토네이도였던 러벅은 도시 한가운데를 지나면서, 이곳저곳 건물들을 마구 붕괴시켰고 2.5킬로미터나 되는 거리를 초토화시켰다. 도시는 말 그대로 쓰레기 더미가 되어버렸다.

아침 해가 돋은 후 우리 집의 피해 상황을 살펴보았을 때, 머리카락이 쭈뼛 서는 것을 느꼈다. 내 손을 베었던 것과 같은 엄청나게 큰 유리파편들이 벽면에 박혀 있었는데, 소파에 앉아 있었더라면 정확히 내 머리가 위치했을 자리였다. 나를 짓눌렀던 그 힘이, 내가 안간힘을 다해 저항했던 그 힘이, 결국 내 생명을 살린 것이었다.

비록 나는 지성주의 성향으로 기울었고, 사역을 하고픈 마음도 전혀 없었지만 하나님은 나를 사역자로 부르셨던 것이다. 그는 나를 사용하여 백만 명 이상의 영혼을 예수 그리스도께로 인도하고자 하셨다. 희미해지긴 했지만 내 손등에는 아직도 그때의 상처가 남아 있다. 그 상처는 주님께서 천사를 보내어 나를 구원해주셨던 그날 밤의 간증이 되었다. 그날 밤, 힘 있는 하나님의 사자(使者)와 만났던 그 사건은 폭풍의 날에 우리가 천사로부터 실제적인 도움을 받을 수 있다는 사실을 내 마음 속 깊숙이 새겨 주었다.

하나님의 천사들은 사람들의 일상생활에 관여한다. 성경은 그들을 가리켜 말하길 "모든 천사들은 부리는 영으로서 구원 얻을 후사들을 위하여 섬기라고 보내심이 아니뇨"라고 했다(히 1:14). 아브라함, 다니엘, 마리아, 그리고 베들레헴의 양 치던 목자들, 이 땅에서 사역하신 예수님, 성경에 등장하는 그 외의 수많은 사람들이 천사들과 만났다. 사람들의 기도에 응답하시는 차원에서, 하나님은 천사들을 보내어 자신의 명령을 수행토록 하셨다.

하나님께서는 우리가 눈을 열고 천사들의 놀라운 능력을 목도하길 원하신다. 이제 교회는 잠에서 깨어 일어나 하나님의 구원 역사를 위해 천사들이 담당하는 중요한 역할들을 바라볼 줄 알아야 한다. 우리 하나님은 우리를 보호하시고 돕고 구원하시기 위해 천사들을 파송하신다. 만일 우리가 물리적 전쟁, 영적 전쟁 가운데 들어간다면 하나님의 뜻대로 살아가는 모든 사람들에게 눈에 보이지 않는 군대가 함께할 것이다. 그들은 주의 이름을 부르는 사람들을 섬기도록 창조되고 임명된 천국의 사절단, 하나님의 군대이다.

성경에 등장하는 천사들

성경에 천사가 언급된 것은 3백 번 이상이다. 그들은 목소리를 낼 수 있고 인격도 가지고 있으며 영적인 몸도 가지고 있다. 또한 하나님을 기쁘시게 하기 위한 의지를 나타낸다. 때때로 천사들은 인간의 모습으로 나타나는데, 우리가 알고 있는 사람의 모습을 하는 경우도 있다. 이를테면 온 교회가 베드로의 석방을 위해 기도할 때 베드로의 감방에 나타났던 천사가 그랬다.

천사들의 사역은 예수님을 높이는 것이다. 그들은 이 땅에서 그리고 하늘에서 과거, 현재, 미래, 언제나 예수님을 높여드린다.

고대에 기록된 욥기를 보면, 선과 악의 세력이 대립하던 때에 천사들도 그 현장에 있었음을 알 수 있다. 소돔 성에 범죄가 창궐했을 때, 천사들이 롯을 방문한 일도 있었다. 엘리야가 절망 속에 빠져 삶을 포기하려 했을 때, 만군의 여호와께서 천사를 보내시어 그를 일으켜주신 적도 있다. 발락 왕이 이스라엘을 저주하고자 거짓 선지자 발람을 소환했을 때, 천사가 그를 태운 당나귀 앞에 나타나 그의 발걸음을 가로막은 일도 있었다. 물론 발람은 무슨 일이 일어났는지 깨닫지 못했다.

성경 곳곳에 하나님의 전술전략적인 이름이 등장하는데 그것이 바로 '만군의 여호와'이다. 문자 그대로 해석한다면 '큰 군대의 대장'이라는 뜻이다. 나는 유진 피터슨이 저술한 『메시지성경』의 묘사를 좋아한다.

여호와여! 온 우주가 하나님의 경이로운 길을 찬양할 것이요, 주의 거룩한 천사들이 하나님의 성실함을 찬양하리이다! 하늘과 땅을 샅샅이 뒤져보아라. 능히 여호와와 견줄 자가 누구냐? 권능자 중에 여호와와 같은 이를 찾지 못하리라! 거룩한 천사들이 하나님을 경외할 것이라. 그가 광대함과 당당함을 둘러 섰는 모든 자 위에 펼치시리라. 여호와 주 만군의 하나님이여! 주와 같이 능한 자 누구리이까? 여호와여! 주의 성실하심이 주를 둘렀나이다. 주께서 바다의 흉용함을 다스리시며 그 파도가 일어날 때에 평정케 하시나이다.(시 89:5-9)

만군의 여호와가 이끄시는 군대 안에 인간이 참여하는 경우도 있다. 드보라와 바락이 시스라를 대항하여 항오를 펼치며 전투에 나섰을 때 천사들이-별들과 강물들도-개입하였다. 헤롯 왕이 야고보 사도를 처형시키고 나서 베드로도 죽이고자 계획했을 때, 온 교회가 그의 생명을 위해 기도했다. 이에 하나님께서는 천사를 보내어 옥중에 갇혀 있던 베드로를 풀어내셨다. 요한계시록을 보면 사도 요한이 만군의 주이신 어린양 예수를 바라보는 장면이 나온다. "공의로우신 주께서 심판하시며 전쟁을 일으키시도다." 예수님 곁에는 천사들의 군대가 함께한다.

위에 제시한 몇몇 예들은 하나님의 백성이 어려움에 처했을 때 그들을 돕도록 임무를 부여받은 천사들의 이야기이다. 성경에는 이외에도 천사들의 방문을 받은 수많은 사람들의 일화들로 가득한데, 사실 그들은 '하나님의 놀라운 종'이라는 타이틀에 걸맞지 않은 사람들이었다. 아버지를 속이고 형의 축복을 가로챈 야곱은 목숨을 부지하려고 형으로부터 도망치는 길이었다. 도주했던 첫날 밤, 하나님은 하늘 문을 열어주셨고 야곱은 하늘과 땅 사이를 오르내리며 맡겨진 임무를 수행하는 천사들의 모습을 보았다. 야곱이 의로웠기 때문에 천사들이 나타난 것은 아니었다. 그들은 하나님께서 아브라함의 후손들과 맺으신 언약을 수호하는 충성된 사자들이었기 때문에 야곱 앞에 나타난 것이었다.

여기 천사들에 관련된 몇 가지 중요한 성경적 진리를 나열해본다.

- 천사들은 놀라운 지혜를 가지고 있으나 전지(全知)하지 않다. 그러므로 그들은 찬양받기에 합당치 않다(벧전 3:22, 계 22:8-9 참조).
- 천사들은 하나님의 아들이신 예수 그리스도를 통해 창조되었다(골 1:16 참조).
- 천사는 큰 권세와 능력을 가지고 있다(행 5:19, 살후 1:7 참조).
- 천사는 힘이 뛰어나다(시 103:20 참조).
- 천사들은 개개인, 가족, 교회, 도시, 국가의 일상에 활발히 개입한다 (단 10:10-14, 계 2:1 참조).
- 천사들은 우리 자녀들을 보살핀다(마 18:10 참조).
- 천사들은 결혼하지 않고 죽지도 않는다(마 22:30 참조).
- 천사들은 영화로운 존재들이다(단 6, 마 28:2-3 참조).
- 천사들은 우리가 하는 말을 들을 수 있다(단 10:12).
- 천사들에게는 계급과 질서가 있다. 각 계급의 모든 천사들은 예수 그리스도께 순복한다(히 1:6 참조).
- 천사들의 숫자는 셀 수 없을 만큼 많다(히 12:22).
- 천사들은 구원의 유업을 받는 사람들을 돕는 영이다(왕상 19:5-8, 왕하 6:15-17, 시 91:11-12, 행 5:19, 12:8-11, 27:23-24 참조).
- 천사들은 어려움의 시기에 처한 하나님의 백성들을 위로한다(눅 1:11).
- 천사들은 하나님의 심판을 수행한다(창 19:11, 마 13:47-50, 계 15:1 참조). 또한

위험에 빠진 사람들을 구해낸다(창 19, 행 12 참조).
- 천사들은 여호와를 경외하는 사람들을 감싸고 보호한다(시 34:7 참조).
- 천사들은 의인이 죽을 때 그들의 영혼을 영접한다(눅 16:20 참조).
- 우리가 회개할 때 천사들은 기뻐한다(눅 15:10 참조).
- 예수께서 재림하실 때 천사들이 동반한다(마 25:31-32 참조).
- 천사들은 천국의 자녀들과 사악한 자의 자녀들을 분리한다(마 13:41 참조).
- 기도의 직접적 응답으로 천사들이 나타난다(행 10 참조).
- 천사는 놀랍고, 강하고, 능력 있는 존재이다(시 103:20 참조).
- 천사는 하나님의 성문을 지킨다(계 21:12 참조).
- 천사들은 하나님의 치유하시는 은혜를 전달한다(요 5 참조).
- 사람들은 천사를 목격해왔다(창 32:1-2, 단 10:6, 눅 2:9,13 요 20:12 참조).
- 천사들은 하늘에 거한다(눅 2:13,15 참조).
- 천사들은 영적 전쟁을 치르고 있는 성도들에게 회복을 가져다준다(단 10:17-19).

우리는 성경을 통해 영계의 천사들이 우리의 자연계 안으로 들어온다는 사실을 알게 되었다. 그들은 높은 곳으로부터의 초자연적 능력을 가지고 이 땅에 내려오는데, 어려운 시기를 지나든 기쁜 때를 지나든 하나님이 맡기신 사명을 우리가 잘 감당해낼 수 있도록 우리에게 힘을 주기 위해 방문하는 것이다. 전쟁, 예배, 구원의 선포, 참사로부터의 구출, 대적과의 싸움에서 승리. 이 모두는 천사들이 활동하는 영역들이라 할 수 있다.

한 단계 더 나아가, 천사들의 선포는 성경에 계시된 하나님의 목적과 항상 일치한다는 것을 알 수 있다. 거룩한 하나님의 천사들은 예수 그리스도 외에 그 어떤 누구를 가리켜 '구세주' 혹은 '만물의 주'로 칭송하지 않는다(갈 1:8 참조). 게다가 천사들은 사람으로부터 혹은 다른 천사들로부터 경배를 받지 않는다. 그들은 하나님의 자녀를 돕도록 임명된 하나님의 종, 사자, 사역자들일 뿐이다.

천사들은 영광을 전달한다

치유와 축사의 기적은 이 땅에 임한 하나님 나라의 주된 표식이다. 천사들은 하나님의 보좌로부터 영광을 받아 이 땅에 전달함으로써 치유와 축사의 위대한 사역을 돕는다. 이를테면 베데스다 연못을 동하게 만든 천사가 있는데 그는 하나님의 치유 임재를 운반하는 역할을 담당했다. 그 천사는 먼저 하나님과의 교제 가운데 흘러나오는 영광으로 흠뻑 젖었다. 그리고 주님의 영광과 인자하심을 연못물 안에 전이시켰다. 천사가 연못으로 내려왔을 때, 영광의 파도로 인해 물은 소용돌이치면서 하나님의 현존과 능력의 파동에 맞춰 춤을 추었다. 병자가 그 못에 들어가면 치유를 얻고 건강해졌다.

치유 집회를 열 때, 종종 우리는 천사의 방문을 감지하곤 했다. 이 놀랍고 거룩한 영적 존재들은 하나님의 보좌로부터 직접 능력의 파도를 전달해주었다. 나(마헤쉬)는 그 파도 소리를 들을 수 있었다. 마치 커다란 '허밍'과 같았다. 그 소리를 들었을 때 주변의 분위기가 바뀌는 것을 느낄 수 있었다. 바로 그 순간 우리는 그 어떤 것도 불가능하지 않은 영역 속으로 건너 들어갈 수 있었다. 그 영역 안에서 초자연적 계시와 지식

역시 명확해졌다. 하나님께서는 치유가 필요한 사람들의 이름을 알려주셨다. 그리고 그들의 질병에 대한 정보 및 그들의 삶 가운데 일어난 곤경에 대해 말씀해주셨다. 우리가 영광으로부터 흘러나오는 말씀을 받아 큰 소리로 선포했을 때 사람들은 치유되었다. 문제의 해결을 얻었다.

소련 연합이 와해되고 공산주의가 붕괴된 직후 헝가리의 부다페스트에서 사역할 때 일어난 일이었다. 당시 내 무릎의 연골이 찢어지는 바람에 나는 말할 수 없는 고통을 느끼고 있었다. 의사들은 미국으로 돌아가자마자 수술을 받아야 한다고 했다. 내가 경험한 첫 번째 기적은 집회가 진행되는 동안 내 무릎의 통증이 우선순위에서 밀려났다는 것이었다. 걷는 것이 불가능했지만 나는 걸었다. 집회 장소인 체육관을 돌아다니는 것은 무릎의 상처를 악화시키는 행동이었다. 하지만 그렇게 했을 때, 그 자리에 천사가 나와 함께하였다. 초자연적인 능력으로 천사가 나를 도왔다. 그날 나는 거의 1만 4천 명에 육박하는 사람들에게 안수 기도했다!

집회가 시작될 즈음에 하나님께서는 내 귓속에 당신의 소원을 속삭여주셨다. "공산주의의 압제가 이 사회에 남겨놓은 검은 그림자로부터 나의 귀한 영혼들을 구원하고 싶구나." 나는 그곳의 수많은 사람들이 우울증에 시달리고 있으며 장차 자살을 시도하게 되리라는 지혜의 말씀을 받았다. 그 말씀을 들은 후 나는 그러한 사람이 있으면 앞으로 나오라고 권했다. 천 명 이상이 앞으로 걸어 나왔다. 나는 눈을 감고 우울증과 자살의 영을 대적하며 그리스도의 권세로 선포했다. "예수의 이름으로…"라고 말하고 나서 잠시 눈을 떠보았다. 그 많은 사람들이 하나님의 능력을 입고 바닥에 쓰러져 있었다. 곧 그들에게 축사와 치유의 기적이 나타나기 시작했다. 내가 예수의 이름을 입 밖으로 내었을 때, 천사들이 하나님의 명령에 반응했고 보좌로부터 구원의 영광을 받아다가 그 자리에 서 있던 모든 사람들에게 전달해준 것이었다.

천사의 개입을 초청하는 법

하나님의 뜻과 목적을 따르며 자신의 사명을 감당할 때 천사의 개입을 경험할 수 있다. 때때로 치유를 위한 특별한 말씀이나 기적을 위한 말씀을 전할 때 성령의 기름부으심이 임하는 것을 경험하곤 하는데, 그 때 '즉각적인 돌파'(sudden breakthrough)를 가져다주는 천사의 개입을 맛볼 수 있다. 개인 혹은 가족 전체가 하나님께서 기적을 베풀어주시리라고 견고히 믿을 때에 이러한 일이 일어나는 것을, 우리는 수도 없이 목격해왔다.

사가랴 제사장이 성소에 들어가 기도의 제단에서 분향할 때, 갑작스런 천사의 방문이 있었다. 사가랴는 깜짝 놀랐다. "사가랴여 무서워 말라 너의 간구함이 들린지라 네 아내 엘리사벳이 네게 아들을 낳아 주리니 그 이름을 요한이라 하라"(눅 1:13). 당시 사가랴는 너무 늙었기 때문에, "아들을 주십시오"라는 기도가 응답되리라는 소망조차 사라진 지 오래였다. 그러나 하나님은 그의 기도를 잊지 않으셨다. 사가랴는 하나님의 아들을 위해 앞길을 예비하는 자를 아들로 얻게 될 것이었다. 하나님은 천사 가브리엘을 보내어 이 사실을 사가랴에게 알려주셨다. 그리고 가브리엘이 이 말씀을 선포했을 때, 기적이 일어나 약속이 성취되었다. 몇 주 후, 엘리사벳은 자신이 임신했다는 사실을 알게 되었다.

천사의 활동은 하나님의 자녀들의 기도와 연결되어 있다. 다른 말로 표현하자면, 기도하는 자녀는 삶 속에서 천사의 활동을 목격하게 된다는 것이다. 사가랴와 엘리사벳은 그들의 기도가 응답되기를 기다렸다. 그러나 시간이 너무 흘렀다. 이제 응답되는 것이 불가능해 보였다. 하지만 하나님의 말씀이 전달되자 그 즉시 기적이 일어났다.

때때로 우리가 전쟁을 치르고 있을 때, 하나님께서는 영감의 말씀을 주시곤 한다. 우리가 그 말씀을 선포하면 하나님께서 천사들을 보내어 우리로 승리하게 하신다. 주님께서 우리에게 방향을 제시해주신 바로 그 자리에서 우리의 대적은 우리를 낙담케 하고 우리를 넘어뜨리려 한다. 하지만 최후에 승리하는 것은 끈질기고, 끊임없고, 믿음으로 충만한 기도이다. 이러한 기도를 통해 승리를 위한 기적이 펼쳐지기 때문이다. 하나님의 입에서 나온 말씀은 아무것도 성취하지 못한 채, 헛되이 하나님께로 되돌아가는 법이 없다. 천사들은 그분의 말씀을 이루는 능력의 도구이다.

우리가 주님의 말씀을 따르고 믿음 위에 견고히 서며 순종할 때 주님은 천사를 보내어 우리를 돕게 하신다. "저가 너를 위하여 그 사자들을 명하사 네 모든 길에 너를 지키게 하심이라 저희가 그 손으로 너를 붙들어 발이 돌에 부딪히지 않게 하리로다"(시 91:11-12). 위기의 순간, 원수가 우리의 영혼을 짓누르는 것 같은 그 시간에, 하나님의 진리를 붙잡으면 능력의 천사들이 우리의 처한 환경 속으로 들어올 것이다.

몇 해 전, 나는 코트디부아르(Ivory Coast)의 아비장(Abidjan) 시를 돌아다니며 복음을 전파한 적이 있었다. 저녁 집회 중에 하나님께서 놀라운 기적을 보이셨다. 다리를 절던 소년이 걷게 된 것이다. 그의 삼촌은 경찰관이었는데 순찰 중에 그 현장을 목격하였다. 이후 그는 나에게 다가와 눈물을 흘리며 말했다. "이 아이는 내 조카입니다. 어렸을 때부터 걷질 못했어요. 그런데 여기 이렇게 서 있습니다. 다 나았어요. 다 나았다구요!"

당시 그 나라의 고위 정부 각료 중 한 사람이 집회에 참석했었는데 그 사람도 이 기적의 현장을 목격했다. 그는 경찰관의 간증에 감동을 받고는 자신의 딸도 치유되리라는 소망을 갖게 되었다. 비록 이 아이와는 '다른 방식' 이지만, 자신의 딸도 '불구' 가 되어버린 상태였기 때문이다. 이제 그의 마음에는 자신의 딸도 회복될 수 있다는 신선한 소망이 자리하게 되었다. 다음 날 아침, 그는 가족 모두를 데리고 집회 장소로 왔다. "목사님, 오전 집회가 끝난 후 잠시 우리 가족과 만나줄 수 있습니까?" 그는 내게 부탁을 전했고 나는 집회를 마치자마자 그의 가족들을 만났다. 우리는 한자리에 둘러앉았다.

할머니가 가족을 대표해서 손녀에 대한 이야기를 전해주었다. 왜냐하면 다른 가족들은 억제할 수 없을 만큼 울고 있었기 때문이다. 그 노모는 내게 사진 한 장을 보여줬는데, 한 젊은 여성의 웃고 있는 모습이었다. "이 애가 제 손녀 앤젤라(Angela)랍니다. 우리는 이 아이의 대학 진학을 위해 프랑스 파리로 유학을 보냈지요." 계속해서 할머니는 앤젤라가 어떻게 파리에 도착했고, 또 어떻게 마약에 손을 대었는지를 이야기했다. 그리고 마약을 살 돈이 떨어지자 몸을 팔았다는 이야기도 전해주었다. 결국 앤젤라는 그러한 삶의 쳇바퀴를 벗어나지 못했고 가족들은 몇 년 동안 그녀의 소식을 듣지 못했다고 이야기했다.

화목했던 가정은 완전히 무너져버렸다. 그들은 자신의 사랑스러운 앤젤라가 파리의 길거리에서 죽었을 것이라는, 그래서 다시는 못 볼 것만 같다는 불길한 예감이 든다고 했다. 흐느끼는 소리를 들으면서 나는 앤젤라의 사진을 바라보고 있었다. 이 여성의 아름다운 얼굴을 보고 있는데 갑자기 무언가가 내 마음에서 불끈 일어나는 것을 느꼈다. 나는 노모의 손에서 앤젤라의 사진을 가로채고 이야기했다. "할머님, 지금은 울 때가 아닙니다. 싸워야 할 때예요!"

그리고 우리는 싸웠다. 파리로부터 수천 마일 떨어진 곳에서 나는 앤젤라를 짓누르는 유혹의 권세와 중독의 영을 예수의 권세로 묶었다. 가족들은 기도로 동참했다. 예수의 이름으로 나는 마귀들을 꾸짖으며 앤젤라를 풀어줄 것을 명령했다. 앤젤라가 하나님의 빛을 보기를 기도했다. 그리고 천사들에게 명했다. "하나님의 천사들이여, 가서 앤젤라를 구출하라!"

가족들의 울음소리가 줄어들었다. 그들은 용기를 얻었다.

그날 저녁, 가족들의 얼굴에 기쁨이 가득했다. 이들은 즐거운 빛을 띤 채로 집회 장소를 다시 찾았다. 우리가 함께 기도한 후 몇 시간 지나지 않아서 앤젤라가 전화를 했다는 것이다! 그녀는 울면서 "아빠, 집에 가고 싶어요. 비행기표 좀 보내주세요. 이제 이 삶이 지긋지긋해요. 집에 가고 싶어요"라고 말했단다. 그녀의 아버지는 곧장 비행기표를 보냈고 앤젤라는 그 주에 아비장으로 돌아왔다.

기도는 교회에 맡겨진 첫 번째 임무이다. 기도는 천군 천사를 풀어 내어 정사와 권세들을 무찌른다. 마지막 날까지 예수 그리스도의 복음이 효과적으로 확장되는 길을 열어주는 것도 바로 기도이다. 우리는 기도를 통해 이 혼란스러운 시대 가운데 천사들을 풀어내어 하나님 나라를 확장시키는 능력을 부여받았다. 하나님의 천사들은 우리의 기도를 통해 갇힌 자를 풀어낸다.

열방의 수호자들

다니엘의 이야기는 천사들이 전 세계적으로 역사한다는 사실을 잘 말해주고 있다. 다니엘은 생애 전체를 바빌론의 포로로서 살았다. 하지만 그의 기도는 물리적인 제약을 넘어서는 것이었다. 다니엘은 '포로'라는 육체적 제약 혹은 이방 왕의 '압제'라는 환경적 제약 속에 자신의 영과 정신이 감금되는 것을 허락지 않았다.

무엇보다 다니엘은 기도와 금식이 천사의 활동을 유발하여 하늘과 땅을 움직일 수 있다는 사실을 가르쳐준다. 금식과 기도를 통해 스스로 겸비하였을 때, 가브리엘 천사가 내려와 그의 기도에 응답하였다. 다니엘은 하나님의 구원 계획을 전달해주는 천국의 사자와 접촉할 수 있었던, 그 당시 이 땅 위의 연락책이었다.

> 그가 내게 이르되 은총을 크게 받은 사람 다니엘아 내가 네게 이르는 말을 깨닫고 일어서라 내가 네게 보내심을 받았느니라 그가 내게 이 말을 한 후에 내가 떨며 일어서매 그가 내게 이르되 다니엘아 두려워하지 말라 네가 깨달으려 하여 네 하나님 앞에 스스로 겸비케 하기로 결심하던 첫날부터 네 말이 들으신 바 되었으므로 내가 네 말로 인하여 왔느니라… 이제 내가 말일에 네 백성의 당할 일을 네게 깨닫게 하러 왔노라 대저 이 이상은 오래 후의 일이니라(단 10:11-12, 14)

다니엘의 이야기는 영계에서 벌어지는 전쟁에 관하여 심도 있게 가르쳐주는 가장 영감 있는 교훈들 중 하나이다. 다니엘서의 이야기가 진행될수록 우리는 공중의 악한 세력과 정사와 권세들이 하나님의 뜻과 하나님의 백성을 대적할 수 있다는 사실을 더 많이 배우게 된다. 그러나 예수님이 십자가에서 죽으셨을 때, 이들 악한 세력의 법적 권세는 끊어져 버렸다. 하지만 사탄은 여전히 자신의 패배를 인정하지 않으려 한다. 그래서 자신이 유혹하고 속이고 가둘 수 있는 최대한 많은 사람들을 노예로 삼고 있다.

이 말은 곧 인간의 세계가 이 땅의 지배권을 놓고 계속해서 진행되는 영적 전쟁 혹은 물리적 전쟁의 한가운데 머물게 된다는 의미이다. 악의 권세가들인 마귀는 수많은 나라의 일에 관여하여 경건치 못한 정부 관료들을 통해 나라들을 통치하려 하고 있다. 다니엘의 경우를 보라. 알렉산더가 바빌론 제국을 무너뜨렸다. 그 지역의 통수권이 한 마귀의 임금으로부터 또 다른 마귀의 임금으로 이양되었다. 다니엘은 하나님의 대사로서 이 전쟁 속에 뛰어들었다. 기도와 금식으로 그는 공중의 어둠을 뚫었으며 대천사 가브리엘이 메시지를 들고 내려올 수 있도록 통로를 열어주었다. 곧 보게 되겠지만 미가엘 천사장이 하나님의 목적을 이루고자 전쟁에 참여하여 싸우게 된 것도 그의 기도 때문이었다. 하나님의 거룩한 천사들은 다니엘의 기도에 대한 응답으로 하늘과 땅 사이를 오가며 하나님의 계획을 견고히 하였다.

열방을 다스리는 사악한 통치자가 있듯이, 이들 나라에는 하나님의 의로운 대의를 성취하기 위해 배치된 천사들도 있다. 수많은 나라들 가운데 빛과 어두움의 레슬링 시합이 벌어진다. 하나님께서는 크리스천을 일깨워 각 나라의 파수꾼으로 세우신다. 우리로 기도하게 하시고 금식하게 하시며 복음을 선포하게 하신다. 하나님께서는 이미 각 나라의 경계를 정하셨다. 그리고 그 나라에 누가 살게 될지도 결정해 놓으셔서 우리로 하여금 주님을 찾고 만날 수 있도록 하셨다. "인류의 모든 족속을 한 혈통으로 만드사 온 땅에 거하게 하시고 저희의 연대를 정하시며 거주의 경계를 한하셨으니 이는 사람으로 하나님을 혹 더듬어 찾아 발견케 하려 하심이로되"(행 17:26-27). 적극적인 시민으로서 우리는 나라를 위해 기도하고 금식해야 한다. 이는 우리에게 주어진 영적 부르심에 충실히 응답하는 방법이다.

당신이 살고 있는 나라의 정계(政界)에서 일어나는 일이 당신에게 영향을 미친다. 반대로 당신에 의해 당신이 살고 있는 나라에서 일어나는 일들이 영향을 받을 것이다. 당신의 부르심 중 일부는 당신이 살고 있는 나라에서 천국 대사의 권세를 행하는 것이다. 선한 사람들이 정권을 잡기를 기도하여 거룩한 천사들이 당신의 나라에서 영향력을 펼칠 수 있도록 길을 열어라. 위정자들이 주님의 종이 되기를 기도하라.

또한 위정자들이 이스라엘의 친구가 되기를 기도하라. 많은 나라들이 이스라엘을 향한 하나님의 축복에 대해 눈이 어둡기 때문에 위험에 처해 있다. 하나님의 영원한 약속 중 하나는 이삭을 통한 아브라함의 자손들과 맺으신 언약이다. 이 약속은 모든 세대의 유대인들에게 주신 것이다. 모든 이방인 신자들에게 주어진 중요한 계시의 말씀 중 하나는 우리가 옛 유대인의 나무 줄기에 가지로서 접붙임을 받았다는 것이다(롬 11:17-27).

다니엘의 때, 국제적 정세의 위기는 이스라엘에 직격탄을 날렸다. 그때 천사장 미가엘은 이스라엘의 '왕자'로 불렸다. 즉, 그는 하나님의 백성(이 경우에는 유대인)을 위해 일어서는 권력을 의미한다. 하나님은 원수로부터 이스라엘을 보호하셨다. 또 이스라엘을 축복하는 사람들에게 축복을 내리셨다. 하나님께서는 천사장 미가엘을 이스라엘의 특별한 보호자로 임명하셨다. 천사 하나가 단칼에 일만 명을 물리친다는 사실이 성경에 기록되어 있다. 이 사실을 감안할 때, 국제적으로든 대내적으로든 하나님이 사랑하시는 민족을 건드리는 것이 얼마나 위험한 일인지를 알아야 한다.

여호수아가 이끄는 이스라엘이 여리고에 입성하기 전에 일어났던 일을 살펴보면 이 점을 명확하게 이해할 수 있다. 여호수아는 여리고 외곽의 평야에서 천사를 만난다. 그는 전쟁을 위해 칼을 뺀 채로 서 있었다. 여호수아가 물었다. "너는 우리를 위하느냐 아니면 우리를 대적하느냐?" 천사가 설명하길 자신은 여호와의 군대장관이라고 했다. "나는 여호와의 군대장관으로 이제 왔느니라"(수 5:14). 여기서 이 천사는 피조된 여러 천사들 중 하나라기보다 종종 인간의 모습으로 나타나시곤 했던 예수님이라 할 수 있다. 구약을 보면 예수님께서 종종 하나님의 사자 혹은 천사의 모습을 하고 사람들(성도)에게 나타나신 것을 알 수 있다. 여호수아가 순종하여 전진했을 때, 예수님께서 직접 나타나셔서 아브라함의 자손들이 약속된 땅을 취할 수 있도록 도움을 베푸셨다.

오늘날도 천사들이 이스라엘을 위해 전쟁 중에 개입한다는 이야기를 직접 듣곤 한다. 이스라엘 방위군에 소속된 츠비(Tsvi)라는 친구가 말해준 이야기이다. 그는 천사의 도움으로 가능했던 승리의 이야기를 전해주었다. 시나이(Sinai) 외곽을 지키기 위해 그와 더불어 백 명 정도의 군사가 파견되었다. 그들은 이스라엘의 남쪽 출입구를 수호하고 있었다. 그들의 기지 아래로는 이집트 군의 탱크들이 평야를 가득 메우고 있었다. 이스라엘 병사들은 위기 준비태세에 들어갔다. 탱크가 이동할 경우를 대비하여 하루 24시간 대기하며 매일같이 현 거점을 사수할 준비가 되어 있었다. 그들은 수적으로 열세였고 게다가 남은 화력도 얼마 되지 않는 상태였다. 긴장이 고조되는 가운데, 그들은 그러한 상태로 계속

대기하였다.

그런데 이상한 일이 발생했다. 며칠이 지났건만 이집트 군에선 포격을 가할 기미를 전혀 보이지 않았다. 혼란스러웠지만 이스라엘 군사들은 계속해서 경계태세를 갖추고 교대로 보초를 섰다. 마침내 수천에 달하는 이집트 군이 갑자기 퇴각하기 시작했다. 그 작은 규모의 고지는 침략군 앞에 놓인 유일한 장애물이었다. 그 고지만 탈환하면 이스라엘 내부로 진격할 수 있었음에도 불구하고 이집트 군대는 퇴각했다. 츠비가 말하길 이것은 하나님께서 보이지 않는 군대를 보내셔서 적군의 마음을 교란시켰던 성경 속의 사건과 흡사하다고 했다. 천군 천사의 하나님께서 이제는 이스라엘 백성을 자신의 품에 안고자 하신다. 수천 년 전 그가 아브라함에게 약속하셨던 대로….

전쟁은 치열하다. 특히 적그리스도의 영이 강성한 곳, 이교 혹은 세속적 인본주의의 종교, 폭력과 가난이 수세기 동안 사람들을 쥐고 흔든 지역에서는 더더욱 그렇다. 하지만 하나님으로부터 파송을 받은 천사들은 성도들의 기도와 더불어 악을 타도하는 일, 인간의 정부에 공의를 회복하는 일을 감당한다. 그 결과 땅에는 평화가 임하여 복음이 자유로이 전파될 것이다. 어린양의 보혈로 씻김을 받은 모든 나라들의 영광은 이후 하나님의 영원한 도시에 드러날 것이다. 하나님께서 복 주신 나라와 전통, 문화와 지도자들은 새 예루살렘으로 들어갈 때에, 전에도 그랬듯 다시금 하나님께 영광을 돌릴 것이다(계 21:24-26).

다니엘의 때처럼, 지금도 천사들은 우리 주변 곳곳에 있다. 수많은 천사들이 우리의 기도를 기다리고 있다. 그 기도를 듣고 하나님의 뜻에 따라 능력을 행할 준비가 되어 있다. 지금 우리는 마지막 때의 폭풍 속으로 접어들어 간다. 이때, 우리는 천사들의 사역을 초청할 수 있다. 천군 천사의 하나님은 우리의 피난처이시며 안전한 방주이시다. 그가 부리시는 천사들이 그의 뜻에 따라 지금 여기에 있다.

예수님의 재림을 준비하기

성경은 예수님의 재림이 가까워지면서 천사들의 활동이 활발해질 것을 가르치고 있다. 복음서를 보면 알 수 있듯, 천사들은 예수님의 탄생, 죽음, 부활에서 이미 중요한 역할을 담당했다. 마찬가지로 사도행전의 분량 3분의 1가량이 천사들의 역할을 언급하고 있다. 요한계시록은 어떤가? 여러 가지 시험과 환난 앞에 처해 있는 교회들이 등장하지만 이들 각 교회에는 수많은 메신저 천사들이 파송되어 섬기고 있다. 예수님께서는 메신저 천사들을 통해 이들 각 교회를 향한 격려와 교훈의 메시지를 전달하신다.

또한 우리는 계시록을 통해, 아버지 하나님의 오른편에서 봉인된 책들을 받아 인을 떼시는 예수님의 모습을 발견할 수 있다. 이들 각각의 봉인은 출산 전 산모가 겪어야 하는 자궁의 수축과 별반 다르지 않다. 아이를 낳기 위해서 반드시 지나야 하는 고통 말이다. 각각의 인들은 특별한 사건들의 개시를 알린다. 이 땅에 일어날 정치, 환경, 경제적 문제들이 그것이다. 이 사건들은 우리가 섬기는 천군 천사들의 대장이신 하나님께서 명령하실 일들이다. 천사들은 그리스도께서 하늘로부터 다시 내려오실 것을 준비하며 하나님의 명령을 수행할 것이다.

이 땅 모든 나라의 주권은, 이미 그리스도께서 완전하게 소유하고 계시다. 그리스도께서 통치하실 때, 하나님의 눈은 이 땅 위의 성도들을 향하신다. 그의 귀는 성도들의 기도소리를 향해 열려 있다. 하나님께서는 이 땅 위에 공의와 평화를 전해주시기로 예정하셨다. 그리고 예수께서 재림하시기 전, 이 땅의 성도들이 마지막 때의 폭풍을 지날 때 하나님께서는 관심을 가지고 자기 백성들을 살피실 것이다. 이 땅이 산고의 진통으로 흔들릴 때, 예수님께서는 자신의 재림을 준비하기 위하여 각 계급의 천군 천사들을 예비하실 것이다. 모든 죽은 것들을 이기시는 부활 예수의 우주적 능력으로 말미암아 마지막 날에는 모든 무덤이 열릴 것이다.

천군 천사의 하나님께서 그의 충성스런 옛 종, 요한의 손을 빌어 기록하신 첫 번째 말씀 그리고 마지막 말씀은 "은혜와 평강", "내가 곧 돌아오리라!"이다. 그러므로 오늘날 하나님의 음성을 듣는 모든 이에게 명하여 스스로를 겸비케 하라. 지금은 겨울잠에서 깰 때이다. 옛것을 버리고 성령으로 충만할 때이다.

"언제든지 하나님의 명령을 수행할 수 있는 너희 천사들이여 하나님을 송축하라"(시 103:20, 메시지성경)! 우리와 함께 천사들은 임무를 받았다. 우리가 마지막 때의 폭풍을 향해 나아갈 때 그들의 사역을 초청하자.

7 | Transformation in the Storm
폭풍 가운데 변화되다

우리가 다 수건을 벗은 얼굴로 거울을 보는 것 같이 주의 영광을 보매
저와 같은 형상으로 화하여 영광으로 영광에 이르니
곧 주의 영으로 말미암음이니라(고후 3:18)

마귀가 일으키는 폭풍이 있다. 또 하나님의 영광이 대적의 나라와 정면충돌할 때 발생되는 폭풍도 있다. 폭풍의 원인이 무엇이든 폭풍은 모든 것을 휘저어놓는다. 폭풍이 일어날 때, 우리의 생각 체계가 재배열 된다. 우리의 우선순위가 변화된다. 폭풍은 우리의 삶에 변화를 가져온 다. 인생 속의 폭풍은 '현상유지'를 방해한다. 반면에 폭풍이 일어날 때, 우리는 새로운 방식, 더 나은 방식으로 성령님을 의지하게 된다. 예수님 께서는 제자들에게 "내가 돌아오기 전 큰 위기와 환란이 닥칠 것이다"라 고 말씀하셨다. 모든 폭풍(그것이 영광의 폭풍이든, 대적이 일으키는 폭풍이든)에 대한 하나님의 의도는 우리를 변화시키시는 것이다.

변화를 위한 기도

　우리 교회 식구들과 함께 남편과 나(보니 차브다)는 '패션 오브 크라이스트'(The Passion of the Christ)라는 영화를 관람했다. 예수님의 재판 과정, 겟세마네 동산에서의 고민, 체포, 십자가에서의 처형… 이 모든 장면들이 우리의 마음속에 인상 깊이 새겨졌다. 관람 후 집으로 돌아온 뒤, 나는 기도원(mountain of prayer)에 가고 싶은 마음이 굴뚝같았다. 내가 예수님의 희생을 되새겼을 때, 내 마음속에 하나님의 깊은 사랑에 대한 새로운 이해가 일었기 때문이다. 나는 '기도산책'(prayer walk)을 위해 집을 나섰다.

　마을을 나서서 길을 걸을 때 밤하늘의 별이 환하게 빛나고 있었다. 내 마음은 갈보리의 광경과 그 놀라움의 실체에 사로잡혀 있었기에 눈물이 두 뺨을 타고 흘러내렸다. 죄와 죽음에 대해 궁극적 승리를 약속하신 위대한 사랑이 내 마음을 두드렸을 때 내 마음은 온전히 회복되었다!

　영화 중 예수님께서 겟세마네 동산에서 기도하셨던 장면을 다시 떠올려 보았다. 나는 예수님께서 마음의 고통을 집어삼키며 기도를 마치신 후 자리에서 일어서시는 모습에 생각을 고정시켰다. 그 모습이 정지 화면처럼 떠올랐다. 웅크린 채로 엎드려 자신의 몸과 마음과 영혼을 아버지의 손 위에 올려드리는 예수님…. 예수님은 자리에서 일어서셨다. 그리고 한 발자국을 내디디셨다. 그의 샌들이 땅에 닿을 때, 쿵 소리와 함께 그의 주변을 맴돌았던 뱀의 머리가 짓밟혀졌다. 그 뱀은 예수님께서 기도하시며 고민하셨던 내내 예수님을 유혹했다. 그리스도의 발꿈치에 뱀의 머리뼈가 으스러졌다. 땅에 뭉개졌다. 이 모든 것은 아버지께 순종하려고 내디딘 단 한 발걸음에 의해 이뤄졌다.

　걸음을 걸으며 기도하는 동안 그리스도의 능력, 그 실재성이 내 안에 부풀어 올랐다. 나는 그리스도를 경배하며 방언으로 기도하기 시작했다. 입을 열어 기도 소리를 내는 순간, 영적인 눈이 열렸다. 나는 내 머리 위 하늘을 가득 메운 주님의 천군 천사들을 보았다. 적군의 포위를 당한 엘리사와 그의 시종 게하시의 이야기와 같았다. 그들 주위에는 두 군대가 있었다. 하지만 게하시의 눈에는 오직 한 군대만 보였다. 그는 기겁했고 모든 것을 잃게 되었다고 염려했다. 하지만 하나님의 사람 엘리사가 말했다. "걱정하지 마라!" 그는 종의 영안이 열리기를 기도했다. 그들을 위해 대신 싸우는 빛의 전사들이 대적의 항오를 둘러싸 포위하고 있음을 볼 수 있도록 기도한 것이다. "저(게하시)가 보니 불 말과 불 병거가 산에 가득하여 엘리사를 둘렀더라"(왕하 6:17).

성령 안에서 기도하며 걸었을 때, 나 역시 그들을 보았다. 곧 영광 속으로 올라갔던 모든 성도들과 모든 천사들이 말 위에 오른 채 하늘로부터 내려오는 것을 본 것이다! 그들은 내가 기도할 때 어둠의 군대를 물리칠 준비가 되어 있었다.

나는 내가 이 세대의 교회를 위한 대사(大使)임을 깨닫게 되었다. 하나님은 그의 신부인 교회의 음성을 듣고 계셨고 교회가 부르짖을 때 응답하실 준비를 하고 계셨다! 나는 향을 담는 그릇이었다. 이 그릇은 온 세계 가운데 밤을 지새우며 기도하고 있는 파수꾼들의 기도를 담아내고 또 쏟아내는 그릇이다. 천사들은 내 뒤에 모여 있었고 하나님께서는 그들과 함께 나를 인도하셨다. 걸으면서 나는 국제적 대테러 전쟁을 위해 외국에서 복무하는 군인들을 생각했다. 순간 한 줄기의 섬광이 번뜩였다. 그 빛은 내가 서 있는 곳에서 출발하여 지구 저편, 우리와 친분 있는 사람이 복무하는 군사 기지를 향해 큰 아치를 그으며 날아가는 것 같았다. 나는 그들을 위한 기도가 응답되었음을 깨달았다. 새로운 돌파구,

새로운 변화의 시간이 오고 있다는 사실을 깨달았다. 기도의 그릇에 담긴 수많은 파수꾼들의 기도가 응답되어 하늘로부터 쏟아지는 것 같았다.

어느새 나는 교차로에 서 있었다. 그때 몇 대의 트레일러 트럭이 고속도로로부터 달려오는 굉음이 들렸다. 그런데 알고 보니 그것은 트럭 소리가 아니었다. 계곡을 내려오는 강렬한 바람이 나를 향해 불어오는 소리였다. 얼마 안 되어 그 바람은 내 살갗에 닿았다. 강풍에 실려온 먼지와 낙엽이 따갑게 쏟아지는 빗줄기에 섞여 사방으로부터 날아왔다. 그 강렬함에 못 이겨 나는 서 있기조차 힘들었다. 급한 바람과 비, 날아다니는 파편들은 공중의 권세 잡은 자가 예수의 보혈과 그 이름의 능력 안에서 응답된 기도들을 방해하기 위해 사용할 수 있는 유일한 수단인 것 같았다! 그러나 바람과 비를 맞으면서도 나는 승리에 차서 웃기 시작했다.

나는 강한 폭풍 속에서 전진했다. 이것이 얼마나 위험한 행동이었는지를 알게 된 것은 한참 후였다. 당시 나는 성경말씀으로 노래하는 데에 정신이 팔려 위험성을 눈치 채지 못했다. "주께서 내게 복음을 전하게 하시려고 기름을 부으셨으니, 주 하나님의 성령이 내게 임하셨네!" "지금은 주의 은혜를 받을 해라! 이날은 하나님께서 원수를 갚으시는 날이라!" 나는 노래하고 노래했다.

"혹시 지금쯤 돌아가야 하지 않나?" 이 생각이 들었을 때 그곳에는 아무도 없었고 길 위에는 자동차 한 대도 없었다. 그러나 나는 무언가를 보았다. 내 눈 앞에 환상이 열렸다. 길 양옆으로 큰 나무 두 그루가 갑자기 거대한 위세를 드러내기 시작했다. 그 사이를 지날 때, 유다서의 말씀이 떠올랐다. 나는 그 두 그루의 나무가 이 나라 젊은 세대들의 생각과 마음속에 악한 사상을 심어놓은 악(惡)의 두 기둥임을 알아차렸다.

이 나무들을 뽑아내고 젊은 세대를 구원하라는 성령의 감동이 너무 강렬했기에 나는 그 나무의 이름을 불러가며 명령했다. "너! 두 번 죽은 성적 타락과 반항의 나무들이여! 내가 너를 미국인들의 마음과 영혼으로부터 뿌리째 뽑노라." 성경말씀이 떠올랐을 때, 나는 손을 뻗어 차례대로 이 두 나무를 뽑아버렸다. 나는 이 나라의 대학 캠퍼스마다 창궐해 있는 세속 문화의 유혹과 속임수의 권세들을 묶어버렸다. 그러자 나뭇가지 부러지는 소리, 유리 깨지는 소리가 났다. 이후 내가 서 있는 곳을 중심으로 전 방향으로 수많은 가로등 불이 꺼져나갔다!

당시 나는 비에 흠뻑 젖었다. 굵은 빗방울은 계속해서 내 얼굴을 때렸고, 나는 손으로 눈언저리를 훔쳐냈다. 저 멀리서 도로를 따라 자동차의 헤드라이트 불빛이 보였다. 그것이 점차 가까이 오더니 자동차 한 대가 내 옆에서 멈춰 섰다. "엄마야?" 딸 세라(Serah)가 나를 찾으려고 빗속을 지나 여기까지 온 것이다. 폭풍우를 피할 수 있음에 감사하며, 나는 차에 올라탔다. 집으로 향하는 길에 나는 세라에게 이 특별한 경험을 이야기했다. 환상 속에서 들었던 나무 부러지는 소리를 회상하고 있었을 때, 헤드라이트가 닿는 곳에 놀라운 광경이 펼쳐졌다. 바로 우리 앞에, 그것도 도로 한가운데 거대한 나무 두 그루가 뿌리째 뽑혀 가로로 누워 있었던 것이었다. 내가 환상 속에서 두 그루의 영적 나무를 뽑았을 때 들렸던 굉음은 이 두 그루의 나무가 바람을 못 이겨 쓰러질 때 났던 소리였다!

나는 집에 도착해서 이 이야기를 가족들에게 들려주었다. 그때 전화벨이 울렸다. 그동안 내가 중보기도를 해주었던 그 군인의 목소리였다. 번뜩이는 섬광이 큰 아치를 그리며 지구 반대편의 군 기지로 날아갔던 것이 생각났다.

"어떻게 전화를 했어? 무슨 일이야?" 내가 물었다.

"저기… 있잖아요…." 그가 대답했다. "좀 전에 기지 전체가 정전이 되었어요. 전기 보수공사 하는 동안 부대 밖으로 나가 휴대전화기로 전화할 수 있도록 허락을 받았어요."

이 일들을 통해 하나님께서는 우리가 예수의 이름으로 드리는 기도들이 강력하다는 사실을 강조해주셨다. 또 이 사실을 믿는 우리의 믿음을 더욱 굳세게 하시기 위해 이러한 신호를 주신다는 것을 알게 되었다. 예수의 이름으로 드리는 기도는 높은 곳으로 올라간다. 우리의 기도에 천사들이 움직인다. 우리의 기도는 하늘의 것들을 흔들고 이 땅의 것들을 변화시킨다.

다음 날 아침 우리는 폭풍 후의 광경을 보려고 집을 나섰다. 두 그루의 나무가 도로를 가로막고 있었다. 나무는 높이가 각각 20미터 이상이나 되었다! 그 후 몇 개월 동안 우리는 우리가 중보기도 해주고 있는 청년들의 삶 가운데 놀라운 변화가 일어나고 인생의 돌파구가 열리는 것을 목도했다. 믿는 부모님들의 자녀들이 어둠의 길에서 등을 돌려 주님께로 돌아왔다. 그들은 자신의 삶을 향한 주님의 계획을 붙들기 시작했다. 속박의 뿌리가 제거된 것이다.

복 받고, 찢어지고

일상 가운데 일어나는 문제들을 포함하여 우리의 삶에 닥쳐오는 폭풍들은 우리를 변화시켜 예수님의 영광에 이르도록 인도하는 데에 그 목적이 있다. 고통은 등불의 심지를 끄기 위한 것이 아니다. 오히려 고통은 등불을 더 밝혀주는 기름과 같다. 아시시(Assisi)의 성 프란체스코(Saint Francis)는 이렇게 말했다. "죽음 속에서 우리는 예수의 영광을 본다." 이것은 영원한, '구원의 법칙'이다.

때때로 '깨지는 것'은 자발적으로 이뤄진다. 예수님도 아버지께 순종하여 자발적으로 자신의 삶을 내려놓으셨다. 마태복음 26장 26절은 이렇게 기록한다. "저희가 먹을 때에 예수께서 떡을 가지사 축복하시고(blessed) 떼어(broken) 제자들을 주시며." 예수님의 몸은 십자가에서 '찢어질, 깨질, 떼어질'(broken) 상황이었다. 그의 자발적인 헌신으로 인해 우리는 예수님의 찢어진 육체 가운데 동참할 수 있다. 그의 고통에 참예하며 그 생명을 다른 사람과 나누어 배가시킬 수 있다.

그날 밤 늦게 동산에서, 예수님을 배신한 가룟 유다가 군인들을 이끌고 그를 체포하려 했을 때 예수님은 유다를 가리켜 '친구'라고 부르셨다. 하지만 요한복음 6장 70절을 보라. 예수님은 유다를 마귀와 동일시하셨다. 또 요한복음 12장 6절에서는 유다를 가리켜 '도적'이라고 부르셨다. 그러나 배신당하셨던 날 밤, 예수님은 가룟 유다를 하나님의 사명 감당하는 데에 필요한 도구로 여기셨다. 예수님을 체포하려고 동원된 사람들은 온 세계를 구원하시고자 하나님이 세우셨던 구원 계획을 촉진시켰다. 예수님께서는 자신의 몸이 찢겨야 할 시간이 도래했음을 아셨다. 예수님은 유다를, 성전 경비대를, 또 다른 폭도들을 바라보시며 이들이 '생명의 떡'을 수거하여 세상에 그 떡을 넘겨주는 사자(使子)들이라고 생각하셨다.

베드로는 이러한 일이 일어나는 것을 막고자 하였다. 그는 고난과 수치의 손길로부터 예수님을 보호하려고 노력했다. 그러나 예수님은 베드로를 꾸짖으셨다. 찢어짐의 고통이 하나님의 더 큰 계획으로 우리를 인도할 때, 우리는 탈출하려 하기보다는 그 고통을 인식하고 끌어안아야 한다. 예수님의 대적들이 그의 '친구'가 된 것은 그들로 인해 모든 정황이 예수님의 죽음을 향해 더 빨리 움직였기 때문이다.

폭풍 가운데 유다가 나타났던 장면을 생각해보라. 물론 마귀를 꾸짖을 때가 있다. 폭풍을 잠잠케 할 때가 있다. 그러나 하나님께서 우리를 찢으시고 다른 사람에게 넘기시는 것을 허락해 드려야 할 때가 있다. 만일 당신이 기도하면서 당신의 문제를 묶었고, 던져버렸고, 금식하면서 그 문제를 꾸짖고, 하나님의 말씀을 고백하며 견뎌냈는데 상황이 변하지 않았다면 다른 각도로 바라보아라. 하나님께서 당신을 굶주린 자들에게 나눠줄 떡으로 빚으려 하셨기에 이 시험을 허락하신 것일 수도 있다. 당신이 하나님의 '찢으심'(떡을 떼심)에 동의하며 환난에 참여한다면, 당신은 당신을 배신한 사람들을 향해 미소를 보낼 수 있을 것이다. 그들을 환영하며 친구로 삼을 수 있을 것이다. 물론 당신이 누군가에 의해 꼭 배신을 당해야 한다는 뜻은 아니다. 삶 속에서 일어나는 모든 환난은 우리를 변화시키려고 하시는 하나님의 숨은 계획일 수 있다는 뜻이다. 하나님은 모든 것을 합력하여 선을 이루시는 분이기 때문이다.

생의 마지막 장에서 바울은 말했다. "관제(부어 드리는 제사)와 같이 벌써 내가 부음이 되고 나의 떠날 기약이 가까웠도다"(딤후 4:6). 주님은 우리를 자신에게로 더 가까이 인도하시고자 우리에게 찢는 폭풍을 허락하신다. 양 한 마리가 계속해서 무리를 이탈한다면, 선한 목자는 그 양의 다리를 조심스럽게 꺾어(찢어)버릴 것이다. 그리고 그 부러진 다리가 치유될 때까지 그 양을 어깨에 메고 다닐 것이다. 목자의 품에서 수주를 보내며 목자가 주는 먹이를 먹고 보살핌을 받은 양은 이제 매 순간 목자를 의존하게 된다. 그렇게 하고 나면 목자와 양은 이전보다 더욱 친밀해진다.

보리떡과 생선의 점심 도시락을 예수님께 내어 드린 아이는 모든 성도들에게 무언가를 가르쳐준다. 예수님은 그 아이가 자발적으로 드린 것을, 마치 그것이 하나님께 드리는 감사의 예물인 것처럼 받으셨다. 마찬가지로 우리가 믿음을 가지고 예수님께 나아가면 예수님은 우리를 영접하신다. 일단 우리의 삶을 예수님께 내어 드리면 우리의 인생을 축복하시고 찢으셔서 우리를 통해 다른 사람들도 그리스도를 영접할 수 있도록 인도하신다. 고통을 대할 때 올바른 태도를 취하면, 겸손, 능력, 지혜, 평화를 얻게 된다. 이것들은 하나님을 찾지 못한 굶주린 사람들에게 우리가 전해줄 수 있는 양식이 된다.

하나님은 당신의 자원하는 마음, 믿음, 재능을 배가시켜 주실 것이다. 그뿐만 아니라 당신의 고통도 사용하실 것이다. 그날 예수님께서 제자들에게 말씀하셨다. "너희들이 먹을 것을 주어라." 식당은 문을 닫았다. 게다가 군중을 먹일 만한 돈도 없었다. 다만 예수님의 손에는 어린 아이가 건넨 점심 도시락이 놓여 있었다. 그것이면 충분하고도 남았다! 제자들이 거둬들인 열두 광주리의 음식은 하나님께서 그들의 봉사를 통해 굶주린 백성을 먹이신다는 사인이며 동시에 성령의 공급하심에는 부족함이 없다는 표식이었다.

"오라 우리가 여호와께로 돌아가자 여호와께서 우리를 찢으셨으나 도로 낫게 하실 것이요 우리를 치셨으나 싸매어 주실 것임이라 여호와께서 이틀 후에 우리를 살리시며 제삼 일에 우리를 일으키시리니 우리가 그 앞에서 살리라"(호 6:1-2). 우리의 삶을 하나님의 목적과 영광을 위해 내어 드릴 때, 우리가 당한 배신, 상처, 아픔의 경험들은 '하나님의 찢으심'에 동참하는 영광의 기회로 둔갑할 것이다. 예수님처럼, 우리 역시 자원하는 마음으로 우리의 삶을 내어 드린다면 하나님께서는 그것을 우리에게 다시 주실 것이다.

영광의 고통

학자들은 예수님께서 인간의 연약함 가운데 갈보리에서 남기셨던 말씀-"하나님 어찌하여 나를 버리셨나이까?"-속에 어떤 신비가 담겨 있는지 알아내고자 힘써 연구해왔다. 이 말씀이 뜻하는 바를 간단히 이해할 수도 있다. 즉 인간에게 일어나는 일반적 경험 중 하나라고 생각해볼 수 있다는 것이다. "신이 나를 버렸어!" 혹은 "신은 내가 고통 가운데 신음할 때 나를 남겨두고 떠났어."

환난을 당할 때 이러한 느낌을 가져보지 않은 사람은 아마도 찾아보기 힘들 것이다. 예수님 역시 하늘의 아버지께서 자신을 외면하신 순간을 경험하셨던 것 같다. 그러나 한 가지 다른 점이 있으니 예수님께서는 우리가 하나님과 더불어 완전한 화목을 이룰 수 있도록 징계받기를 스스로 선택하셨다는 것이다.

물론 우리는 이 이야기가 어떻게 끝나는지 잘 안다. 이 외침 후, 예수님은 삼 일 만에 무덤에서 나오셨다. 예수님을 믿기 때문에 우리의 삶은 한 알의 밀알처럼 계속해서 땅에 심겨진다. 그 밀알은 먼저 죽어야만 자라날 수 있다. 모든 희생은 풍족한 수확으로 이어진다. 하나님께서 당신을 홀로 버려두지 않으셨음을 확신하라. 하나님은 여전히 우리의 기도를 들으시고 여전히 응답하신다. 단지 우리의 시간표대로 응답하실 필요가 없으실 뿐이다. 예전에 경험했던 하나님의 능력이나 임재가 사라진 것 같은 느낌이 들더라도 그는 여전히 우리를 변화시키고 계신다. 우리는 계속해서 그리스도의 형상대로 변화되어간다. 그리스도의 부활에 동참하려면 먼저 그의 고난에 참예해야 한다.

　1세기 크리스천들이 가졌던 죽음에 관한 신학은 오늘날의 사람들이 생각하는 죽음에 대한 심리학과 매우 달랐다. 1세기의 성도들은 고통 가운데 기뻐하면서 또 용기를 내면서 죽음을 맞이하였다. 왜냐하면 예수 그리스도께서 증거하신 말씀 때문이다. 히브리서 기자가 수신자들을 향해 "죽음을 두려워하지 말라"라고 이야기했던 이유도 그것이다(히 2:15 참조). 우리가 죽음을 두려워하는 이유는 "고난 = 하나님으로부터 버림받음"이라는 사고방식을 가지고 있기 때문이다. 고난을 가리켜 하나님이 우리를 버리신 표식이라고 이해하는 것은 완전히 비성경적인 발상이다. 유대인이 겪었던 역사만큼 이에 대한 확실한 증거는 없을 것이다. 하나님께서 자신을 위해 고난당한 사람들을 버리지 않으셨다는 확실한 증거가 있다면, 그것은 유대인들이 여전히 이 땅 위에 살고 있으며 수천 년 전 하나님께서 약속하셨던 땅의 일부분에서 거주한다는 사실일 것이다.

　죽음에 대한 공포와 함께 능력의 부재로 말미암아 고난을 이겨내지 못하는 현실은 많은 크리스천들이 믿음 위에 견고히 서지 못하는 이유이다. 신약성경은 죽음을 가리켜 '잠드는 것' 혹은 '잠시 쉼을 얻는 것'이라고 말한다. 초대교회는 자신들의 신앙과 헌신의 척도를 종교 박해라는 불의 연단에 두었다. 그리고 그들이 당했던 고난의 기반 위에 현재 우리가 누리는 모든 것이 세워졌다.

　미가서 7장 8절을 보라. "나의 대적이여 나로 인하여 기뻐하지 말지어다 나는 엎드러질지라도 일어날 것이요 어두운 데 앉을지라도 여호와께서 나의 빛이 되실 것임이로다." 초대교회 성도들에게는 서로 떡을 떼는 것(찢으며), 서로의 필요를 돌보는 것이 말 그대로 '일상생활'이었다. 그들은 거듭해서 찢어지고 박해받고 처형당했다. 인생은 끝없이 밀려오는 폭풍과 같았다! 하지만 그러한 고난 가운데 하나님께서는 그들에게 세상을 조형하고 세상을 변화시키는 부흥을 주셨다. 찢어지는 과정은 우리를 무릎 꿇게 만든다. 기도하는 자리로 인도한다. 하나님과의 더 깊은 관계 속으로 우리를 밀어 넣는다. 우리가 그리스도의 발자국을 따라 걷는다면 우리는 그분의 형상을 닮아갈 것이다.

만일 우리에게 변화의 비전이 있다면, 폭풍을 방해물처럼 여기지 않을 것이다. 예수님의 희생은 우리가 상을 얻기 위해 앞으로 달려나가는 힘의 근원, 경주를 완주하기로 결심하게 만드는 결단의 원동력이다. 우리는 결코 결승선 앞에서 고꾸라지지 않을 것이다! 우리는 분발할 것이다. 하늘 높이 두 팔을 치켜들 것이다. 비틀거리는 발과 무릎을 위해 길을 곧게 펼 것이며 상을 얻기 위해 달릴 것이다. 우리보다 앞서 달려간 사람들과 함께 한 목소리로 선포할 것이다. "현재의 고난은 장차 우리에게 나타날 영광과 족히 비교할 수 없도다!"

폭풍 속에서의 변이

우리의 삶 가운데 무디고 부서지기 쉽고 별로 인상적이지 않은 영역이라도 창조주의 아름다운 비전과 계획을 이루는 데에 꼭 필요한 자원들을 내포하고 있다. 지금까지 우리는 이 사실을 살펴보았다. 그러므로 폭풍을 피하려 하기보다는 우리가 변화를 입을 수 있도록 폭풍을 받아들여야 할 것이다. 그리스도가 당하신 고통에 참예하면 우리는 주님의 영광스런 간증이 될 것이다. 그 영광스런 간증을 듣는 모든 이, 우리의 변화된 삶을 바라보는 모든 이가 변화될 것이다. 우리의 인격을 빛나는 인격(유하나 강한 성품)으로 변화시키기 위해 우리는 극단적인 상황까지도 받아들여야 한다.

우리는 고치 안에 들어 있는 나비 유충과 같다. 그리고 인생 가운데 일어나는 고통스러운 일, 시험, 어려운 문제들, 대적의 공격들은 고치에 비교할 수 있다. 언젠가 우리는 이 모든 문제들로부터 풀려나 하늘을 나는 아름다운 나비로 변화될 것이다.

우리를 둘러싸고 있는 그 고치는 하나님으로부터 온 것이 아니다. 그러므로 고치를 살짝 열고 말해보라. "이봐, 애벌레야! 거기서 나와. 거긴 그냥 고치잖아?" 하지만 애벌레는 그렇게 할 수 없다. 애벌레는 그의 생장기간 중 특정한 때에 특정한 단계를 밟아 자라나다가 결국은 고치로 스스로를 감싸고 죽음에 이르러야 한다. 실크 같던 새로운 피부조직은 점점 딱딱해지고 오그라든다. 바로 그때 발생하는 압력이 애벌레 변태의 열쇠이다.

애벌레의 몸은 매일같이 수축된다. 이전 존재의 모든 것은 극적인 변화를 겪는다. 빛도, 먹을 음식도, 심지어 고치 밖으로 나갈 만한 공간적 여유도 없다. 그 상황 속에서 애벌레의 변태 과정이 시작된다.

극한 압력이 가해지는 가운데 날개가 형성된다. 이제 새로운 영광의 형상으로 변화되기 위한 애벌레의 고난이 시작된다. 그 고통을 겪어야만 날개가 제 기능을 발휘할 수 있다. 날개가 펼쳐질 때, 부서지기 쉬운 고치가 찢어지고 열리면서 새로운 생명체가 출현하게 되는 것이다.

시편 22편은 그리스도의 수난 시로 알려졌다. 물론 시편 기자의 시이지만, 예수님께서는 버림당하시고 울부짖으신 후 계속 말씀을 이으셨다. "나는 벌레요 사람이 아니라"(시 22:6). 마침내 고통과 죽음의 고치를 지나신 후 말씀하신다. "하나님이 내 기도를 응답하셨도다!" 그 후, 우리는 예수님을 바라본다. 예수님께서는 이 세상이 창조되기 전부터 소유하셨던 영광으로 옷 입으셨다. 주님과 동일한 영광의 형상으로 닮아가기 위해 우리 역시 그와 비슷한 변이의 고통을 겪어야 한다.

고통과 환난은 '영광으로 영광에 이르는'(from glory to glory) 변화의 과정을 완성시킨다. 하나님은 우리의 삶 속에 영원하고 위대한 구원의 계획을 이루어 가신다. 하나님께서는 능력의 날에 자기 자신을 하나님께 내어 드릴 백성들을 찾고 계신다. 우리는 잠시 잠깐 거쳐 가는 이 땅에서의 삶을 보장받지 않았다. 하지만 십자가를 통해 제공되는 모든 유익을 공급받았다. 하나님의 영원하고도 귀한 약속을 받았다. 우리의 삶을 하나님께 드릴 때, 하나님은 말씀하신다. "네 몸의 터럭 하나도 상함을 입지 않을 것이다."

지금 우리가 목도하고 있는 표적(sign)은 세상 만물이 마지막 고통의 때에 들어가고 있음을 의미한다. 그러므로 미리 결심하라. "우리는 폭풍의 전사들이니 찢어짐으로부터 나오는 변화의 기회를 환영하리라."

8 | Overcoming Storms in the Last Days
마지막 날, 폭풍을 정복하다

세상을 이긴 이김은 이것이니 우리의 믿음이니라(요일 5:4)

많은 크리스천은 세상에서 일어나는 난리와 소란의 소식을 들으면서 또 그것이 삶에 미치는 영향을 체험하면서 혼동을 겪는다. 하지만 성경의 가르침과 성경이 증언하는 말씀은 그 모든 혼동을 말끔히 씻어준다. "우리는 전쟁 중이다." 어떤 사람에게는 이 사실이 안 좋은 소식으로 들릴 테지만, 이에 대해 훨씬 더 좋은 소식이 있으니 그것은 "우리의 대장 되신 예수께서 이미 승리하셨다!"라는 사실이다. 하나님께서 대적들을 예수님의 발등상(발 얹는 작은 의자)으로 만드실 때까지 그리스도는 하늘의 보좌에서 만물을 통치하실 것이다(시 110:1 참조).

하지만 우리는 '이미'(already)와 '아직은'(not yet) 사이의 긴장 속에서 살고 있다. 사실 이 전쟁이 지속되고 있는 이유에 대한 '법원'의 원인 공시가 있다. 그것은 우리의 대적이자 하나님의 대적인 원수 사탄이 자신의 패배를 인정하지 않기 때문이다. 그러므로 우리는 사탄이 공격해 올 때마다 그의 면전에서 이미 우리가 거머쥔 승리의 사실을 선포해야 한다. 하지만 저항하는 마귀와 싸우는 것이 우리의 주된 관심사가 되어서는 안 된다. 왜냐하면 우리에게는 전략적으로 수행해야 할 임무가 따로 있기 때문이다. 우리는 신실한 복음의 증인들로서 복음 증거를 통해 그리스도의 승리를 선포해야 하는 임무를 받았다. 우리의 간증(복음 증거)은 수많은 사람들을 어둠의 왕국으로부터 빼앗아오는 수단이다.

요한계시록에서 예수님은 거듭 말씀하셨다. "들을 귀 있는 자들은 성령께서 교회에게 하시는 말씀을 들으라." 우리가 어떤 메시지를 받느냐에 따라 우리가 어떤 행동을 취하게 되느냐가 결정될 것이다. 이 점을 군사적 용어로 설명하겠다. "정보의 수집과 유포가 승전의 지름길이다." 이제 마지막 날이 가까워 옴에 따라 점점 더 심한 폭풍이 다가올 텐데 어떻게 해야 더욱 효과적으로 하나님의 말씀을 들을 수 있는지 배워보도록 하자.

하나님의 위치결정 시스템(GPS)

친구 중 한 명이 내게 지피에스(GPS, 범지구 위치결정 시스템)를 선물해 주었다. 우리는 진보된 현대 기술에 감탄했다. 자동차에 연결된 이 지피에스는 스물네 대 이상의 인공위성과 통신을 주고받으면서 현재 위치에 대한 자세한 정보를 계속해서 알려주었다. 꾸준히 업데이트 되는 지도에 우리의 현 위치가 표시되었고 옛 공상과학 영화에서처럼 여성 성우의 음성으로 어디에서 회전해야 할지 또는 목적지까지 거리가 얼마나 더 남았는지를 가르쳐주었다. 회전해야 할 위치에서 회전하지 못했을 때 지피에스는 나지막한 목소리로 '최단 경로 재산정 중'이라는 메시지를 전하며 목적지까지 경로 중 차선책을 지도 위에 표시해 주었다.

지피에스는 군(軍)과 민(民)을 위한 첨단 기술의 극적 진보이다. 군사용으로 개발되어 제1차 세계대전 때부터 사용되기 시작한 정보 수집 시스템, 소나(SONAR, 수중음파탐지기)와 현격한 기술의 차이를 보인다. 사실 소나와 오늘날의 지피에스를 비교해보면 과거와 현재 성도들의 차이점과 유사하다는 것을 발견할 수 있다. 두 시스템 간의 차이는 성령께서 교회 위에 부어주시는 전략적 예언의 정확성이 얼마나 진보했는지와 비교가 된다.

수중음파탐지기 소나는 'Sound Navigation and Ranging'의 약자로, 음파의 메아리 현상을 이용하여 두 물체 사이의 거리를 측정하는 시스템이다. 수중음파탐지기에는 두 가지 모드가 있는데 하나는 능동(active)이고 다른 하나는 수동(passive)이다. 수동 모드를 사용하면 근방에서 나는 소리를 탐지하여 거리를 계산한다. 하지만 능동 모드에서는 조금 다르다. 소나가 먼저 소리 에너지의 파동인 "핑"(소나에서 방사되는 음파, '핑' 하는 소리)을 방사한다. 수중에서 이 소리는 음속으로 발산되어 근거리에 있는 물체에 닿는다. 핑 소리가 물체의 표면에 닿으면 소리 에너지 중 일부가 반사되어 돌아오는데, 이것으로 그 물체까지의 거리를 계산해내는 것이다. 하지만 능동모드의 방법(먼저 음파를 방사하는 것)을 전시에 사용하기에는 위험이 따른다.

반면에 지피에스는 인공위성과 지표상의 물체 사이에 전파를 교신

시키는 대공기술을 사용한다. 원자시계와 조화를 이루며 작동하는 지피에스는 날씨에는 영향을 받지 않지만 대기 중 전파를 방해하는 물체에 영향을 받는다. 인공위성은 지피에스 수신기에 3차원적 정보를 광속으로 송신한다. 미 공군이 사용하는 이 시스템은 방향 거리 측정 시스템 역사에 있어서 획기적인 변화를 창출해냈고 일상생활에서도 급속한 속도로 그 유용성을 더해가고 있다.

수천 년 전 하나님께서는 요엘 선지자를 통해 "내가 모든 육체 위에 성령을 부어주는 때가 도래하리라"라는 말씀을 전하셨다. 그 결과 하늘로부터의 지혜를 가용함에 있어서 커다란 진보가 나타났고, 모든 사람이 삶의 매 단계에서 이 지혜를 받아 누리게 되었다.

지난 한 세기 동안 성도들은 수없이 많은 '핑'(ping) 소리를 방사해 왔다. 성령으로 충만해지고 영적 은사들을 체험하기 시작하면서 성도들은 자신이 받은 감동과 영감을 발설하기 시작했다. 하지만 소나 시스템의 경우에서처럼, 그들이 받은 예언적 감동과 영감은 그들의 주변(근거리)에서 일어나는 환경과 상황에 대한 정보 일색일 뿐이었다. 때때로 그들이 발하던 핑 소리는 혼적인(soul) 지혜이기도 했다. 이를테면 개인적인 의견이나 불명료한 감동－심지어 정확하지 않은 예언－으로 이루어져 수많은 사람들을 혼란 속에 빠뜨리기도 했다. 아가보 선지자가 바울에게 했던 예언이나 바울이 고린도 교인들에게 보낸 편지를 보면 받아들여야 할 예언과 이의를 표해야 할 예언을 어떻게 분별하는지에 대해 깊은 통찰력을 얻을 수 있다(아가보 선지자는 바울이 예루살렘에서 고난을 받게 될 것이기에 예루살렘에 가지 말 것을 종용했지만, 바울은 자신이 고난받을 것을 알았고 그것이 하나님의 뜻임을 분별하였기에 아가보 선지자의 권면을 듣지 않았다.-역자 주). 신뢰할 수 없는 '훈련되지 않은' 사람 혹은 육적인 사람들이 전하는 단기 '음파'는 성도들을 대적의 궤계 속으로 밀어 넣기 십상이다.

그러나 하나님께서는 자신의 백성들이 하늘의 지혜를 읽어낼 줄 알기 원하시고 그것을 보다 더 정확하게 표현할 수 있도록 그들의 능력을 향상시키고 계신다. '모든 이가 예언하는 것' 그리고 '그 예언을 통해 그리스도의 몸 된 교회가 세움을 입고 용기를 얻고 강건해지는 것' - 이것은 하나님의 열망이다. 점차 성도들이 하나님의 시계에 조화를 이루며 열린 하늘 문에 더 가까이 나아감에 따라 하나님의 위치결정 시스템이 활발하게 작동할 것이다.

점점 더 많은 훈련을 통해 우리는 참 예언과 거짓 예언을 분별하는 능력을 소유하게 될 것이다. 진보된 전략 및 전쟁의 승리를 위해 필요한 실질적 가용 자원들을 이용하게 될 것이다. 주님의 음성을 친밀하게 아는 지식은 하나님의 공군부대를 출동시킬 것이다. 또한 그 지식으로 말미암아 우리의 일상생활이 변화를 입게 된다. 물론 우리는 예언이나 예언적 영감에서의 진보만을 기대하는 것은 아니다. 들은 것을 이해하는 능력 역시 진보되어야 하는데 이는 우리가 어떻게 훈련을 받고 어떻게 하나님을 섬기느냐에 달렸다. 그리고 우리의 이해 능력은 우리의 행동을 결정한다. 우리가 성령을 섬기는 일꾼이 되고 그분의 생각에 순종할 때, 우리의 예언은 유용한 예언, 능력 있는 예언, 목마른 자에게 쓸모 있는 예언이 될 것이다.

주님으로부터 예언적 영감을 받는 일에 대한 성도들의 관심이 극적으로 증가함에 따라, 교회는 예언의 감동을 어떻게 이해해야 하는지를 성도들에게 가르쳐야 할 명백한 필요성과 직면하게 되었다. 예언의 정확성을 향상시키기 위한 세 가지 간단한 지침이 있다.

1. 사도적 관점

꿈과 환상과 영적 지혜의 말씀을 통해 얻은 영적인 정보는 더 큰 그림에 긍정적으로 적용될 때에만 유용하다. 교회가 받은 사명의 큰 그림은 능력으로 복음을 선포하여 하나님의 나라를 확장하는 것이다. 우리의 예언이 개인의 삶, 가족, 교회, 국가에서 행하시는 하나님의 주된 역사로부터 빗나가거나 그 큰 그림을 희석시켜서는 안 된다.

2. 주관적 권위

지피에스는 수동적이다. 과거의 예언 사역은 종교적 판단이 서려 있는 관료적 목소리가 주를 이루었다. 이러한 스타일의 예언은 교회를 세우지 못했다. 하지만 관료적인 권위주의 때문에 그 예언의 말씀이 수정되는 경우는 거의 없었다. 지금 예언의 영역에 새로운 기름부으심이 임하고 있으니 그것은 바로 섬김의 정신이다.-평가받는 일을 열린 마음으로 받아들이고 예언에 대해 책임을 지려는 열망이 그것이다. 이 새로운 예언 사역의 태도는 혼란과 불화를 최소한으로 유지시킨다. 그리고 이러한 태도 가운데 우리의 예언은 우리가 받은 전체 계시와 온전히 조화되는 방향으로 이뤄질 것이다.

3. 예수님의 스타일을 따르기

예수님의 예언은 자주 있는 일이 아니었고, 간략했으며 실질적이었다. 그리고 치유와 축사의 기적이 뒤따랐던 예언이었다. 이것이 지피에스와 소나의 차이점이랄 수 있다. 예언의 말씀을 전함에 있어서 중요한 것은 돌파를 위한 기름부음을 광속으로 풀어낼 수 있는가의 여부이다. 바른 예언은 승리(하나님께서 우리의 삶에 베푸신 계획)를 향해 나아가는 여정 중 우리의 현 위치가 어디인지를 정확하게 계산해준다. 또한 그 다음에 맞닥뜨리게 될 중요한 교차로가 어디인지 가르쳐주고, 목적지의 위치도 정확하게 알려준다.

매일 일어나는 사건들에 대해 또 주변 환경 안팎으로부터 끊임없이 방사되는 영적 음파들(spiritual pings)에 대해 우리가 취하는 태도는 보좌에서 내려주신 하나님의 큰 그림에 귀속되어야 한다. 우리가 전달하는 예언 속에 하나님의 뜻에 합한 맥락을 결정해주고 지피에스만큼의 정확성과 명료성을 가져다주는 것은 바로 이것, 즉 큰 그림에 순종하는 우리의 태도이다. 하나님의 위치 결정 시스템은 앞에 놓인 교차로 혹은 회전할 방향만을 알려주는 것은 아니다. 우리가 지나야 하는 전체 경로의 그림을 보여주기 때문에 우리는 여행 중 '언제' '무엇을' '어떻게' 행해야 할지 이해할 수 있다.

우리 아들 애런이 죽음의 문턱까지 갔을 때 아내는 나에게 아프리카로 떠날 것을 종용했다. 그때 나는 보니가 일반적인 지혜로 말하는 것이 아니라는 것을 알았다. 하나님의 지피에스가 알려주는 방향대로 순종하며 나아갔을 때, 성령님은 우리 안에 대적의 저항을 이길 수 있는 능력을 채워주셨다. 우리는 우리에게 닥친 문제를 극복했고 다른 사람들도 자신의 문제를 이길 수 있도록 다리를 놓는 역할을 해주었다.

그러즉 **서서** 진리로 너희 허리띠를 띠고 의의 흉배를 붙이고 평안의 복음의 예비한 것으로 신을 신고 모든 것 위에 믿음의 방패를 가지고 이로써 능히 악한 자의 모든 화전을 소멸하고 구원의 투구와 성령의 검 곧 하나님의 말씀을 가지라 모든 기도와 간구로 하되 무시로 성령 안에서 기도하고 이를 위하여 깨어 구하기를 항상 힘쓰며 여러 성도를 위하여 구하라(엡 6:14-18)

위의 말씀을 보건대 영적 무기의 효과적 사용 가능성 여부는 전쟁의 용사가 취하는 첫 번째 자세에 달려 있다. "서서"(Stand). '선다'는 것은 어려움에 굴복하기를 거절한다는 뜻이다. 혹은 퇴각하거나 적을 달래고 기쁘게 해주기를 거절한다는 뜻이다. 성경 원문에 '서서'로 번역된 헬라어 동사는 수동태가 아니라 능동태이다. 단기적인 상태 혹은 제멋대로의 자세가 아니다(헬라어 문법에서 수동태는 단기적인 행동 혹은 방자한 행위를 나타낸다.-역자 주). 원수의 저항에 대해 초대교회가 취한 첫 번째 태도는 하나님의 말씀을 담대하게 전파하기 위해 기도하는 것, 전파한 말씀의 진실성을 증명해주는 기적이 일어나기를 간구하는 것이었다(행 4:29-30 참조). 그들은 하늘로부터 신호를 받고 '일어섰다.' 그리고 능력으로 진리를 전파했다.

지금처럼 성령의 인도하심을 민감하게 감지할 파수꾼들이 필요한 때는 없다. 곧 영광의 빛이 내릴 것이니 준비하라! 성령님은 교회가 중보, 금식, 기도, 예배와 찬양을 일상생활화 하도록 훈련하고 계신다. 준비 작업이 많이 필요하다는 뜻일 수도 있다. 하지만 자신에게 부여된 임무를 수행하려면 변화가 있어야 한다는 뜻이기도 하다. 하나님께서 정하신 때에 그의 영광이 내릴 것이다. 그리고 우리는 우리가 준비한 모든 일에 대해 그 대가를 얻게 될 것이다.

새로이 부상한 범세계적 종교는 '세속적 인본주의'이다. 혼돈을 조장하고 '다문화 수용'이라는 기치 아래 정치적 공정성(PC)을 들먹이며 관용을 표방한다(P.C. 혹은 Politically Correctness: 특정 그룹의 사람들을 비하하거나 배척하지 않는 언어, 태도, 습관 등을 지칭한다. 이를테면 동성애자를 비난하는 말, 여성을 비하하는 발언, 유색인종을 배척하는 태도는 PC에 어긋난다. 하지만 너무 지나치게 PC를 의식한 나머지 상대성만 강조되고 절대 진리나 도덕 등의 가치가 위험에 처하는 경우가 발생되기도 한다.-역자 주). 결국 인본주의는 사람을 신의 위치에 올려놓는다. 영광의 주님만이 주실 수 있는 구원을 거절하면서 이 거짓된 종교는 인본주의적 도덕률의 왕좌를 거머쥐게 되었다. 무종교주의로부터 시작하여 사회정의주의, 환경주의론에 이르기까지 인본주의라는 거짓 종교는 예수 그리스도를 믿는 믿음 안에서만 발견될 수 있는 '공의'를 대체시킬 만한 무언가를 찾으려 하고 있다. 수많은 머리를 가지고 있는 이 세계 종교가 몰아가는 방향대로 따라간다면, 우리는 패배하게 되고 이러저러한 모양으로 종노릇하게 될 것이다.

여러 왕국들을 대항하여 성령의 왕국이 일어서고 있다. 우리는 더욱더 짙어지는 어둠의 시기에 맑은 빛을 발하도록 부름을 받았다. 하나님께서는 우리가 우리 앞에 있는 것들을 명확히 보길 원하신다. 또 현재 우리가 직면하고 있는 어려움을 효과적으로 극복할 만큼 준비되기를 원하신다. 하나님께서는 폭풍의 전사들을 일으키신다. 그들은 장차 하나님께서 행하실 일에 대한 초자연적 정보들을 수집하여 영적 전쟁을 선포할 것이다. 이들은 치열한 싸움에 임할 하나님의 용사들이다. 그렇게 할 때, 우리는 적의 궤계와 위치를 밝히 드러내며 고지대를 점령하고 있는 사악한 영적 세력을 축출해낼 수 있다.

하나님의 지피에스가 지시하는 대로 따를 때 우리는 우리 주위에 있는 사람들에게 통찰력과 방향 지침을 안겨주는 도구가 될 것이다. 들은 것을 어떻게 이해하는가는 앞으로 우리의 목적지를 결정해줄 것이다. 우리가 성령께 귀를 기울이고 전신 갑주를 입으면, 하나님께서는 갈보리의 역사를 통해 우리를 사용하실 수 있다. 우리는 모든 일을 이기는 폭풍의 전사로서 일어서게 될 것이다.

중보기도자들: 기도의 군대

교회 전체의 각 부분이 함께 협력해야 할 필요가 있다. 이것이 계속해서 공수물자를 얻는 방법, 부상자를 치료하는 방법, 신병(新兵)을 훈련하는 방법, 최전방에 전사들을 파병하는 방법이다. 우리가 싸움을 싸우는 전장(戰場)은 이 세상이다. 하나님께서는 이 세상에 하나님의 왕국을 온전히 이루시려고 자신의 군사들을 열방으로 파견하셨다.

전략적인 중보기도는 이 전쟁을 치르기 위한 필수 요소이다. 우리는 중보기도를 가리켜 '기도의 군사력' 이라고 명명한다! 군사들이 작전을 수행하기 시작할 때, 중보기도자들의 기도는 천국을 뒤흔들며 대적의 전략을 좌초시킨다.

나(보니)는 전도여행차 아프리카 지역을 순회할 때 자이르의 킨샤사 지역에서 보냈던 특별한 하룻밤을 잊지 못한다. 당시 사람들의 갈망과 요구는 어마어마했다. 매일 밤 복음을 들으려고 수많은 군중이 몰려들었다. 하지만 우리 팀원은 고작 남편과 나, 그리고 또 다른 미국인 한 명과 몇 명의 아프리카 목사님들이 전부였다. 마헤쉬가 말라리아에 걸렸을 때 우리 팀은 이미 능력의 한계에 달했다. 엄청난 증원군이 필요했다.

당시 미국에서 우리 전도팀을 위해 기도로 지원하는 헌신자들이 많았다. 그들은 매주 모여 예배를 드리며 우리의 전도여행을 위해 기도했다. 그때만큼이나 그들의 기도가 간절했던 적은 없었다. 하지만 우리는 저 먼 아프리카의 수풀에 있었고 우리의 상황을 바깥세상에 알릴 수 있는 전화기도, 통신 도구도 없었다. 나는 주님께서 기적을 일으키셔서 이 상황을 돌파해주시기를 기도했다.

기도한 후 지친 몸을 이끌고 침상까지 '기어' 갔다. 나는 곧 깊은 잠에 빠졌다. 한참 후, 어떤 목소리들이 들려 잠에서 깼다. 어둠 속에서 눈을 떴다. 그런데 내가 들었던 그 목소리는 우리 중보자들의 친근한 음성이었다. 난 깜짝 놀랐다. 마치 그들이 내 침실을 오가며 행진하며 기도하는 것만 같았기 때문이다! 성령님께서 기도의 군대를 깨우셨음에 틀림없었다!

성령 안에서는 그들과 나 사이를 갈라놓는 '간격'이 없다는 사실을 깨달았을 때, 감사와 위로와 확신이 내 영혼 속으로 흘러들어왔다. 그들은 영적 전투태세를 갖추고 우리가 직면한 문제에 대해 효과적인 대공사격으로 지원해주었다. 그들은 우리 팀의 승리를 위한 돌파구, 수천 명의 사람들을 하나님 나라로 들여보내는 사명의 완수를 위해 돌파구가 되어 주었다. 전도여행을 마치고 본국으로 돌아가서 그들이 하늘 아버지의 보좌 앞에 우리 팀의 필요를 아뢰며 기도했다는 이야기를 들었을 때 내 눈에는 눈물이 고였다. 이 싸움의 현장 속에 우리는 혼자가 아니었다.

하나님께서 우리에게 맡기신 사명의 완수를 위해 우리는 '기도의 군대'로부터 지원을 받아야만 했다. 이 군사요원들은 무장했고 언제든지 출전할 준비가 되어 있었다. 그들은 하나님께 기도하고 응답받았던 경험으로 중무장했다. 연합 기도 모임에 참가하면서 그들은 훈련되고 제자화되었다. '금식 훈련'이라는 무기를 추가로 장착하여 자신들의 중보 능력을 증가시켰다. 우리가 그들의 증원을 필요로 했을 때, 이미 그들은 '준비된 군사'로 서 있었다.

이 용사들의 기도는 우리에게 돌파구를 가져다주었다. 그들의 기도에 하나님이 응답하셨다. 마헤쉬는 회복되어 병상에서 일어났다. 충성스런 중보자들이 공중에서 전투를 개시하여 이 땅 위에 평안을 가져다주었을 때, 마헤쉬는 다시금 저녁집회마다 복음을 전파할 수 있었다.

큰 규모의 중보기도는 주님의 무기고에서 찾아볼 수 있는 가장 센 화력의 무기이다. 바로 연합 중보기도! 연합 중보기도회에 참석하는 모든 사람들은 영광의 빛 안에서 훈련을 받고 기도하는 가운데 화합을 이룬다. 연합 금식 및 기도 합주에 천국의 전술 정보가 더해지면 원자폭탄과 같은 위력을 발하게 된다. 강한 자를 결박하고, 대적을 마비시키며 민족과 나라를 해방시키는 무기가 된다.

우리 교회는 12년 넘도록 매주 금요일 밤마다 밤새도록 파수꾼의 기도회를 했다. 이 훈련은 간헐적으로 이뤄진 집중적 전쟁 훈련이었다. 동시에 예수님과 보내는 야간 데이트였다. 파수꾼의 기도회를 지속할 수 있었던 비결은 '함께하는 것'이었다! 수많은 밤 동안, 단지 기도하기 위해 교회에 모이는 것은 인내의 싸움이었다. 그러던 중, 하나님께서 우리에게 전략을 전해주시는 중요한 순간이 찾아왔다. 그 후 우리의 기도는 하나님을 예배하러 모인 사람들의 삶은 물론 이 세상에 영향을 끼치기 시작했다.

우리는 하나님의 왕국이 주목할 만한 성공을 거두었을 때 전략적인 임무를 담당했었다. 우리가 기도했을 때 우리나라 및 타국에 대한 테러범들의 계획이 들통난 적이 있었다. 영향력 있는 정치인들이 득세하거나 하야하는 일이 일어났다. 가족 중 믿지 않는 사람이 구원을 얻고 철야기도에 참석하는 일도 있었다. 이 훈련의 장소는 수많은 폭풍의 전사들로 구성된 기도의 군대를 양산해냈다. 이들은 무엇을 해야 하고 언제 해야 하고 어느 시기에 수행해야 할지를 아는, 준비된 용사들이다.

오늘날 우리가 직면하고 있는 전쟁 속에 관망자들은 없다. 중립자로서 품위를 지키거나 폭풍에서 발을 빼는 사람은 우리의 팀원이 아니다. 실제로 '나태함'은 대적의 공격만큼이나 치명적이다. 전쟁은 '저기 어딘가' 혹은 먼 외국에서 일어나지 않는다. 전쟁은 우리 가운데 있다. 우리가 말하고 행하는 일에 있어서 항상 천국을 향해 귀를 열고 우리의 시선을 하나님 나라의 영광에 고정하려 할 때, 첫번째 전장은 바로 우리의 마음이다.

승리의 브이(V)

나(마헤쉬)는 기러기 사냥을 좋아한다. 이 놀라운 동물의 습성을 연구하면서 나는 영적인 왕국들이 충돌하는 마지막 날의 전쟁에 관하여 중요한 교훈을 배우게 되었다. 기러기의 무리는 본능적으로 V자 대형을 이루며 비행한다. 기러기들이 대륙 간 이동을 위해 먼 거리를 비행할 수 있는 비결이 바로 그 대형에 있다.

과학자들은 기러기를 비롯하여 그 외의 많은 철새들이 왜 V자 대형을 이루며 이동하는지에 대해 여러 가지 학설을 제시해왔다. 일단의 과학자들이 이 점에 대해 적어도 한 가지 학설을 제시했다. 소형 비행기를 따라 비행하도록 훈련시킨 펠리컨들의 심장에 모니터를 장착시켜 실험한 결과 혼자 날 때보다 V 대형으로 날 때에 심장 박동수가 적었다. 즉

V 대형으로 날 때 효과적인 비행이 가능하다는 결론이 났다. 혼자 날 때보다 무리를 지어 날 때, 새들은 더 적은 에너지를 소비하게 된다. V 대형을 이룰 때 훨씬 더 잘 활공할 수 있고 공기 저항도 덜 받게 된다.

그리고 V 대형을 이루어 비행할 때 지표면을 향한 시야가 방해받지 않을 수 있고 게다가 서로서로 의사소통도 할 수가 있다. 전투기 조종사들도 이와 동일한 이유로 V 대형을 이루어 비행한다.

V 대형의 선두에서 비행하는 기러기가 항상 그 무리의 우두머리인 것은 아니다. 기러기는 순서를 바꿔가며 선두를 지킨다. 만일 선두 자리에 있던 새가 지치면 뒤로 이동하고 다른 새가 선두에 올라선다. V 대형으로 날면 그렇지 않을 때보다 70퍼센트나 더 멀리 비행할 수 있다! 우리는 그것을 가리켜 '팀워크'(teamwork)라고 부른다.

이것은 성령의 능력 안에서 우리 모두가 함께 움직여야 한다는 것을 잘 묘사하는 그림이라 할 수 있다. 하나님께서 우리 모두를 영적 가정으로 묶으시도록 허락해 드릴 때, 우리는 혼자서 싸울 때보다 더 효율적인 정복자가 될 수 있다. 여러 사람들이 한 팀을 이룰 때, V 대형이 철새들에게 이익을 주는 것처럼 팀의 각 성도들의 믿음은 팀 전체에 이익을 주게 된다.

한 무리의 전쟁 포로들에 관한 흥미로운 이야기가 있다. 그 이야기는 팀워크의 힘이 무엇인지를 잘 보여준다. 이들은 인내와 오래 참음을 통해 속박을 이겨냈다.

제2차 세계대전 중, 76명의 연합군 병사들이 경비가 삼엄한 나치 포로수용소를 탈출한 일이 있었다. 이들이 탈출을 위해 팠던 땅굴은 나중에 발견되었다. 이 사건을 가리켜 '대탈주'(Great Escape)라고 부른다. 6백 명 정도의 포로가 교대로 작업을 하여 탈출 계획을 완수하기까지 1

년 이상의 시간이 걸렸다. 그들은 합심하여 땅굴을 팠다. 한 번에 한 티스푼만큼의 흙을 파내고, 파낸 흙은 죄수복 주머니에 넣어 수용소 마당에 버리기를 1년 이상 반복했던 것이다. 그들은 땅굴 안에 조명시설을 갖추었고 갱도에서 흙을 파내는 동료를 위해 환기구를 만들기도 했다.

심지어 '탈출복'을 따로 제작해서 수용소를 탈출할 때를 대비하기도 했다. 죄수복을 입은 채로 탈출할 경우 사람들이 알아볼 것이기 때문이었다. 필기 능력, 언어 능력, 인쇄 작업에 재능이 있는 사람들은 가짜 신분증과 여행증을 제조하는 일에 투입되었다. 그들은 수용소 경비대의 눈에 '일상적'인 것처럼 보이려고 교대로 작업을 했다.

이 작업을 완수하는 데에는 4천 장의 합판, 1,699장의 담요, 52장의 긴 목재판, 1,219개의 칼, 3십 자루의 삽, 185미터 길이의 밧줄, 3백 미터 길이의 전선이 필요했다. 이 모든 것을 조심스레 훔쳐야 했고, 수용소 경비와 군 간부들을 속여야만 했다. 건강 등 개인적인 상태가 심각할 정도로 좋지 못했지만, 수개월간 이들은 충성, 헌신, 비밀 엄수, 규율을 유지해야 했다. 대탈주는 불가능한 일을 이루기 위해 사람들이 얼마나 협력할 수 있는지를 보여주는 감동적인 실화이다.

하나님께서는 마지막 때 자신의 군대를 V 대형으로 소집하신다. 모든 사람의 믿음과 협동심이 절대적으로 필요하다. 하나님께서 우리 세대에게 맡기신 사명을 완수하려면 서로의 은사와 재능을 한데 모아야 한다. "만일 당신이 내 일을 도와주면 나도 당신이 하고 있는 프로그램을 지원해줄게." 이렇게 말하는 것으로는 충분하지 않다. 전쟁포로들이 자신의 목표를 한데 모으고 모든 동료의 탈출을 위한 계획에 헌신했던 것처럼, 우리 역시 성령님께서 우리를 연합하시고 우리를 봉사의 자리에 세우실 수 있도록 그분의 주권을 인정해 드려야 한다. 그러면 봉사의 자리에 선 모든 사람들을 위한 신선한 기름부음이 내릴 것이다. 그들의 삶 가운데 성령의 강력한 은사, 새로운 은사가 나타날 것이다. 개인주의는 승리에 조금도 공헌하지 못한다.

성령님은 현재 에베소서 4장 11절에 나오는 5중 사역 직분을 교회 안에 회복하고 계신다(사도, 선지자, 복음전도자, 목사, 교사). 이 직임들은 사역을 위해 성도들을 준비시키시는 주님에 의해 임명된다. 사도 바울이 이들 직분자들을 설명하면서 사용했던 헬라어 동사의 의미는 '질서대로 배열하다'이다. 이것은 외과 의사가 부러진 뼈들을 제 위치에 배열하는 모습을 나타낸다. 우리가 성령의 지휘하에 협동한다면, 예수님은 계급과 질서를 회복하실 것이며 교회를 통해 그리스도의 능력과 권세를 세상에 펼쳐 보여주실 것이다. 지금은 "모든 무거운 것과 얽매이기 쉬운 죄를 벗어 버리고 인내로써 우리 앞에 당한 경주를 경주할" 때이다(히 12:1). 하나님은 우리를 더 높은 곳으로 부르신다. 연합하는 가운데 우리는 더 높은 부르심에 해당하는 상을 거머쥐게 된다. 그 부르심은 "세상을 정복하라!"이다.

계속 공격하라

성경은 우리의 대적 마귀가 '우는 사자' 같이 으르렁대며 삼킬 자를 찾는다고 가르친다. 그러므로 천국을 향한 우리의 목표는 선명해야 한다. 우리는 이 목표를 두고 타협해선 안 된다. 우리 각 사람은 모든 어려움 속에서도 인내할 수 있는 기질을 개발해야 한다. 이 과정은 매일 이뤄지는 개인의 훈련 차원에서 시작된다. 그리고 교회 전체의 연합된 훈련으로까지 이어진다. 우리는 개인적 승리의 비전을 넘어서서 서로서로가 책임을 지는 연합의 비전에까지 이르러야만 한다. 결코 포기해선 안 된다. 이 비전을 다른 비전 아래에 두어서도 안 된다. 우리는 이 사명을 완수해야 한다. 이를 위해 필요한 것은 훈련된 용사, 하나님께 충성하는 용사, 헌신할 준비가 되어 있고 악의 면전에서 두려움 없이 전진하는 용사들이다.

> 그러므로 너희 담대함을 버리지 말라 이것이 큰 상을 얻느니라 너희에게 인내가 필요함은 너희가 하나님의 뜻을 행한 후에 약속을 받기 위함이라 잠시 잠깐 후면 오실 이가 오시리니 지체하지 아니하시리라 오직 나의 의인은 믿음으로 말미암아 살리라 또한 뒤로 물러가면 내 마음이 저를 기뻐하지 아니하리라 하셨느니라 우리는 뒤로 물러가 침륜에 빠질 자가 아니요 오직 영혼을 구원함에 이르는 믿음을 가진 자니라 믿음은 바라는 것들의 실상이요 보지 못하는 것들의 증거니(히 10:35-39)

우리 앞에 커다란 문제들이 놓여 있다. 그리스도의 재림까지 째깍째깍 흘러가는 예언 시계의 시간표 중, 우리는 돌이킬 수 없는 지점을 지나왔다. 이 전쟁에서 확실히 승리할 수 있는 방법은 간단하다. 절대 포기하지 마라.

우리의 챔피언이신 예수님께서는 아버지 하나님의 뜻대로 자신의 입장을 견고히 하여 승리를 쟁취하셨다. 일단 그가 자신의 입장을 확정했을 때, 그 어떤 누구도 그의 결단을 꺾을 수 없었다. 마귀도, 친구도(믿을 만한 친구든 믿지 못할 친구든), 유혹도, 고통도, 심지어 죽음까지도 예수의 굳은 의지를 꺾지 못했다. 그의 궁극적인 무기는 단순한 '인내'였다. 예수님은 요한의 입을 빌어 성도들에게 말씀하셨다. "네가 가진 것을 굳게 잡아 아무나 네 면류관을 빼앗지 못하게 하라"(계 3:11). 이러한 주님의 격려는 오늘날을 살아가는 우리에게도 동일하다.

이미 우리는 세 가지 유익을 갖고 있다. 우리에게는 승리를 보장하는 세 가지 강력한 무기가 있다.

(1) 어린양의 보혈: 주님의 보혈이 우리를 씻고 정죄와 죽음으로부터 자유케 한다.
(2) 어린양을 향한 우리 개개인의 믿음의 간증: 이것은 철학의 지혜나 거짓 종교의 목소리보다 훨씬 더 강력하다.
(3) 죽음의 한계: 우리는 죽임당한 어린양이 살아나시고 지금부터 영원토록 살아 계심을 알기 때문에 죽음이 우리를 붙잡지 못한다는 사실을 확신한다.

이러한 진리가 우리를 목적지까지 인도할 것이다. 우리의 목적지는 영생하는 것과 하나님 앞에서 상 받는 것이다. 이것이 승리이다.

9 | Authority over the Demonic Storm
사탄의 폭풍을 이기는 권세

그러나 내가 하나님의 성령을 힘입어 귀신을 쫓아내는 것이면
하나님의 나라가 이미 너희에게 임하였느니라(마 12:28)

내(마헤쉬)가 텍사스 러벅(Lubbok)에서 대학원 시절을 보낼 때였다. 어느 한 주말 동안 달라스에 머물러 있으라는 하나님의 음성을 들었다. 당시 하나님이 어떤 계획을 가지고 계셨는지는 알지 못했다. 다만 그곳에서 한 컨퍼런스가 개최된다는 사실만을 알았을 뿐이었다. 나는 달라스에 살고 있는 친구에게 며칠 묵게 해달라고 부탁을 한 뒤 차를 타고 달라스로 달려갔다.

3일 동안 그 컨퍼런스에 성실하게 참석했다. 왜냐하면 내가 생각하기에 하나님께서 나를 달라스로 보내신 유일한 이유가 그 컨퍼런스였기 때문이다. 아무리 생각해봐도 별다른 이유가 없었던 것이었다. 하지만

컨퍼런스 기간 동안 놀라운 일은 일어나지 않았다. 대신 내 친구의 삶이 엉망진창이라는 것을 깨닫게 되었다. 그의 아내는 내가 도착하기 전에 집을 버리고 떠났다. 친구는 남겨진 어린 두 아이들을 보살피고 있었다. '어쩌면 하나님께서 이 친구에게 복음을 전하라고 부르신 것은 아닐까?' 하는 생각이 들었지만 내가 복음을 전하려고 할 때마다 주님께서 만류하시는 것이었다. 그러니 '과연 내가 주님의 음성을 제대로 들은 걸까?' 하고 의심하기에 이르렀던 것은 당연한 일이었는지도 모른다. 대학원 과정을 공부하던 터라 나는 재정도 넉넉지 않았고 또 공부하는 데 쓸 시간 외에는 따로 사용할 수 있는 시간도 많지 않았다. 표면적으로 볼 때, 훌륭한 주말을 완전히 허비한 것과 다름없었다.

그곳에서 보낸 마지막 날 저녁이었다. 낮 동안 아이들을 보살펴주셨던 이웃 아주머니께서 친구와 나를 저녁 식사에 초대하셨다. 그곳으로 가는 길에 나는 주님께 한 번 더 여쭈었다. "이 친구에게 복음을 전할까요?" 하지만 여전히 주님의 대답은 "No!"였다. 차를 타고 가면서 나는 '왜 내가 이 먼 곳 달라스까지 와야 했는가?' 하며 의아해 했다. 이런 생각을 하는 동안 우리는 그 아주머니 댁의 집 앞 도로까지 진입했다. 그때였다. 공포영화에서나 보았을 법한 광경이 눈앞에 펼쳐졌다.

그 아주머니는 집 앞뜰에 서 있었고 품에는 내 친구의 딸아이가 피에 흠뻑 젖은 채 안겨 있었다. 그녀는 뒤뜰 쪽을 가리키면서 섬뜩한 비명을 질렀다. "그놈이 내 남편을 죽이고 있어! 그놈이 내 남편을 죽이고 있다구!" 자신의 딸의 모습을 본 순간 내 친구는 공포에 질린 채 차에서 내려 아주머니에게 달려갔다. 친구와 아주머니를 앞마당에 세워둔 채, 나는 그녀의 남편을 찾으러 뒤뜰로 달려갔다.

아드레날린이 심하게 분비되었는지 내 심장은 마구 뛰었다. 집 모퉁이를 돌자, 커다란 개 한 마리가 눈에 들어왔다. '세상에, 그렇게 클 수 있나' 싶을 정도로 큰 개였다. 어쩌면 살아오면서 여태껏 보았던 중 가장 큰 독일 셰퍼드견이었을지도 모른다. 그 개는 아주머니의 남편을 물어뜯고 있었다. 피가 여기저기 낭자했다. 나중에 알게 된 사실인데 처음에 그 개는 아이를 공격했다. 그런데 아주머니의 남편이 아이를 살리려고 하자 곧 이 남자에게 달려든 것이다. 그 개의 맹렬한 공격에 중요한 혈관들이 파손되었다. 사태는 심각했다. 내가 뒤뜰에 도착했을 때 이미 이 남자는 바닥에 고꾸라진 채로 있었다.

순간 성령께서 내게 말씀하셨다. "이 일 때문에 내가 너를 이곳으로 부른 것이다." 주님께서 말씀하실 때, 그 미친개는 나를 노려보고 있었다.

'퍽도 감사하군요, 주님!' 하고 생각했다. 하지만 불평할 시간이 없었다. 얼른 주변을 살피고 내 자신을 보호할 만한 것을 찾아야만 했다. 손에 닿는 것을 되는대로 집어 들었다. 플라스틱 앉은뱅이 의자와 빗자루…. 나는 잔뜩 긴장한 상태로 그 우스꽝스런 무기들로 셰퍼드를 견제하면서 한 발 한 발 내디뎠다. 그 개는 뾰족한 송곳니를 드러내면서 악에 받쳐 으르렁 거렸다. 언제든 내게 달려들 기세였다. 그때 주님의 음성이 들렸다. "묶어라!"

당시 나는 성령님에 대해 배우기 시작하는 단계였기 때문에 그 말씀이 무엇을 의미하는지 알지 못했다. "묶으라고요? 밧줄이 없는데 어떻게…." 순간 그 개가 내게 달려들었다. 그러자 주님께서 말씀하신 뜻이 무엇인지 즉시 이해되는 것이었다. "예수의 이름으로 내가 너를 묶노라!" 나는 큰 소리로 외쳤다. 그러자 그 개는 보이지 않는 벽에 부딪친 것처럼 바닥에 내동댕이쳐졌다. 그리고 몸을 움츠리고 깨갱거리며 엎드린 채로 얌전히 있었다. 나는 그 남자에게로 다가갔다.

우리는 곧 앰뷸런스를 불렀다. 하지만 그 남자는 과도한 출혈로 인해 호흡이 정지된 상태였다. 구급요원이 도착하기 전에 이미 사망한 것이다. 나는 그 남자 곁에 앉아서 생각했다. '주님, 이 남자가 죽는 걸 보여주시려고 저더러 이곳까지 오게 하신 건가요? 이건 아니잖아요?' 나는 그 남자의 가슴에 손을 얹고 말했다. "예수의 이름으로 호흡은 돌아올지어다!" 내 친구와 함께 나는 그곳에 앉은 채 몇 분 동안 기도했다. 갑자기 그 남자가 큰 한 숨을 내쉬었다. 그리고 다시 살아났다.

구급요원들은 그 남자를 앰뷸런스에 실었다. 나와 친구도 앰뷸런스에 올라 병원까지 동행했다. 앰뷸런스 안에서 이 두 남자(내 친구와 개에게 공격을 당한 남자)는 의심에 찬 눈으로 나를 바라보고 있었다. 침대에 누워 있는 남자는 죽었다가 다시 살아났고, 그를 지켜보고 있는 다른 한 남자는 부활의 현장을 목격했으니 말이다! 결론부터 말하자면 그날, 두 남자의 가정 모두가 구원받았다.

"이제 이들을 내게로 인도하려무나." 하나님께서 말씀하셨다. 마귀의 폭풍 한가운데서 하나님의 권세를 보았기 때문에 그들에겐 예수님을 영접하는 일이 참으로 쉬웠다.

그날 나는 우리가 가진 예수 이름의 권세가 마귀의 모든 능력을 압도하는 절대적 권위를 지니고 있음을 처음으로 경험했다. 내게는 결코 잊지 못할 교훈이었다. 또한 이 사건은 우리의 영혼을 대적하는 원수의 압제와 파괴력 앞에서 우리가 당당하게 설 수 있도록 용기를 북돋아주는 사건(사실)이었다.

구원의 기반

우리들 대다수가 마귀의 폭풍을 직면하고 있지만, 우리는 이 폭풍을 이길 수 있는 권세를 부여받았다. 하지만 예수 이름 안에 있는 이 권세를 이해하지 못하면 우리는 자신은 물론, 다른 사람들조차 무력하게 만들 것이다. 원수의 무시무시한 송곳니를 보면서 꼼짝달싹 못하는 느낌을 받을 수도 있다.

예수님께서는 원수의 견고한 진을 파괴하고 갇힌 자를 자유케 하는 사역을 우리에게 부여하셨다. "하늘과 땅의 모든 권세를 내게 주셨으니 그러므로 너희는 가서 모든 족속으로 제자를 삼아"(마 28:18-19).

하나님께서는 수많은 사람들의 구원과 자유를 위하여 우리 각 사람을 '하나님 영광의 운반자'로 부르셨다. 위의 이야기에 나오는 남자에게 마귀의 공격은 참으로 파괴적이었다. 물론 마귀의 영향력이 이처럼 항상 극적인 것은 아니지만 사탄은 가능한 많은 사람에게 매일매일 치명적인 공격을 가하려고 노력한다. 견고한 진, 저주, 어둠의 압제는 사탄이 사용하는 무기이다. 하지만 예수님은 사탄보다 훨씬 크고 강하시다! 앞서 언급했듯이 성경은 말하길 "우리 안에 계신 이가 세상에 있는 자보다 더 크시니…"라고 한다. 하나님은 우리에게 기름부으심과 권세를 주셨다. 그러므로 우리는 성령의 기름부으심과 권세를 사용하여 개인과 도시, 민족과 국가를 압제하는 마귀들을 무장해제 시킬 수 있다. 하나님의 나라를 확장시키고 어둠의 왕국을 소멸시킬 수 있다.

사실, 마귀가 쫓겨나는 것은 하나님의 왕국이 임했다는 증거이다. 예수님 이전에 이러한 종류의 권세를 나타낸 사람은 아무도 없었다. 모세, 엘리야, 그리고 모든 선지자들이 기적과 이사를 행하긴 하였지만 이들이 마귀를 쫓아냈다는 기록은 전혀 없다. 예수님이 귀신 쫓는 사역을 하실 때 종교 지도자들은 이를 보면서 의아해했다. "뭐지? 이 새로운 교훈은 무엇이지? 이 사람은 권세를 가지고 더러운 영들에게 명령을 하는군. 그리고 귀신들이 복종하다니 말이야…."(막 1:27 참조) 축사사역은 그리스도께서 이전의 모든 사람들보다 더 크신 분임을 증명해주는 일이다. 하나님의 나라는 말에 있지 않다. 그의 나라는 능력에 있다. 그 능력이 나타나는 한 가지 형태가 바로 귀신이 쫓겨나는 것이다.

예수님께서는 복음 전파와 축사사역을 분리하신 적이 없으시다. 우리는 성경을 통해 예수님께서 "온 갈릴리에 다니시며 여러 회당에서 전도하시고 또 귀신들을 내어 쫓으신" 사실을 알 수 있다(막 1:39). 또한 그가 제자들을 파송하실 때 "열두 제자를 부르사 둘씩 둘씩 보내시며 더러운 귀신을 제어하는 권세를 주신" 사실을 성경에서 읽을 수 있다(막 6:7). 예수님께서는 복음의 메시지를 전파하셨다. 그리고 그 메시지의 핵심인 축사사역을 행하셨다. 예수님이 말씀하셨다. "너희는 온 천하에 다니며 만민에게 복음을 전파하라 믿는 자들에게는 이런 표적이 따르리니 곧 저희가 내 이름으로 귀신을 쫓아내며"(막 16:15, 17 참조).

그런데 여기 주목할 만한 사실이 있다. 예수님께서는 아주 사악한 사람들에게서뿐만 아니라 성경말씀대로 순종하는 평범한 사람들로부터도 귀신을 쫓아내 주셨다. 이는 데릭 프린스가 입버릇처럼 말한 것과 같다. "축사사역을 받으려고 꼭 변태성욕자, 중범죄자 혹은 미치광이가 될 필요는 없다." (중범죄자 변태 미치광이에게만 마귀의 압제가 있는 것은 아니라는 뜻. 평범한 사람들에게도 축사사역이 필요함을 강조한 말-역자 주)

예를 들어, 마태복음 8장 16절을 보라. 율법을 성실하게 따르던 유대인들이 예수님을 만나고는 싶은데 안식일을 범하지 않으려고 해질녘까지 기다렸다가 예수님께 나아가는 장면이 나온다. "저물매 사람들이 귀신 들린 자를 많이 데리고 예수께 오거늘 예수께서 말씀으로 귀신들을 쫓아내시고 병든 자를 다 고치시니"(마 8:16). 율법대로 살던 사람들에게도 축사사역이 필요한 것이다.

부활하신 후 예수님께서는 모든 믿는 성도들에게 복음을 전할 것을 명령하시며 이들에게는 다음과 같은 표적이 따를 것이라고 약속하셨다. 그중 첫 번째 표적은 '저희가 내 이름으로 귀신을 쫓아내며…' 이다. 귀신을 쫓는 것은 지금도 모든 믿는 성도들의 첫 번째 임무이다. 예수님은 하늘의 아버지께서 맡겨주신 일을 행하시며 이곳저곳을 다니시며 우리에게 말씀하셨다. "너희는 내가 했던 일을 그대로 할 것이요, 나보다 더 큰 일도 하리라." 모든 크리스천에게는 귀신을 쫓는 권세와 마귀의 일을 묶을 권세가 주어졌다.

마귀의 본질

사탄은 타락한 천사장이다. 마귀들은 사탄의 명령에 따르는 '졸개영'들로서 인류를 압제하고 괴롭히고 대적하는 일을 명 받았다. 성경에 기록된 헬라어로 마귀는 '다이아몬'(diamon) 혹은 '다이아모니온'(diamo-nion)인데 성경이 기록되었을 시대 이방종교권에서 이 단어는 '신적 존재' 혹은 '반쯤 신성한 영들'(semi-divine spirits)을 지칭하는 말로 사용되었다. 당시 그리스-로마 문화권에서 이교 및 사교(邪敎)를 믿는 사람들이 행했던 제의(祭儀)의 대부분은 사람들의 복지 증진과 목표 성취를 위해 잡신이나 반쯤 신성한 영들을 충동시키고 만족시키는 행위들이었다. 성경은 이러한 영들, 곧 마귀를 가리켜 악한 영, 더러운 영이라고 말한다.

성경에는 마귀의 괴롭힘을 지칭하는 헬라어가 두 가지로 기록되었는데, 그중 하나는 '마귀를 갖다'(to have a demon)는 뜻의 동사이다. 마태복음 11장 18절에 사용된 표현이 그렇다. "요한이 와서 먹지도 않고 마시지도 아니하매 저희가 말하기를 귀신이 들렸다(그가 귀신을 가졌다) 하더니."

또 다른 하나는 '마귀의 영향력 아래 있다'(to be under the influence of a demon)는 뜻의 동사이다. 거라사 지방에서 마귀의 군대('군대마귀'가 아니라 '마귀의 군대'임)로부터 자유케 된 남자의 이야기에 이 단어가 사용되었다(막 5:1-20 참조).

몸을 가지고 있고 공중에 거하는 타락한 천사들과는 달리, 마귀는 이 땅에 귀속된 영들로서 그들에게는 몸이 없다. 몸이 없기 때문에 마귀들은 숙주격인 인간 혹은 동물을 통해 자신들의 사악함을 드러내고자 몸(살, 육체) 속으로 들어가기를 그토록 갈망하는 것이다.

> 더러운 귀신이 사람에게서 나갔을 때에 물 없는 곳으로 다니며 쉬기를 구하되 얻지 못하고 이에 가로되 내가 나온 내 집으로 돌아가리라 하고 와 보니 그 집이 비고 소제되고 수리되었거늘 이에 가서 저보다 더 악한 귀신 일곱을 데리고 들어가서 거하니(마 12:43-45)

마귀는 인격(personality)을 가지고 있다. 그들은 의지, 감정을 표현한다. 지식을 소유하고 자각할 줄 알며 말하는 능력을 가지고 있다. 그들이 사탄에게서 부여받은 최고 임무는 구원으로부터 우리를 격리시키는 것이다. 이 첫째 임무를 실패하면, 그들은 곧 두 번째 임무를 수행하려고 하는데 그것은 성도들이 효과적으로 주님을 섬기지 못하도록, 또 하나님의 나라를 확장시키지 못하도록 방해하는 것이다. 그것도 실패하면 세 번째 임무를 부여받는데 그것은 어디로 파견되든지 그곳에 있는 사람들을 압제하고 괴롭히는 것이다.

전형적으로 마귀는 동일한 전략만을 계속해서 반복한다. 그들은 묶고, 괴롭히고, 고통을 주고, 강요하고, 몰아세우고, 속박하고, 더럽히고, 속이고, 육체적으로 약하게 만들고, 질병을 조장해낸다. 마귀들은 우리의 감정, 태도, 관계, 생각, 말, 성욕, 중독, 질병을 통해 우리의 삶 가운데로 들어와서 우리를 지배하려고 노력한다. 마귀의 압제와 육체의 질병은 종종 함께 작용하여 사람들 안에 견고한 진을 구성해놓는데, 우리가 효과적으로 주님을 섬기지 못하게 하고 하나님의 나라를 확장시키지 못하게 방해하려는 목적에서이다. 예수님의 사역 중 종종 축사사역이 치유사역에 동반되었던 이유가 바로 여기에 있다.

마귀의 활동의 일차적 증거는 우리 마음속 평안이 공격받는 것이다. 초조함, 불안함은 마귀의 공격이 있다는 표식이다. 만일 어떤 사람이 충동과 초조함과 답답함과 압박과 혼란을 느낀다면 그에게 마귀가 활동하고 있음을 알 수 있다. 이것의 극적인 예가 바로 강박장애(obsessive-compulsive disorder)이다.

만일 마귀가 외부에서 활동하면 우리는 그를 대적할 수 있다. 만일 마귀가 내적으로 활동하면 그를 쫓아내야 한다. 만일 당신이 성령의 기름부음이 있는 장소나 분위기 아래로 들어간다면, 숨어 있던 마귀가 표면으로 드러난다는 사실을 알게 될 것이다. 예수님께서 갈릴리 지방을 다니시며 말씀을 전하실 때, 그를 만난 마귀들은 요동쳤고 소리 지르며 숨어 있던 곳에서 나와 자신의 정체를 드러내야 했다.

열왕기하 6장 5-7절은 엘리사가 연못에 나뭇가지를 던졌을 때, 물에 빠졌던 도끼날이 수면 위로 떠올랐던 기적의 기록이다. 엘리사 안에 머물렀던 기름부음이 물속에 숨겨진 도끼날을 수면 위로 끌어올려 회복시킨 사건이다. 마찬가지로 기름부음은 마귀의 행동을 겉으로 끌어내어 축사사역이 이뤄질 환경을 만들어준다. 기름부음이 역사할 때, 마귀의 견고한 진은 정박된 자리에서 흔들리고 부서지기 시작하여 그 정체를 드러낼 것이다. 성령의 기름부음은 멍에를 부서뜨린다.

좋은 소식: 축사가 당신 것이 될 수 있다

인간이 타락하게 된 두 가지 주된 이유가 있다. 바로 '육체'와 '마귀'이다. 육체는 우리 조상으로부터 물려받은 타락하고 오래된 죄성을 말한다. 여기에 우리 자신이 짓는 죄 된 행동과 태도가 죄성의 농도를 더욱 짙게 만든다. 죄와 우리의 타락한 본성인 육체로 말미암아 신음하는 것은 모든 사람이 겪어야 하는 문제이다. 반면에 모든 사람이 마귀의 영향을 받는 것은 아니다.

물론 육체로 인한 문제나 마귀로 인한 문제, 이 둘의 증상이 비슷해 보일지 모르지만 각각의 문제에 대한 처방전은 다르다. 육체에 대한 처방은 십자가이다. 마귀에 대한 처방은 축사사역이다. 당신은 육체를 쫓아낼 수 없다. 또한 마귀를 십자가에 못 박을 수 없다! 우리는 마귀를 쫓고 육체를 십자가에 못 박아야 한다. 예수 이름의 권세로 마귀를 쫓아낸 뒤 소제된 집을 깨끗하게 유지하고 그 안에 성령께서 충만하게 거하실 수 있도록 육신의 정욕과 욕망을 날마다 십자가의 죽음으로 내몰아야 한다. 그래야만 참 자유를 누리며 살아갈 수 있다.

만일 어떤 특정한 죄에 대한 고백과 회개가 반복된다면, 아무리 강하게 그 죄를 거부하고 그 죄와 싸우더라도 매번 동일한 패턴에 빠져 그 죄를 짓고 만다면, 이것은 당신으로 하여금 온전한 승리를 맛보지 못하도록 마귀가 뒤에서 잡아당기고 있다는 증거일 수 있다. 마귀의 영향력에 대한 또 다른 증거가 있다. 만일 당신 스스로가 금식하고, 기도하고, 사역하고, 말씀을 읽는다 하더라도 육체와 감정, 영적인 상태가 억압당하는 상태로 머물러 있다면 마귀의 영향력을 고려해봐야 할 것이다. 아무리 노력해도 이러한 억압을 쉽게 극복하지 못한다면, 해답은 간단하다. 축사사역!

예수님은 한 마디 말씀으로 마귀를 쫓아내셨다. 성령님은 마귀를 축출시키고 우리의 마음과 가정 속에 그리스도 왕국의 평강을 세워주신다. 그러므로 주의 영이 계신 곳에 자유가 있다.

우리는 7단계의 간단한 과정으로 축사사역을 얻을 수 있다.

1. 겸손하라

겸손은 성령께서 우리 안에 축사사역을 하실 수 있도록 문을 열어드리는 환영행사와 같다. 성령의 능력과 개입하심이 필요함을 인식하는가? 그렇다면 마음을 열어 성령께서 일하실 수 있도록 허락해 드려야 한다. 겸손하게 성령님을 환영한다면 그의 사역이 우리의 교만이나 두려움으로 인해 방해받지 않을 것이다.

2. 온전히 정직하라

우리의 타락한 영역, 즉 하나님의 구원하시는 능력이 간절한 영역, 하나님의 능력이 있어야만 자유를 얻을 수 있는 영역이 있다면 그것에 대해 스스로에게 그리고 주님께 솔직해야 한다. 죄를 감추고자 그동안 방패처럼 사용해왔던 모든 거치는 것을 제거해야 한다. 주님께서 우리 문제의 뿌리를 다루실 수 있도록 허락해 드려야 한다. 사실 그대로 고백하라!

3. 죄를 고백하라

요한일서 1장 9절은 "만일 우리가 우리 죄를 자백하면 저는 미쁘시고 의로우사 우리 죄를 사하시며 모든 불의에서 우리를 깨끗케 하실 것이요"라고 말씀한다. 마귀는 우리 안에 죄가 있음을 보고 우리 삶에 침투하는 것을 '합법'이라고 주장할 것이다. 그러나 주님께 죄를 고백하는 순간 그 합법적 침입 기반은 제거된다. 이제 마귀의 침입은 불법이 된다. 거대한 '견고한 진'의 제거를 갈망하는 사람이라면 주님께 죄를 고백하고 또 교회의 리더들에게도 고백하는 것이 도움이 된다는 사실을 깨닫게 될 것이다.

4. 회개하고 단절하라

회개는 마음의 변화이다. 우리는 과거의 죄 된 습관으로부터 등을 돌려야 한다는 사실에 동의한다. 여기에 더하여 신비사술과 거짓 종교에 관여했던 모든 죄악들, 이를테면 우상숭배, 점보는 것, 주술, 또 이와 비슷한 어둠의 제의(祭儀)들을 절연히 끊어내야만 한다. 이 모든 악한 행위와의 묶임을 파쇄하라.

5. 용서하라

"서서 기도할 때에 아무에게나 혐의가 있거든 용서하라 그리하여야 하늘에 계신 너희 아버지도 너희 허물을 사하여 주시리라"(막 11:25).

"만일 네가 용서하지 않으면 하늘에 계신 너희 아버지도 너희 허물을 사하지 않으시리라 하셨더라"(막 11:26, 어떤 사본에는 26절이 없음. 저자는 NASB 버전을 인용함-역자 주). 용서하지 않는 것은 스스로를 감옥 속에 처넣는 행위이다. 하지만 용서하면 감옥 문이 열린다. 우리는 석방된다.

6. 주님의 이름을 부르라

"누구든지 여호와의 이름을 부르는 자는 구원을 얻으리니 이는 나 여호와의 말대로 시온 산과 예루살렘에서 피할 자가 있을 것임이요 남은 자 중에 나 여호와의 부름을 받을 자가 있을 것임이니라"(욜 2:32). 우리는 예수의 이름으로 마귀를 내쫓는다. 어떤 악한 마귀도 예수의 이름을 저항할 수는 없다. 예수님의 주재권 앞에 겸손히 무릎을 꿇을 때, 우리는 예수 이름의 권세를 사용하여 모든 마귀의 압제를 물리칠 수 있다.

여기에 육체와 마귀의 차이점이 드러난다. 마귀는 예수의 이름을 저항하지 못한다. 하지만 육체는 저항한다. 만일 예수 이름의 권세를 사용했는데도 아무런 변화가 일어나지 않았다면, 그것은 문제의 원인이 마귀가 아니라 육체의 죄성임을 일러주는 강력한 증거일 것이다. 로마서 8장 13절은 이렇게 가르친다. "너희가 육신대로 살면 반드시 죽을 것이로되 영으로써 몸의 행실을 죽이면 살리니." 우리 육체에 대한 유일한 처방전은 매일의 회개와 훈련을 통해 육신을 십자가에 못 박는 것이다.

7. 마귀를 쫓아내라

"저희가 내 이름으로 귀신을 쫓아내며"(막 16:17). 예수의 이름으로 마귀를 쫓는 기도를 한 뒤, 우리는 간단하게 '나가라' 라고 명하면 된다. 때때로 마귀는 입을 통해 나가곤 하기 때문에 우리는 축사사역을 한 뒤 사람들에게 숨을 내쉬라고 말한다. 하품, 한숨, 코끝이 가려움, 몸의 온도가 올라감, 눈물, 구토 등, 축사사역 후 이러한 현상이 나타나기도 한다. 물론 이러한 현상이 꼭 나타나야만 하는 것은 아니다. 마귀는 종종 아무런 신체적 기식 없이 떠나기도 한다.

여기 축사사역 때 사용될 수 있는 기도문을 적는다.

주 예수 그리스도시여, 주님의 이름은 모든 이름 위에 뛰어나십니다. 제가 주님을 제 마음과 제 삶의 주인으로 선포하나이다. 아버지! 이 시간, 제가 저지른 ____ 죄를 고백하며 주님 품으로 나아갑니다. 주 예수님! 주께서는 제 모든 질병과 제 삶의 모든 어두운 영역을 십자가로 가져가셨습니다. 주님의 보혈 안에는 저를 자유케 할 능력이 있습니다. 저는 지금 그 보혈의 능력을 간구합니다. 예수님의 보혈로 제 삶의 모든 영역을 덮어주시길 간구합니다. 이 시간 저는 제게 죄 지은 사람들을 용서하며 그들을 풀어줍니다. 예수님의 이름으로 모든 분노, 용서치 않음, 쓴 뿌리들을 당신 앞에 내려놓습니다. 제 육체는 성령께서 거하시는 성소이니 제가 주님을 초청합니다. 성령님, 제 안에

충만히 거하시되 제 몸과 혼과 영을 당신의 거룩함으로 채워주옵소서. 하늘에 계신 아버지여, 이전에 제가 접했던 모든 형태의 주술, 점, 무당 굿, 거짓 종교, 신비사술을 끊습니다. 이 모든 육체의 죄악들과 단절합니다.

이 시간 내가 예수의 이름으로, 예수의 보혈로 명하노라. 지금까지 나를 괴롭히고 짓누르고 속박했던 마귀의 압제와 모든 악한 영들에게 명하노니 너희들은 떠날지어다. 아버지 하나님, 성령의 능력으로 제 안을 깨끗이 씻어주옵소서. 예수 그리스도의 이름으로 기도합니다. 아멘

축사사역의 열매는 기쁨이다! 사람들 앞에서 기쁨을 노래한다. 감사와 간증이 넘쳐난다! 이 모든 반응은 성경에도 기록되어 있다. 만일 당신이 축사를 경험했다면 주님께 감사하기 시작하라. 예수의 이름을 찬양하고 그가 권세 있는 왕이심을, 그가 모든 어둠의 능력을 이기셨음을 목소리 높여 노래하라. 예수께서 당신을 자유케 하셨음을 찬송하라!

축사된 상태를 유지하는 일곱 가지 방법

마귀로부터 자유케 되는 것은 예수 이름의 권세와 능력으로 완성되고 완결된다. 하지만 광야에서 예수님이 당하신 시험을 관찰해보라. 혹은 예수님께서 더러운 영들에 대해 설명하신 부분(마 12:44)을 살펴보라. 그러면 사탄과 그의 졸개들이 축사된 사람 속에 또 다시 들어갈 기회를 호시탐탐 엿본다는 사실을 알 수 있다. 마귀의 압제를 막기 위해 방어선을 구축하고 마귀가 다시 들어오지 못하도록 빗장을 걸어두는 일곱 가지

방법을 아래에 적어둔다.

1. 예수의 주권에 복종하라

삶의 어떤 영역에서든지 예수님의 주권에 노골적으로 반항한다면 그것은 마귀를 우리의 삶 속으로 초청하는 것과 다름없다. 마귀로부터 축사된 상태를 유지하려면 날마다 회개하고 하나님의 말씀 및 그의 권위에 복종해야 한다.

2. 계속해서 성령 충만을 입으라

누가복음 11장 13절은 말씀한다. "너희가 악할지라도 좋은 것을 자식에게 줄 줄 알거든 하물며 너희 천부께서 구하는 자에게 성령을 주시지 않겠느냐?" 성령은, '모든 믿는 자에게 주겠노라' 라며 하나님께서 약속하신 선물이다. 일단 우리의 '집' (몸)에서 마귀가 쫓겨났다면 성령과의 지속되는 교제를 통해 사랑의 관계를 발전시키라. 방언으로 기도하고 신령한 노래를 부르면 우리의 속사람은 성령으로 충만케 된다. 마귀가 되돌아올 틈이 없어진다.

3. 하나님의 말씀대로 살라

"그것(내 말)은 얻는 자에게 생명이 되며 그 온 육체의 건강이 됨이니라"(잠 4:22). 광야에서 시험당하셨을 때 예수님은 하나님의 말씀으로 사탄의 모든 공격과 속임수를 대적하셨다. 우리의 마음에 하나님의 말씀을 저장하고, 오랜 시간을 드려 그 말씀을 배우고, 가르침대로 믿고 행하면서 스스로를 훈련시키면 악한 마귀의 덫에 빠지지 않는다.

4. 하나님의 전신갑주를 입으라

사도 바울은 마귀의 모든 궤계를 능히 대적하기 위하여 하나님의 전신갑주를 취하라고 권고한다(엡 6:11). 매일매일 영적 전신갑주를 입고 감사와 찬양으로 우리의 구원을 마음 가득 기뻐하는 것은 마귀의 압제로부터 자유케 되는 열쇠이다.

5. 올바른 관계를 발전시키라

누구와 관계를 맺고 어떤 관계를 맺느냐는 우리의 외모, 태도, 생활에 영향을 미친다. 그리고 궁극적으로는 '압제로부터의 자유'에 영향을 미칠 것이다. 일찍이 언급했듯이 우리가 맺고 있는 관계는 우리가 구원받은 자로서 올바로 행동하는지에 대해 하나님께서 테스트 하시는 영역 중 하나다. 우리는 마귀의 압제로부터 자유함을 입었다. 이 사실을 우리의 육체에도 접목시키고자 한다면, 우리는 우리와 마찰을 빚은 사람 혹은 손해를 입힌 사람들과의 관계를 새롭게 하기 위해 훈련을 받아야 한다. 과거 그들과의 관계가 죄, 분노, 통제, 쓴 뿌리, 거절 등의 견고한 진으로 점철되었다면 이제는 달라져야 한다. 온전한 관계를 맺기로 선택하는 훈련을 받아야만 한다. 이미 빠져나온 어둠 속으로 다시금 자기 자신을 처넣을 법한 행동이나 부적절한 관계들은 절연히 잘라내야 한다. 이러한 훈련은 축사된 상태를 유지하는 중요한 방법이다.

6. 올바른 교제를 형성하라

교제는 초대교회가 행하던 주요 활동 중 하나로서 새신자들을 위한 효과적 제자훈련 요소들(말씀 교육, 사도들의 교리, 기도, 성도간의 교제) 중 핵심이었다. 성도들과 더불어 교제하는 것은 우리의 믿음을 북돋아주고, 우리에게 용기를 주고, 우리를 가르치고, 우리를 세워준다. 또한 대적들의 공격에 대한 방어선을 구축해주고 영적인 방어벽을 견고히 세워준다. 하나님께서 우리의 삶 곳곳에 배치해두신 권위자들에게 순종하고 성도들과 올바른 교제를 형성하면 마귀의 공격을 당하기 쉬운 삶의 무너진 영역들이 치유되고 회복된다.

7. 예수님을 중심으로!

예수님은 마귀 없는 삶(demon-free life)의 모델이자 방법이시다. 성경은 예수님 안에 마귀가 발붙일 곳이 없다고 증거한다(요 14:30). 자신을 따르는 모든 사람을 향해 예수님께서 하신 말씀은 이것이다. "아무든지 나를 따라오려거든 자기를 부인하고 자기 십자가를 지고 나를 좇을 것이니라 누구든지 제 목숨을 구원코자 하면 잃을 것이요 누구든지 나를 위하여 제 목숨을 잃으면 찾으리라"(마 16:24-25). 예수님의 마음은 하나님 아버지의 뜻에 초점이 맞춰졌다. 예수님은 십자가에서의 죽음마저도 불사하고 하나님의 뜻에 따르기로 결정하셨다. 하나님의 뜻에 순종하고 복종함으로써 우리는 자기 자신과 옛 자아에 대해 죽을 수 있다. 이렇게 예수님의 발자취를 따라갈 때 우리는 자기희생, 개인의 간증, 예수의 보혈로써 마귀의 모든 공격을 이길 수 있다.

저주: 압제를 향해 열린 문

사람들의 삶을 압제하는 또 다른 원인은 '저주'이다. 저주의 힘은 마귀의 압제와는 다르다. 왜냐하면 저주는 말씀의 원칙을 고의적으로 어기는 것, 거부하는 것이기 때문이다. 다시 말해 고의적인 죄, 곧 '표적을 빗나가는 행위'(죄의 어원적 의미)는 언제든지 마귀의 압제를 불러들일 수 있다는 뜻이다. 고의적으로 하나님의 말씀에 저항하면 마귀는 저주를 통해 우리의 삶 가운데 더욱 견고한 발판을 얻게 된다. 우상숭배, 무고한 사람을 배반하는 것, 반유대주의(Anti-Semitism)는 우리의 삶 속에 마귀의 저주를 들여놓게 되는 세 가지 주된 원인이다.

성경은 말하길 이유 없는 저주(잘못을 저지르지 않았는데도 누군가 나를 저주할 때)는 우리 삶에 아무런 영향을 미칠 수 없다고 한다. 그러므로 만일 당신이 알고 있는 모든 죄를 진심으로 회개했는데도 당신의 삶에 저주의 영향이 있다면, 어쩌면 이전 세대의 조상들이 저질렀던 죄의 영향력을 받고 있는 것일지도 모른다. 만일 당신의 선조들이 악을 행했다면 그로 인한 저주와 거기에 동반한 마귀의 역사가 당신의 삶에 영향을 미칠 수 있다. 만성 질환, 반복되는 질병, 사고, 일찍 죽음, 가난 등, 이 모든 것이 가계의 저주 때문일 수도 있다. 하나님과 그의 말씀에 순종하기 위하여 할 수 있는바 최선을 다했음에도 불구하고 실패를 거듭하고 축복을 받지 못한다면, 지금 저주가 작용하고 있다는 증거일 것이다. '죽은 것' 같은 증상들-생명과 부흥의 반대-은 저주의 표식이다.

저주를 다루는 방법은 마귀를 쫓는 것과 흡사하다. 하지만 어려움을 당하는 사람 자신이 특별한 회개를 해야 한다. 자기 자신의 죄에 대해 혹은 조상들의 죄에 대해 회개해야 한다. 죄를 끊어내고 보혈의 능력으로 씻김을 받을 때 저주는 떠나고 그 효과는 사라진다. 기름부음 안에서 예수의 이름으로 간단하게 기도할 때 저주는 끊어진다.

갈라디아서 3장 13-14절은 아래와 같이 말한다.

> 그리스도께서 우리를 위하여 저주를 받은바 되사 율법의 저주에서 우리를 속량하셨으니 기록된바 나무에 달린 자마다 저주 아래 있는 자라 하였음이라 이는 그리스도 예수 안에서 아브라함의 복이 이방인에게 미치게 하고 또 우리로 하여금 믿음으로 말미암아 성령의 약속을 받게 하려 함이니라

예수님은 십자가 위에서 우리를 위해 스스로 저주가 되심으로 모든 저주가 끊어질 수 있는 길을 만드셨다. 저주의 반대는 하나님의 축복이다. 하나님은 우리 각 사람이 저주에서 풀려나고 하나님께서 우리의 가정과 삶의 모든 영역 위에 부어주시기로 계획하신 축복을 충만히 누리기를 원하신다.

보혈 한 방울

축사의 기반은 예수님, 오직 예수님이시다. 우리는 성령의 능력과 그 영광을 받아서 흘려보내는 예수님의 초전도체일 뿐이다. 예수님은 자신의 왕국을 확장하신다. 일개 마귀든 군대만큼 많은 숫자의 마귀든 예수님은 그들 모두를 쫓아내신다. 예수님은 그 어떤 악한 마귀의 정사보다 더 강하시다. "(예수님은) 정사와 권세를 벗어버려 밝히 드러내시고

십자가로 승리하셨느니라"(골 2:15). 예수님은 강한 자보다 더 강하시다. 강한 자를 무장해제 시키시고 전리품을 취하신다. 예수님께서 자신의 권세를 교회에 전이시키셨기 때문에 우리는 묶여 있는 모든 사람들을 자유케 풀어낼 수 있다.

우리가 아프리카에서 여행하며 전도집회를 열고 있을 때였다. 어느 날 아침 예수님께서 나를 깨우셨다. 그러고는 "마헤쉬, 오늘 우리가 수많은 사람들에게 축사사역을 해야겠다"라고 말씀하셨다. 나는 즉각 대답했다. "아니, 주님! 절 도와줄 사람들이 어디 있다고요?" 이 집회에 참석한 사람들은 족히 20만 명이 넘었다. 강단에 서면 시야가 닿을 수 있는 한계, 곧 어둡게 보이는 뒤편 저 끝까지 사람들로 가득했다. 이들은 온갖 주술과 거짓 종교에 몸을 담았던 사람들이다. 죄에 묶여 있고, 질병과 압제에 매여 있다. 그러나 나는 비천한 일개 복음전도자일 뿐이었다. 내 곁에 동료라고는 통역관 한 명과 여섯 명의 아프리카 출신 목사님뿐이었다. 게다가 이 여섯 사람이 사용하는 언어도 다 제각각이었다. 이러한 상황에서 하나님은 내게 대규모의 축사집회를 시작하라고 하신 것이다!

주님께서 응답하셨다. "얘야. 나는 '우리'가 축사집회를 한다고 말했다. 내가 너를 도울 것이다."

그날 저녁, 집회 장소에 도착했을 때 목사님들이 겁에 질린 채로 내게 다가왔다. 그 지역에서 활동하고 있는 8백 명 이상의 주술사들이 와서 우리에게 저주를 풀어놓았기 때문이다. 그러나 성령께서 내게 특별한 말씀을 전해주셨다. 그것은 여태껏 내가 받아보지 못한 계시의 말씀이었다.

그날 밤, 집회 참석 인원은 15만 명에 달했다. 말씀을 전할 때에 나는 성령 안에서, 갈보리의 보혈 안에 참된 능력이 있음을 보게 되었다. 그래서 선포했다. "예수 그리스도의 보혈 한 방울이 사탄의 왕국을 무너뜨릴 수 있습니다!" 기름부음 아래서 내가 그렇게 외쳤을 때 주님은 주술의 능력을 끊으시고 운집한 사람들을 압제하는 마귀의 궤계를 물리쳐주셨다. 마귀가 떠날 때 사람들은 몸을 비틀고 비명을 질렀다. 병들고 상처 입고 불구된 몸이 즉시 온전함을 입었다. 축사의 능력이 풀어지자 밤하늘은 커다란 울음과 비명으로 가득했다. 주술사들은 능력을 잃어버렸다. 수천 명이 예수님께 마음을 열었고 영생을 얻었다.

예수님께서 이 일을 마치셨을 때, 군중 안에는 고요함이 있었다. 하나님의 임재와 치유의 평안이 그곳을 가득 메운 것이다.

견고한 진을 무너뜨리기

'강한 자'(strongmen) 그리고 '지역의 영들'(territorial spirits)은 사탄의 명령에 따라 활동한다. 영계에서 '강한 자'는 '마귀'보다 계급이 더 높다. 악한 영들의 지휘체계를 쉽게 이해하기 위해 톨킨(J.R.R. Tolkien)의 소설 『반지의 제왕』(Lord of the Rings)을 참고해 볼 수 있는데 톨킨은 자신의 소설 속에 '나즈굴'(Nazguls)이라는 사악하고 어두운 존재를 창조해냈다. 나즈굴들은 '오크'(orcs)라고 불리는 하위 계급(앞잡이들)을 다스린다.

어둠의 왕국에서 '강한 자'들은 '왕자들'(princes)이다. 그들은 마치 톨킨의 소설에 등장하는 나즈굴과 같다. 강한 자는 특정 지역을 관장하며 자신의 수하에 있는 마귀들을 부린다. 결국 이 어둠의 세력들이 모여 견고한 진을 만들어낸다.

강한 자는 갑옷과 무기를 가지고 있다. 이들은 자신이 담당하는 지역의 사람들을 억압하고 눈을 멀게 한다. 또한 개개인의 삶 속, 가정, 특정 지역 안에 '그리스도를 아는 지식'을 거부하는 분위기를 조장해낸다. 이들의 억압은 극한 폭력, 가난, 혹은 주술 등으로 나타난다. 하지만 어둠의 세력이 견고한 진을 세우는 주된 목표는 따로 있다. 이들이 견고한 진을 건설하는 주된 목적은 사람들의 눈을 멀게 하여 예수 그리스도께 순종하지 못하도록 만드는 것이다.

강한 자는 적군의 우두머리, 곧 장군과 같다. 전쟁 중 적장(敵將)을 포로로 잡으면 전쟁은 승리로 끝난다. 만일 우리가 기도로써 강한 자를 묶어놓으면 하나님의 나라가 확장되고 하나님의 축복이 실현될 것이다. 하나님의 지상군은 복음을 들고 전진한다. 사람들에게 구원을 전하며 치유와 자유를 선사한다. 사람들을 구원하는 예수의 이름과 보혈의 능력은 우리가 사용할 수 있는 가장 강력한 무기이다. 이 무기를 들고 둘 혹은 그 이상의 성도가 합심하여 기도함으로써 전열을 가다듬고 영적 전장(戰場)에 출장한다면 하나님의 나라를 대적하는 가장 강력한 적군을 근절시킬 수 있다. 이 사실이 연합 중보기도의 중요성을 조명해준다. 견고한 진을 식별해내고, 무너뜨리고, 사로잡아 예수 그리스도를 아는 지식과 그에게 순종하려는 마음 앞에 굴복시킬 때, 우리는 이 땅의 문화를 변화시키고 가정과 사회와 열방을 변화시킬 수 있다.

사역 초창기, 나(마헤쉬)는 뉴멕시코의 작은 마을에서 열리는 전도집회에 주강사로 초빙받은 적이 있다. 당시 나를 초청한 목사님께서는 이렇게 말씀하셨다. "이 도시에서는 지난 몇 년 동안 단 한 사람도 구원받지 못했습니다." 간단히 말하면 그동안 이 도시는 구원의 역사를 목격할 수 없었던 것이었다. 다른 도시에서 이주해온 크리스천의 수를 제외하면, 교회 성장은 '정체' 상태였고 회중은 점차 노화되어 가고 있었다.

도무지 무엇을 어떻게 해야 할지 몰랐다. 나는 그리스도 안에서 여전히 어린 신자였고 이제 막 영적 전쟁에 대해 배우기 시작하는 단계였기 때문이다. "주님, 왜 이런 일이 생긴 겁니까?" 나는 주님께 물었다.

예수님께서 대답하셨다. "간단하지. 그 지역을 관장하는 '지역의 영'이 있어서 그렇단다. 너는 예수 이름의 권세로 그 영을 묶어라."

"알겠습니다. 주님!" 그 지역으로 향하기 전, 수주 동안 나는 금식과 기도로 집회를 준비했다. 주님의 권세를 가지고 예수님께서 보여주신 견고한 진들을 파쇄하였다.

전도집회 기간 동안 주님께서는 내가 봐왔던 중 가장 놀라운 기적들을 행하셨다. 나는 이 지역 사람들을 예수님께 나아가지 못하도록 훼방하고 가로막았던 커다란 구름을 보게 되었다. 그 구름은 아주 오랫동안 지역 전체를 덮고 있었다. 게다가 하나님의 기적도 훼방하고 있었다. 그러나 집회 기간 동안 강한 자는 묶여 있었기 때문에 아무런 힘도 발휘할 수 없었다. 주님께서는 나를 사용하여 그 지역의 영혼들을 강한 자의 손아귀에서 '늑탈' 해내셨다! 첫째 날, 첫 번째 저녁 집회였음에도 불구하고 76명이나 되는 사람들이 하나님을 섬기기로 결신하였다! 주님께서 강한 자의 정체를 드러내어 보여주셨고 또 그 세력을 묶을 수 있는 권세도 부여하셨기 때문에, 돌파구가 열린 것이다. 그 결과 많은 사람들이 구원을 얻게 되었다.

우리의 싸우는 병기는 육체에 속한 것이 아니요 오직 하나님 앞에서
견고한 진을 파하는 강력이라 모든 이론을 파하며 하나님 아는 것을

대적하여 높아진 것을 다 파하고 모든 생각을 사로잡아 그리스도에게 복종케 하니(고후 10:4-5)

견고한 진을 무너뜨리는 데 강력하게 사용될 수 있는 일곱 가지 무기가 있다.

1. 예수의 이름

모든 이름 위에 뛰어난 이 이름의 계시를 통해 우리는 견고한 자를 묶어내는 권세를 부여받는다.

2. 예수의 보혈

요한계시록 12장 11절을 보면 "또 여러 형제가 어린양의 피와 자기의 증거하는 말을 인하여 저를 이기었으니 그들은 죽기까지 자기 생명을 아끼지 아니하였도다"라고 기록되었다. 예수의 보혈은 적군을 물리칠 수 있는 가장 강력한 무기들 중 하나이다.

3. 분별

고린도전서 12장 7-10절을 보면 "각 사람에게 성령의 나타남을 주심은 유익하게 하려 하심이라 어떤 이에게는 성령으로 말미암아 지혜의 말씀을 어떤 이에게는 같은 성령을 따라 지식의 말씀을… 어떤 이에게는 영들 분별함을." 분별력은 성령의 능력을 통해 우리에게 주어지는 은 사이다. 우리는 이 은사를 사용하여 강한 자의 정체를 밝혀낼 수 있다. 어떤 악한 영을 대적하여 기도해야 할지를 알려달라고 주님께 간구하라.

4. 하나님의 전신갑주

에베소서 6장 13절에는 "그러므로 하나님의 전신갑주를 취하라 이는 악한 날에 너희가 능히 대적하고 모든 일을 행한 후에 서기 위함이라"라고 기록되었다. 전쟁에서 이기기 위해 꼭 필요한 기초 도구가 바로 하나님의 전신갑주이다. 이것은 방어를 위한, 또 공격을 위한 무기이다. 전신갑주는 하나님의 진리, 그의 의, 복음, 믿음, 구원 그리고 말씀으로 구성된다. 적들의 공격으로부터 우리 자신을 보호하고 전진할 수 있게 만들어주는 무기이다.

5. 기도

예수님은 말씀하셨다.

"진실로 너희에게 이르노니 무엇이든지 너희가 땅에서 매면 하늘에서도 매일 것이요 무엇이든지 땅에서 풀면 하늘에서도 풀리리라 진실로 다시 너희에게 이르노니 너희 중에 두 사람이 땅에서 합심하여 무엇이든지 구하면 하늘에 계신 내 아버지께서 저희를 위하여 이루게 하시리라 두세 사람이 내 이름으로 모인 곳에는 나도 그들 중에 있느니라"(마 18:18-20).

6. 찬양

"그 노래와 찬송이 시작될 때에 여호와께서 복병을 두어 유다를 치러 온 암몬 자손과 모압과 세일산 사람을 치게 하시므로 저희가 패하였으니"(대하 20:22). 찬양은 적의 견고한 진을 향하여 미사일을 날리는 발사대이다. 찬송할 때 승리의 무기가 장착된다.

7. 선포

위에 언급한 요한계시록 12장 11절에서는 "…증거하는 말을 인하여 저를 이기었으니"라고 되어 있다. 우리가 주님의 초자연적인 역사를 선포할 때, 놀라운 기적이 일어난다. 주님께서 행하신 일을 증거하는 것은 적군을 무장해제시키는 강력한 무기이다.

전리품을 취하라

예수님은 말씀하셨다. "강한 자가 무장을 하고 자기 집을 지킬 때에는 그 소유가 안전하되 더 강한 자가 와서 저를 이길 때에는 저의 믿던 무장을 빼앗고 저의 재물(전리품)을 나누느니라"(눅 11:21-22).

우리 가문은 인도의 용사 계급인 라지푸트(Rajputs)의 후손이다. 이 이름의 시조는 8백 년 정도 윗세대이다. 내가 아는 한, 우리 가문 중에는 예수님을 믿은 조상이 단 한 명도 없다. 그들은 모두 힌두교도들이었고 자신들의 신앙을 자부했다. 성장하면서 나는 늘 이런 말을 들어왔다. "네 조상들은 신앙을 지키려고 싸우다 죽었단다. 너도 마찬가지로 힌두교를 수호하는 용사가 되어야 한다."

그러나 열여섯 살 되던 해, 나는 신약성경을 읽고 예수님을 나의 구주로 영접하였다. 그 후로 즉시 내 누이 중 한 명을 예수님께로 인도했다. 이후로 가족을 전도하려는 노력은 계속되었다. 그러나 가족의 구원을 위해 기도했지만 큰 변화는 없었다. 힌두교의 두터운 구름을 뚫을 만한 돌파구가 열리지 않았던 것이다.

나는 수년간 주님을 섬기며 많은 사람들을 주님께로 인도했건만 내 가족은 여전히 구원받지 못한 상태로 남아 있었다. "주님, 제가 열방을 향해 당신의 복음을 전할 때, 주님께서는 수천 명을 구원하셨지요? 그들에게 치유가 일어나고 축사와 구원의 역사가 일어나지 않았습니까? 그런데 왜 제 가족은 이대로 남겨두십니까? 주님, 제 어머니와 누이들이 구원받길 원합니다. 제 형이 구원받기를 원합니다. 주님 저는 제 가족을 사랑합니다. 그들이 주님을 알게 되길 원합니다." 나는 이렇게 기도했다.

그러자 주님께서 이러한 내 기도에 응답하셨는데, 우리 가족이 복음을 듣고 구원받는 것을 방해하는 견고한 진이 있음을 보여주셨다. 금식하면서 강한 자를 묶는 기도를 시작했을 때 돌파구가 열렸다. 결국 나는 내 가족 모두를 주님께로 인도할 수 있었다. 그들은 거듭났고 영적 압제에서 자유롭게 되었다. 내 누이는 수년간 앓아왔던 만성 질병으로부터 즉시 치유받는 기적도 체험했다. 그뿐만 아니라 가족 모두에게 극적인 변화가 일어났다. 그들은 예수님을 아는 지식을 다른 이에게 전파하기 시작했다. 예수의 보혈이 그들의 과거, 힌두교의 전통과 우상숭배의 죄를 온전히 씻었다.

하나님께서는 우리가 그분의 약속을 붙잡길 원하신다. 하지만 의심할 것 없이 견고한 진들이 우리 앞을 가로막는다. 우리의 가족이든, 교회든, 국가든 상관없이 견고한 진들은 하나님의 약속과 우리 사이를 가로막는다. 모세가 가나안 땅, 곧 이스라엘이 유업으로 받은 땅으로 정탐꾼들을 보냈을 때 그들은 이렇게 보고했다. "당신이 우리를 보낸 땅에 간즉 과연 젖과 꿀이 그 땅에 흐르고 이것은 그 땅의 실과니이다 그러나 그 땅 거민은 강하고 성읍은 견고하고 심히 클 뿐 아니라 거기서 아낙 자손을 보았으며"(민 13:27-28).

열두 명의 정탐꾼 중 열 명이 그 지역의 견고한 진을 보고 크게 영향을 받아 두려움에 빠졌다. 물론 그들은 주님의 약속이 사실임을 알았다. 하나님의 말씀대로 그 땅은 젖과 꿀이 흐르는 땅이었다. 하지만 그들은 곧 영적인 견고한 진의 영향력 아래 짓눌리고 말았다. 그들의 생각은 두려움에 사로잡혔다. 그들의 믿음, 생각, 상상력은 오직 패배만을 예상할 뿐이었다. 오직 여호수아와 갈렙만이 나머지 열 명과 다른 '정신'(spirit)을 가지고 있었다. "그 마음이 그들과 달라서"(민 14:24). 이 둘은 하나님의 약속을 붙잡았고 적진으로 올라가 자신들의 유업을 쟁취해야 한다고 생각했다. 우리도 이들처럼 '다른' 정신(spirit)을 부여받았다. 그것은 바로 약속된 성령(Holy Spirit)이다. 성령께서는 우리 안에 거하시며, 대적의 힘을 파하기 위해 우리를 들어 사용하신다. 하나님에게 불가능이란 없다.

현재 당신의 가족 혹은 교회나 나라가 '가뭄'의 때를 경험할는지도 모른다. 폭력, 가난, 타락의 양상이 당신의 도시 혹은 나라에서 지속되고 있을지도 모른다. 당신의 자녀들이 인본주의 혹은 이 세대의 영에 사로잡혀 있을지도 모른다. 그렇다면 주님께서 견고한 진을 드러내 주시길 기도하라. 그리고 주님께서 당신에게 주신 무기를 사용하여 강한 자를 묶고 그의 재물을 늑탈하라. 견고한 진이 무엇이든, 강한 자가 얼마나 크게 보이든 상관치 말라. 예수님이 훨씬 더 크시기 때문이다. 우리 하나님은 크신 하나님이다.

예수님께서 제자들에게 말씀하셨다. "아버지께서 나를 보내신 것처럼 나도 너희를 보내노라"(요 20:21). 마귀를 축출하는 것, 견고한 진을 무너뜨리는 것은 마하나임(하나님의 군대)의 용사로 부름 받은 성도들의 임무이다. 폭풍의 전사로서, 중보기도의 용사로서 우리가 이 땅에서 살아가는 날 동안 하나님의 나라를 효과적으로 확장하기 위해 필요한 것이 있다. 먼저 우리는 우리 자신의 삶은 물론 다른 사람에게서 마귀의 능력을 제거하는 권세가 우리에게 주어졌음을 깨달아야 한다. 또한 전신갑주로 스스로를 무장해야 한다.

여기 당신의 가정에 영향을 미치고 있을지도 모르는 '견고한 진'을 무너뜨리는 데에 사용될 기도문을 적어둔다.

하나님 아버지, 예수 그리스도께서 우리를 위해 행하신 모든 일에 대해 감사드립니다. 또한 우리들의 무기가 육신이 아니라 견고한 진을 무너뜨리는 하나님의 '강력'이기에 감사드립니다. 예수님! 모든 인류의 구원이 되시니 감사드립니다. 그러므로 내가 사랑하는 사람들의 구원도 당신께 있습니다.
예수의 이름으로 내 가정을 억압하고 있는 강한 자를 묶노라. 이 시간 나는 예수 이름의 권세를 가지고 (우상숭배, 알코올중독, 인종차별주의, 분노 등 당신이 직면하고 있는 특정 종류의) 강한 자를 묶노라.
종교의 영, 주술, 신비 사술, 인본주의, 지성주의(intellectualism), 이 세상의 영, 무지의 영, 질병의 영, 이 모든 권세들에 대해 내가 권위를 가지고 선포하노라. 하나님께서 말씀하시길 이 땅에서 내가 무엇을 묶든지 그것

은 하늘에서도 묶이리라 하셨으니 이 시간 내 가정을 억압하는 강한 자를 예수의 이름으로 묶노라. 내 가정을 괴롭히는 사탄과 그의 정사들에 대해 내가 예수 보혈의 권위를 가지고 명하노니 부정한 세력들은 내 가정으로부터 떠날지어다. 예수님의 이름으로 기도합니다. 아멘!

10 | Breakthrough in the Storm
폭풍의 돌파구

태양이 머물고 달이 그치기를 백성이 그 대적에게 원수를 갚도록 하였느니라 야살의 책에 기록되기를 태양이 중천에 머물러서 거의 종일토록 속히 내려가지 아니하였다 하지 아니하였느냐 여호와께서 사람의 목소리를 들으신 이 같은 날은 전에도 없었고 후에도 없었나니 이는 여호와께서 이스라엘을 위하여 싸우셨음이니라 여호수아가 온 이스라엘로 더불어 길갈 진으로 돌아왔더라

(수 10:13-15)

어떤 전쟁이든 전환점은 있기 마련이다. 두 군대가 치열하게 싸우다가 한쪽 편이 전략적 우위를 점령하게 되고, 이후 전세가 그쪽으로 기울게 되는 시점 말이다. 길고 길었던 제2차 세계대전에도 전환점은 여럿 있었다. 그중 1944년 12월 중순에 있었던 전환점을 여기에 소개하려 한다.

독일군이 연합군을 급습하였다. 그들은 연합군의 방어선을 뚫고 벨기에 내부 깊숙이까지 진군했다. 방어선이 끊긴 곳 혹은 '벌지'(Bulge)라

고 불렸던 이곳에서 그 유명한 4주간의 치열한 싸움, '벌지 대전투'가 시작되었다. (벌지(Bulge)는 '돌출'을 뜻하는 영단어이다. 독일군의 급습에 의해 연합군의 방어선 일부가 돌출(노출)된 지역을 가리켜 미군이 붙인 이름이다.-역자 주) 이후 벌지 대전투에서 있었던 미군의 용맹스런 일화들이 수없이 전해졌다. 그중, 이 전투의 전환점을 야기했던 한 병사의 용맹스런 이야기가 우리의 관심을 불러일으켰다.

그해 12월 23일 늦은 밤이었다. 프롭드루(Provedroux) 마을에 남아있던 마지막 미군 중대마저 퇴각 명령을 받고 후퇴하는 중이었다. 포격으로 불타는 마을을 향해 독일군은 삼면에서 진격하며 압박해오고 있었다. 갑작스런 퇴각이었기에 연합군 병사들은 여기저기 뿔뿔이 흩어진 상태에서 마을을 빠져나와야 했다. 그들은 어떻게 해서든 후방으로 이송하는 차량을 잡아타려고 했다. 그 결과 트럭의 짐칸이며 탱크 위에는 군인들로 빼곡했다.

일개 사단 전체가 그 마을에서 퇴각했다. 도보로 이동하는 병사들을 발견하면 그들은 손짓하며 대전차 차량에 올라탈 것을 종용했다. 그들이 아르덴(Ardennes) 숲을 통과하여 대로로 진입할 때였다. 이미 차량 위에 올라탄 많은 병사들이 한 이등병을 향해 '올라오라' 고 손짓하는 것이었다. 대전차포 차량에 올라탄 채로 후퇴하고 있던 장교의 시선도 그 이등병에게 머물렀다. 그는 홀로 남아 삽을 들고 참호를 파고 있었다. 전장에서 보낸 오랜 날들 덕에 그의 군복은 더러워질 대로 더러워져 있었다. 그가 무기라고 소지한 것은 한 자루 소총과 바주카포 한 대 뿐이었다. 하지만 그는 퇴각하는 아군의 긴 행렬에 눈길 한 번 주지 않고 열심히 자신의 임지를 지키고 있었다.

장교는 그 이등병의 곁에 차량을 멈춰 세웠다. 이등병은 쉬지 않으려고 참호를 파면서 장교를 올려다보았다. "소위님, 저는 82사단 공수부대원입니다. 만약 안전지대를 찾고 계신다면 제 뒤에 진을 치십시오. 저 독일군 X들이 진격해올 수 있는 한계는 바로 여기까지니까요."

대전차포 차량에 올랐던 병사들은 서로의 얼굴을 물끄러미 쳐다보았다. 그들은 지난 한 주 동안 퇴각에 퇴각을 거듭하느라 지쳐 있었다. 그러나 이 특별한 이등병을 바라보고 있노라니 마음속에 근원을 알 수 없는 확신이 생겼다. 장교는 그들을 향해 명령했다. "모두들 이 이등병의 말을 들었으니, 바로 이곳에 방어선을 구축하자!"

곧 두 대의 트럭에 타고 있었던 미군 병사들이 방어선 구축 작업에 참여하였다. 그날 밤 내내 병사들의 참여가 이어졌고 결국 강력한 방어진이 완성되었다. 바로 그 용맹스런 이등병의 결단으로 인해 얼마 지나지 않아 그 지역은 이 전투의 방어거점이 되었다. 이곳을 중심으로 연합군은 독일군의 진격을 막아냈고 그들을 퇴각시킬 수 있었다. 후퇴하기를 거절했던 한 병사의 용기가 전쟁의 향방을 바꿔놓았다. 그리고 역사를 바꿔놓았다.

이 이야기는 그리스도께서 우리를 위해 행하신 일을 그려 보여준다. 예수님은 십자가에서의 대전투를 준비하시면서 적진을 향해 방어선을 구축하셨다. 온 세상이 죄와 사망의 권세 앞에서 도망하며 퇴각할 때, 예수님은 정면으로 부딪칠 것을 결심하셨다. 나약한 인간의 허름한 육체, 곧 겸손으로 옷 입으신 예수님께서는 오직 성령님과 동행하시면서 자신의 삶을 내려놓기로 결정하셨다. 그렇게, 예수님께서는 방어선을 구축하셨다.

십자가에서의 전투가 벌어지기 전날 밤, 예수님은 자신의 친구(제자)들과 함께 한 상에 둘러앉아 자신의 살과 피를 상징하는 떡과 포도주로 그들을 먹이셨다. 스스로를 제물로 내어주시면서 어둠의 왕국의 공격으로부터 피하고 싶어 하는 모든 사람에게 안전지대를 제공해주신 것이다. 이들은 장차 예수님의 뒤에 서서 어둠을 향해 반격할 용기를 얻게 될 것이다. 영원히!

이후 예수님께서는 기도하시려고 겟세마네 동산으로 올라가셨다. 가장 친한 세 친구(제자)와 동행하셨다. "내가 가서 기도할 동안 너희들은 여기서 근신하고 깨어 있어라." 예수님께서는 제자들에게 자신의 짐을 나눌 것을 부탁하시지 않았다. 다만 그들이 친구처럼 옆에 남아주기를, 그리고 자신이 수난의 시간 속으로 들어가는 것을 지켜봐주기를 바라셨을 뿐이었다. 하지만 제자들은 오랜 시간의 근심과 염려로 지쳐 잠들어 버렸다. 이러한 제자들의 모습을 보면서 우리는 이 세대에 필요한 교훈을 얻을 수 있다. 역사의 시간이 마지막 페이지를 향해 나아감에 따라 어둠의 세력은 점점 더 강하게 활동할 것이다. 영적 긴장 상태가 가중되는 이 시점에서 우리는 성령에 민감하기 위하여 깨어 있어야 한다. 이를 위해 매일같이 서로를 격려하는 것은 너무나 중요하고 필수적인 일이다. 지금 이 시간 예수님께서는 자신과 함께 깨어 기도할 수 있는 친구들을 찾고 계신다.

어둠의 권세를 이기고 위대한 승리를 쟁취하신 후 예수님께서는 자신을 따를 모든 사람을 향해 간단한, 그러나 심오한 가르침을 전하셨다. "내가 다시 돌아올 때까지 너희는 온 세상을 향하여 복음을 전하라. 그 복음의 진실성을 입증할 기적이 뒤따르리라." 이어서 영광의 구름 가운데 재림할 때까지 깨어 기도할 것을 명령하셨다. "내가 너희에게 할 모든 말을 이르리니, 너희는 깨어 기도하라."

우리가 듣기 싫어하는 질문을 듣게 된 것은 겟세마네 동산에서 이다. "한 시간도 나와 함께 깨어 기도할 수 없느냐?" 바로 그 시간은 그리스도께서 어둠의 왕국을 향해 방어진을 구축하시던 시간이었다. 갈보리에서의 승리는 그 옛적 감람 산 겟세마네에서, 바로 그 어두운 밤에 시작된 것이다. 지금도 겟세마네 동산의 감람나무에서는 감람유가 흘러내려 땅을 적신다. 세상의 빛 되신 예수님께서 온 땅을 두루 다니며 복음의 감람등불로 긴 밤을 환히 비춰낼 파수꾼들을 찾으시는 것만 같다. 꾸준히 타오르는 그들의 불꽃은 장차 신부를 찾으러 오실 신랑의 길을 환하게 비출 것이다.

당신의 돌파구를 만들라

우리는 성경을 통해 사무엘과 다윗 왕의 때에 이스라엘의 역사 가운데 매우 중대한 순간이 많았음을 알고 있다. 전환점들, 적군의 패배, 하나님과의 만남, 하나님의 뜻(운명)을 발견함–이 모든 일이 미스바(Mizpah)에서 일어났다. 고대 이스라엘 나라에는 미스바라는 이름의 장소가 여럿 있었다. 유다의 미스바, 길르앗의 미스바, 모압의 미스바, 헬몬산의 미스바…. 이 모든 지역은 개인적 혹은 국가적 전략요충지였다. 미스바라는 말은 '파수대'(망루)라는 뜻이고 '안전'을 상징한다. 미스바는 백성들이 한데 모여 다시금 하나님께 헌신할 것을 약속한 장소이다. 또한 대적과의 전쟁에서 돌파구가 열리길 기도하며 하나님의 도우심을 구했던 장소이다. 미스바는 이스라엘의 행정부가 위치한 장소이다. 이곳은 당신이 현재의 위치를 파악하고 앞으로 나아갈 방향을 깨닫는 장소이다.

미스바에서 일어났던 몇 가지 일들을 아래에 적어둔다. 각 가정은 여러 가지 축복들을 지켜내는 파수대(망루)가 되어야 한다.

- 미스바에서 주님은 당신과 당신의 대적을 지켜보신다(창 31:49 참조).
- 열왕과 군대들에 대한 승리 및 그 지역의 통치권이 주어진다(수 11:3 참조).
- 유산이 분배되는 곳이다(수 15:38 참조).
- 의인이 우두머리로, 지도자로 인정받는 곳이다(삿 11:11 참조).
- 백성이 '하나'로 연합하는 곳이다(삿 20:1 참조).
- 사악함이 정체를 드러내며 파멸되는 곳이다(삿 20:3 참조).
- 언약이 주어진다(삿 21 참조).
- 죄 씻음과 구원이 일어난다(삼상 7:6 참조).
- 대적이 항복한다(삼상 7:11 참조).
- 이곳에서 의인이 일어난다(삼상 7:16 참조).
- 기름부으심이 주어진다. 기름부으심이 회복된다(삼상 7:17 참조).
- 가족이 보호받는 곳이다(삼상 22:3 참조).
- 환난 가운데 요새이며 피난처이다(왕상 15:22 참조).
- 우상숭배와 타락이 근절되는 곳이다(왕상 15:12 참조).
- 보화를 되찾는다(왕상 15:15 참조).
- 지도자들이 등극한다(느 2:7 참조).
- 재건축, 엄호, 요새화가 이뤄진다(느 3:15 참조).
- 보수공사가 이뤄지는 곳이다(느 3:19 참조).
- 나라 전역에 폭동이 일 때, 의인에게 은신처가 된다(렘 40:6 참조).
- 주의 종이 살 수 있는 곳이다(렘 40:6 참조).
- 남은 자들이 속박으로부터 탈출한다(렘 40:11 참조).

- 주린 자들이 그 땅의 소산 중 최고의 산물로 배를 채운다(렘 40:12 참조).
- 다시금 주님께로 돌이키고 회복하는 곳이다(렘 14:14 참조).

이 시대 하나님의 미스바로서 중요한 거점이 되는 것은 성령의 기름부으심 안에서 활동하고 있는 지역 교회 공동체이다. 우리는 당신이 영적 공동체를 찾고 그 안에 연결되며 그곳에 머물길 권면한다. 우리의 대적 마귀가 사용하는 가장 효과적인 전략은 각각의 성도들을 전체 교회 공동체로부터 분리시키는 것이다. 만일 당신이 쉽게 상처받는 사람이라면, 당신은 교회에서 상처받게 될 것이다. 당신이 교회를 옮겨 다니는 사람이라면, 어떤 교회에도 만족하지 않을 것이다. 당신이 반항하는 사람이라면, 당신의 눈에는 어떠한 영적 리더도 성에 찰 만큼 충만한 기름부음을 갖고 있지 않을 것이고 당신에게 방향제시를 할 만큼 충분히 예언적이지 못할 것이다. 하지만 당신이 변화되지 않은 채, 계속해서 이러한 사람으로 남는다면, 결국에는 그리스도의 몸을 떠나게 될 것이다. 이것이 당신이 받게 될 상급이리라.

성경이 선명하게 그리고 있는 크리스천들은 자신이 속한 지역 안에서 예배하는 공동체, 기도하는 용사, 오랫동안 서로서로를 섬기고 사랑하는 삶을 공유하는 이웃이었다. 성경은 크리스천의 모습을 이처럼 확실하게 제시하고 있다. 홀로 전쟁을 치른다면 전쟁의 위협에 압도당하기 십상이다. 우리에게는 공동체가 필요하다. 우리는 서로를 필요로 한다. 함께 그리스도의 용사로 서가는 가운데 교회 공동체로부터 나오는 능력을 필요로 한다. 당신이 기도와 금식으로 파수대(망루)를 세우고 의로움과 감사로 그 외벽을 강화할 때, 당신은 가정과 당신의 공동체를 위해 안전을 제공하게 된다.

당신이 미스바의 등불을 켜고 성령을 환영할 때, 하나님께서 당신의 땅에 거주하기 시작하신다. 하나님의 평안 속에서 당신과 당신의 자녀들은 평화를 얻게 될 것이다. 당신은 하나님께서 당신에 관해 말씀해 주실 초자연적 정보들을 파수대(망루)로부터 얻게 된다. 하나님께서는 당신을 대적하는 적군들을 지켜보신다. 하나님은 당신을 빛으로 삼으셔서 어둠에 머물러 있는 사람들이 볼 수 있게 하신다. 하나님은 당신을 판단하시고 정결케 씻으셔서 왕을 위한 폭풍의 전사로 만드신다.

돌파구의 하나님

우리의 삶을 주님께 내어 드린다면 우리를 무너뜨릴 법한 폭풍들은 결국 여정의 종착점으로 더 빨리 이동시켜주는 촉매제로 작용할 것이다. 인생 가운데 경험하게 될 '문제'와 '환난'이라는 도구는 모든 일을 승리로 이끄시는 하나님의 원대한 계획을 낱낱이 드러내준다. 또한 우리에게 힘을 실어줘 그 계획의 실현에 한 발자국 더 가까이 다가갈 수 있도록 도와준다. 하나님께서는 폭풍 가운데 돌파구를 열어주신다. 유사 이래로 하나님께서는 이 사실을 스스로, 거듭, 증명해 보이셨다.

다윗이 하나님께 물어 가로되 내가 블레셋 사람을 치러 올라가리까 주께서 저희를 내 손에 붙이시겠나이까 여호와께서 이르시되 올라가라. 내가 저희를 네 손에 붙이리라 하신지라 이에 무리가 바알부라심으로 올라갔더니 다윗이 거기서 저희를 치고 가로되 하나님이 물을 흩음같이 내 손으로 내 대적을 흩으셨다 함으로 그곳 이름을 바알브

라심이라 칭하니라(대상 14:10-11)

돌파구는 엄청난 압력이 가해질 때 '펑' 하고 뚫린다. 물이 불어나 댐이 수압을 못 버티면 곧 무너지게 되는데 이때 엄청난 양의 물이 폭포수처럼 쏟아져 나온다. 말 그대로 홍수이다. 물이 지나는 길에 놓인 모든 것은 휩쓸려버린다. 다윗이 쟁취한 승리가 바로 이런 종류의 것이었다. 하나님은 당신에게도 마찬가지로 돌파구를 열어주실 준비가 되어 있다.

하나님을 향한 당신의 믿음과 매일매일 작은 일에 순종하는 습관은 돌파구를 만들어내는 중요한 요소이다. 연단을 통해 인내하며 의를 이룰 때, 압력이 증가한다. 당신이 견고히 서서 흔들리지 않고 성경말씀을 있는 그대로 믿으면 압력은 축적된다. 불가능한 일을 가능하다고 믿기 시작할 때, 압력은 증폭된다.

한 가지 확실한 사실이 있다. '하나님은 돌파구의 주(主)'이시다. 하나님의 축복은 그 어떤 저주보다도 훨씬 더 강력하다. 그의 축복은 어떠한 장애물도 제거해내고 하나님의 길을 가로막고 있는 그 어떤 거인도 물리쳐낸다.

하나님께서 우리에게 오시면 홍수가 이는 것과 같다. 하나님께서는 자기 앞에 서 있는 적들을 쓸어버리신다. 그러므로 비록 그가 더디 오시는 것 같더라도 기다려라. 계속해서 금식하고 기도하라. 하나님께서 당신에게 맡기신 작은 일에 충성하라. 지금 이 순간에도 당신 앞에 놓인 장애물 뒤로 하나님의 축복이 차곡차곡 쌓여 큰 압력을 이루어가고 있다. 모든 것에 대하여 하나님과 이웃에게 감사함으로 압력을 더하라. 대적의 면전에서 하나님의 위대하심을 찬양하며 하나님을 향해 변치 않는 신뢰를 표현할 때, 돌파구를 내고도 남을 만큼 큰 압력이 방출된다. 오래지 않아 장애물의 벽이 무너질 것이다.

때때로 사람들은 돌파구가 열리기 바로 직전에 포기하곤 한다. 다윗은 큰 승리를 거둔 후에 하나님께 이렇게 찬양했다. "내가 내 원수를 따라잡으리니 저희가 망하기 전에는 돌이키지 아니하리이다"(시 18:37). 하나님은 우리가 원수를 끝까지 쫓아 패배시키기를 원하신다. 하나님은 우리가 휴전하는 것을 원치 않으신다. 승리 직전에 전장을 떠나버리는 것을 원치 않으신다.

마귀와 대면했을 때라면, '평화 협정'이라는 항목은 선택 사양에서 제외된다. 우리는 종종 정부가 "용서 못할 적이지만 평화를 위해서 울분을 삼키며 그들과 협정을 맺어야만 했다"라고 성명을 발표하는 것을 듣는다. 이렇게 하는 것은 원수가 침략할 발판을 더욱 견고히 다져주는 일일 뿐이다. 오랫동안 고통과 압제를 주어 의인을 곤고케 만드는 것은 마귀의 낡고 낡은 영적 전략이다. 크리스천은 지리한 고통이나 질고를 이유로 마귀와 협상하려 해서는 안 된다. 우리는 주님께서 우리를 만지시도록 허락함으로써 '전쟁 때문에 더 굳건해진' 크리스천이 되어야 한다. 마귀가 우리를 만지도록 허락하여 '전쟁 때문에 더 곤고해진' 크리스천이 되어서는 안 될 것이다.

새로운 시각

하나님께서는 자신의 백성에게 새로운 시각을 부여하신다. 하나님은 '용사'로 부르신 백성들의 눈에서 비늘을 벗겨주신다. 오랫동안 덮고 있던 비늘이 벗겨지므로 새로운 시각을 확보하게 된다. 마치 삼차원 입체 영화관에 들어갈 때와 마찬가지로, 우리는 영적 전쟁의 실체를 보게 되고 전에 맛보지 못했던 영적 승리를 경험하게 될 것이다. 한때 먼 나라 이야기처럼 생각되었던 영적인 일들, 평판 스크린(flat screen)에서나 볼 수 있는 이론 정도로 치부해버렸던 영적인 일들이 갑자기 실생활로, 입체적으로 생생하게 다가오기 시작한다. 당신과 아무리 친한 사람일지라도 당신이 보는 것을 보지 못할 것이다. 왜냐하면 당신은 하나님께서 주신 성령의 렌즈를 착용하여 새로운 시각으로 사물을 바라보기 때문이다. 성령의 렌즈로 당신은 이전과는 다른 관점을 갖게 되었다. 이제 당신은 전쟁의 한가운데 서 있는 자신의 모습을 볼 수 있다.

당신의 때가 도래하였다! 전에는 한 번도 스스로를 위대한 믿음의 용사 혹은 용감한 전사(戰士)라고 생각해본 적이 없었을지도 모른다. 평범한 삶을 살고 있는 평범한 무리 가운데 한 명 정도, 별로 특별할 것 없는 범부(凡夫) 정도로 스스로를 평가했을는지도 모른다.

다윗 왕은 평범한 목동으로 시작했다. 하지만 양 떼를 몰고 들판으로 초원으로 나가야 했던 유년시절 동안 사자나 곰과 같은 맹수로부터 아버지 소유의 양 떼를 지켜내면서 점차 용맹스럽고 충성된 대장부로 성장해나갔다. 낮밤 할 것 없이 들판에서 보내야 했던 수많은 날들은 장차 그가 다스릴 왕국이 치러야 할 영적 전쟁, 물리적 전쟁에서 승리를 쟁취하기 위해 반드시 필요했던 훈련의 시간이었다. 하나님을 향한 신뢰를 돈독히 쌓았기 때문에 다윗은 이스라엘의 환난 당하고, 마음이 원통하고, 빚 진 백성들이 의지할 수 있는 '방어벽' 역할을 담당할 수 있었다.

그러므로 다윗이 그곳을 떠나 아둘람 굴로 도망하매 그 형제와 아비의 온 집이 듣고는 그리로 내려가서 그에게 이르렀고 환난 당한 모든 자와 빚진 자와 마음이 원통한 자가 다 그에게로 모였고 그는 그 장관이 되었는데 그와 함께한 자가 사백 명 가량이었더라 다윗이 거기서 모압 미스베(모압의 미스바 파수대)로 가서(삼상 22:1-3)

환난 당하고(distressed), 빚지고(in debt), 마음이 원통한 자들(dis-contented)—사실 이들은 진정한 삼차원(3D) 입체 영상의 군대이다. 이들은 평판 화면의 일상에서 뛰쳐나와 하나님의 용사들로 일어선 것이다. 그들 중 대다수가 궁지에 몰렸고 더 이상 잃을 것이 없는 상황이었기에 일어설 수 있었던 것이다. 생존 자체가 위협을 받고 있던 터라 이렇게 말했던 것이다. "이제 그만! 더 이상 물러설 곳도 없다. 갈 데까지 갔어!" 이들은 폭풍의 전사가 지니는 정신력을 갖고 있다. 삶 속의 환난, 아픈 경험, 어려운 환경이 그들을 코너로 몰아붙였기에 그들은 일어설 수밖에 없었다. 바로 이러한 태도야말로 성령께서 그리스도와 친밀한 크리스천에게서 원하시는 반응이다.

이들 추종자 가운데 다윗의 용맹스런 전사들이 있었다. 이들은 일반 병사가 겁을 집어먹고 도망칠 때, 큰 공을 세웠다. 폭풍이 몰아칠 때 주님이 주시는 능력을 취하는 사람들은 주님의 대적을 향해 담대히 일어설 수 있다. 수많은 믿음의 사도들처럼, 그들의 이름은 "하나님을 위해 삶을 내려놓을 준비가 된 사람들"이라고 기록된다.

다윗의 용사들의 이름이 이러하니라 다그몬 사람 요셉밧세벳이라고도 하고 에센 사람 아디노라고도 하는 자는 군장의 두목이라 저가 한때 팔백 인을 쳐 죽였더라 그 다음은 아호아 사람 도대의 아들 엘르아살이니 다윗과 함께한 세 용사 중 하나이라 블레셋 사람이 싸우려고 모이매 이스라엘 사람들이 도망한지라 그때 세 용사가 싸움을 돋우고 저가 나가서 손이 피곤하여 칼에 붙기까지 블레셋 사람을 치니라 그날에 여호와께서 크게 이기게 하셨으므로 백성들은 돌아와서 저의 뒤를 따라가며 노략할 뿐이었더라 그 다음은 하랄 사람 아게의 아들 삼마라 블레셋 사람이 떼를 지어 녹두나무가 가득한 밭에 모이매 백성들은 블레셋 사람 앞에서 도망하되 저는 그 밭 가운데 서서 막아 블레셋 사람을 친지라 여호와께서 큰 구원을 이루시니라(삼하 23:8-12)

다그몬 사람은 다윗과 함께한 세 용사 중 우두머리였다. '다그몬' 이라는 말의 뜻은 '통찰력과 실질적 지혜를 겸비한 사람' 이다. 아주 심오한 영적 전쟁이라도 승리를 쟁취하기 위해서는 실생활에 필요한 지혜를 가지고 있어야만 한다. 하나님께서는 우리가 갖고 있는 의문점에 대답하시기 위해, 또 그의 전쟁 계획을 알려주시기 위해 우리에게 성령을 주셨다. 또한 우리 주변에 영적 리더들을 포진시켜 주셨다. 그러므로 권위자들로부터 쉽게 상처를 받는 사람의 경우 폭풍의 전사가 되기 어려울 것이다. 그 이유를 여기에서 찾아볼 수 있다. 손위의 지도자가 전략적인 실수를 저지르는 것처럼 보일지라도 그 전략을 따른다면, 당신은 큰 공을 세울 수 있는 위치에 서게 될 것이다.

도대의 아들 엘르아살은 너무도 격렬하게 싸운 나머지 손이 붓고 칼이 손에 달라붙을 정도였다. 이 경우 그 칼은 하나님의 말씀을 상징한다고 할 수 있다. 사탄을 물리치기 위해 예수님께서 하나님의 말씀을 사용하시며 "기록되었으되!"라고 선포하신 것과 같다. 엘르아살이라는 이름의 뜻은 '주님은 나의 도움' 이다. 그리고 '도대' 는 히브리말로 '사랑하는' 이라는 뜻이다. '아호아'는 '형제애'를 뜻한다. 그러므로 아호아 사람이자 도대의 아들 엘르아살은 자신의 형제에 대한 사랑 때문에 전쟁을 치를 줄 아는 사람들을 대표한다. 결단과 충성으로 똘똘 뭉친 그의 손은 말씀이라는 무기와 하나가 되었다. 그는 자신의 형제이자 왕인 다윗을 위해 성령의 검을 휘둘렀다.

의사들이 우리 아들 애런이 죽게 될 것이라고 이야기했을 때, 나와 보니는 하나님께서 우리에게 주신 말씀과 일체가 되기로 결심했다. 그 말씀은 "네가 아들을 낳으리라"였다. 하나님의 초자연적인 영광이 우리에게 돌파구를 열어주었다. 비록 죽음을 바라봐야만 하는 상황이었으나 우리는 유업으로 받은 땅을 포기하지 않았다. 가장 위대한 용사는 형제를 사랑하고 하나님의 뜻대로 하나님의 영광을 전달하는 사람이다.

아게의 아들 삼마는 이스라엘 군대가 도망칠 때 녹두나무가 가득한 밭에서 블레셋 사람들을 대항하여 일어섰다. 그는 자신의 생명을 다해 그 밭을 지켰다. 거대한 블레셋의 장수들을 무찔러 넘어뜨렸다. 바꿔 말하자면 그는 녹두 콩을 위해 자신의 생명을 위험에 빠뜨린 것이다. 왜냐하면 그곳은 전략적 요충지이자 후대를 위한, 영원한 식량 공급처이기 때문이었다. 수세기 동안 마귀와 그의 군대는 우리가 받은 유업의 조각들을 계속해서 도적질해왔다. 모든 크리스천에게 주어진 유산들 중 하나는 병을 치유하고, 귀신을 쫓고, 기적을 일으키는 성령의 능력이다. 지금은 영적인 폭풍의 전사 세대가 일어나 다시금 그 유업을 취하고 후대를 위해 회복해야 할 때이다.

하나님의 역사를 불편스럽게 여기는 사람들은 기적에 대해 언급하는 자체도 종교적 실수를 범하는 것으로 치부해버린다. 하지만 지금 교회는 일어나 다시금 유업을 회복하고 있다. 한 번에 한 뼘의 콩밭씩을 되찾고 있는 중이다!

'삼마'라는 이름은 '폐허'라는 뜻이다. '아게'는 '불꽃'이다. 하나님의 횃불을 운반하게 될 사람이 처음에는 황폐한 인생처럼 보이는 것이 결코 낯설지는 않다. 때때로 우리의 가장 큰 손실이 가장 큰 승리를 위한 원동력이 되곤 한다. 성령께서 오시면 하나님의 영광의 불꽃이 나타난다. 오순절의 능력 가운데 멍에를 끊는 기름부음이 흘러나온다.

장차 우리는 승리하게 되는데 이는 우리의 능력 때문도 아니고 우리에게 있는 힘 때문도 아니다. 오직 성령 때문이리라. 성경에 기록된 이 약속은 예수님을 믿는 모든 크리스천에게 참 진리이다. 그들의 배에서 성령의 생명수가 거침없이 솟아나 모든 악을 제해버릴 것이다. 예수님께서 "내가 너희에게 갈 것이다"라고 말씀하셨을 때, 그는 그의 성령이 임할 것을 뜻하신 것이다.

바로 오늘, 성령 안에서 용기를 내어 어려움의 상황들과 맞닥뜨려라. 주님께서 당신에게 무엇을 해야 할지 또 어떻게 해야 사명을 감당할 수 있는지를 보여주시도록 허락해 드려라. 당신은 왕이신 예수님과 그의 영원한 왕국을 위해 싸우는 것이다. 이것이야말로 다윗의 용사들 같은 영웅이라면 품어야 할 비전이다. 물론 그들은 영웅처럼 보이지 않았다. 그들 중 어떤 이는 적군의 공격으로 인해 황폐화된 삶에 싫증이 났을 뿐이었다. 하지만 그들 모두는 다윗 왕에게 기름부으심이 있음을 확인했고 왕을 위해 싸우기로 결심했다. 삶 가운데 맛보았던 쓰디쓴 경험을 자신의 세대를 위한 돌파의 기회로 삼았다.

하나님은 도전을 두려워하시지 않는다. 가장 절망적인 상황 속에서 헤매고 있는 우리를 보시며, 크신 능력으로 우리 삶 가운데 개입하실 때 하나님은 스스로 가장 큰 영광을 취하신다. 당신이 직면하고 있는 문제가 어려우면 어려울수록 하나님께서는 자신의 강한 힘을 펼쳐 보이실 기회를 더 많이 갖게 되신다!

지금도 우리에게는 용사들이 필요하다

우리의 자유를 강탈하려고 호시탐탐 기회를 엿보는 옛 원수들이 또다시 기를 펴고 일어나고 있다. 우리는 이러한 때에 살고 있다. 이 원수들은 교육 기관에서는 철학을 통해, 교회 및 크리스천 공동체에서는 영적 타협을 통해, 도덕 및 윤리적으로는 정치적 공정성(political correctness)을 통해, 국제적으로는 세계를 지배하려는 테러리스트들을 통해 영향을 끼치려 한다. 이러한 때에 하나님을 아는 백성들이 일어나 말씀의 진리와 성령의 능력을 통해 위대한 일을 수행해야 한다.

다윗의 용사들은 징집된 군사들이 아니었다. 그들은 자원병들이다. 단지 당신의 마음속에 진심으로 하나님을 섬기려는 의도가 있기 때문에 자원하여 일어선다면, 그제야 비로소 하나님께서 당신을 사용하실 수 있다. 당신이 어떤 환경에 처해 있는가는 문제가 되지 않는다. 사실 다윗의 용사들은 사회에서 거절당한 '왕따'로서 시작했다. 그러나 그들 안에는 하나님께서 찾으시는 무언가가 있었다. '자원하는 심령'이 그것이다. 그들은 다윗을 사랑했다. 또 다윗의 삶 가운데 드러난 기름부으심을 존중했다. 그를 너무도 사랑했고 그 기름부으심을 너무도 존중한 나머지 그들은 목마른 다윗에게 물 한 컵 가져다주기 위해 자신들의 목숨을 걸고 적진을 통과하여 베들레헴의 우물까지 나아갔다(삼하 23:15-17 참조). 그들은 자신의 목숨을 내려놓을 정도로 그렇게 하고 싶었던 것이다.

우리는 역사 가운데 등장했던 수많은 폭풍의 전사들의 계보를 이어가야 한다. 그들 모두에게는 목숨을 걸고서라도 쟁취해야 할 무언가 가치 있는 것이 있었다. 아브라함은 일개 유목민이었다. 하지만 먼 곳으로 이주하여 이방인들 가운데서 삶을 살아가라는 하나님의 음성에 순종하였다. 한 번은 다섯 왕이 이끄는 군대와 대면하여 전쟁을 치러야 했는데, 그는 다만 318명의 남자들을 이끌고 전장에 나섰다. 하지만 아브라함이 이끄는 소수의 군대가 다섯 왕의 대군을 무찔렀다. 그는 용사였다.

모세는 최고사령관(하나님)으로부터 명령을 받았다. "나는 네가 세상에서 가장 강한 사람(바로 왕)을 무너뜨리길 원한다. 그리고 2백만 명 되는 내 백성을 그의 나라에서 탈출시키길 원한다." 하나님의 능력으로 이 일들이 일어났다!

삼손은 나귀의 턱뼈로 천 명을 무찔렀다. 그가 죽음의 순간에 무찌른 적군의 숫자는 그가 살아 있을 때 해치운 적군의 수보다 훨씬 더 많았다.

다니엘은 사자 굴에 들어가는 것을 두려워하지 않았다. 세례 요한은 두려워하지 않고 죽음을 맞이하였다. 바울은 폭풍에 이어 폭풍이 뒤이어도 용감하게 대처해나갔다. 그는 결국 자신의 삶을 관제(drink offer-ing)로서 하나님 앞에 부어드렸다.

다윗은 부하들이 목숨을 걸고 길어온 물을 하나님 앞에 쏟아 관제로 올려드렸다. 비록 땅에 쏟아졌으나 하나님 앞에 관제로 바쳐진 그 우물물처럼, 이들의 삶 역시 헛되지 않았다. 하나님께 특별한 것을 내게도 특별한 것으로 여기기 시작한다면, 하나님 역시 나에게 특별한 것을 자신에게 특별한 것으로 여겨주실 것이다. 우리가 무엇을 가장 소중하게 여기는지 알고 싶으면 우리의 기도를 살펴봐야 한다. 기도 가운데 우리의 우선순위가 명확히 드러나기 때문이다. 만일 우리의 기도 가운데 "하나님 이것을 주십시오. 저것을 주십시오. 내게 이렇게 해주십시오. 나, 나를…"이라는 말들이 길게 이어진다면 혹시 우리의 기도 때문에 하나님이 근심하시지는 않을지 확인해봐야 할 것이다. 만일 우리가 우리 자신을 위해서 남을 이용하고, 그에게 무언가를 요구하고, 항상 바라기만 한다면 그와 맺고 있는 (사랑의) 관계는 큰 위험에 처할 것이다. 이렇게 하는 대신에 우리가 사랑하는 사람들에게 중요한 것들을 우리의 우선순위로 삼으면서 사람들을 섬기자. 먼저는 예수님을 향한 사랑을 우선순위로 삼아보자. 하나님이 이 땅 위에 임명하신 천국의 대사들, 곧 우리들이 하나님의 우선순위를 우리의 우선순위로 삼고 날마다 기도하면서 하나님께 가까이 나아간다면 하나님은 기뻐하실 것이다.

믿음대로 되라

예수께서 그 집을 나서자마자 소경 둘이 길에서 그를 따르며 큰 소리로 외쳤다. "다윗의 자손이여! 자비를 베푸소서. 우리에게 은혜를 주소서." 예수께서 다른 집으로 들어가시자 그들도 따라 들어갔다. 예수님께서 그들에게 말씀하셨다. "내가 정말 이 일을 할 것으로 믿느냐?" 그들이 대답했다. "그럼요! 주님!" 예수님께서 그들의 눈을 만지시며 말씀하셨다. "너희 믿음대로 될지어다." 실제로 그렇게 되었다. 그들은 보게 되었다.(마 9:27-30, 유진 피터슨의 메시지성경)

폭풍의 전사라면 누구나 성경말씀의 진리라는 안경으로 자신을 바라봐야 한다. 하나님 안에서 진정한 자아의 정체를 알려주는 성경말씀의 진리 말이다. 당신의 생각의 초점을 승리를 향해 맞추라. 당신의 과거가 당신의 미래를 결정짓지 못하게 하라. 그리스도 안에서 우리를 항상 승리케 하시는 하나님을 찬양하라. 그러면 당신은 이 사실을 깨닫게 될 것이다. "하나님은 나의 가장 큰 실망의 순간도 가장 큰 승리로 변화시켜 주신다."

돌파구를 얻느냐 못 얻느냐를 결정짓는 것은 죽음을 불사하고서라도 전쟁을 치를 의지가 있느냐 없느냐이다. 당신이 죽음을 두려워하지 않는다면, 적군은 당신을 넘어뜨릴 수 없다. 때때로 우리는 과거의 상처를 떠나보낼 때 죽음을 경험한다. 내 방식대로 하고픈 마음을 내려놓아야 할 때 죽음을 경험하기도 한다. 또는 하나님을 더욱 온전히 섬기기 위해 꿈과 비전마저 내려놓아야 할 때 죽음을 경험하곤 한다. 하나님께 영광 돌리기 위해 혹은 다른 사람이 높아지기를 바라며 내 자신의 안전, 편리, 복지를 희생하고자 할 때 우리는 죽음을 경험한다. 다른 사람 앞에서 자신을 낮출 때, 하나님 앞에 겸손히 엎드릴 때 항상 죽음을 경험한다. 십자가에서 예수님께서는 사람들의 공격과 무례와 상처를 스스로 입으셨다. 당신에게 상처를 입힌 사람에게 보복할 수 있는 권리를 내려놓는다면 당신의 마음에는 부활의 생명이 솟구칠 것이다. 우리가 스스로 정의(公義)를 실현하는 대신 남을 용서해줄 때, 우리 자신이 '하나님의 의'가 된다. 그러면 우리는 '의인이 믿음으로 말미암아 살 수 있는' 자유의 영역 속으로 들어갈 수 있다.

요셉의 인생은 용서의 능력을 보여주는 실례(實例)이다. 그는 다른 사람의 죄 때문에 구덩이에 던져졌다. 그러나 하나님께서는 형제들로부터의 배신을 통해 요셉의 발을 들어 높은 곳으로 인도하셨다. 요셉은 마음속에 쓴 뿌리, 원한의 감정을 오래도록 지녀야 할 충분한 이유를 가지고 있었다. 그러나 그는 다른 사람들의 잘못으로 자신의 미래를 빚고 싶지 않았다. 자신이 빠졌던 구덩이로 자신을 한정 짓기를 원하지 않았다. 그 어둠의 공간 속에서 요셉은 하나님이 주셨던 꿈을 기억했다. 그는 이 비전을 붙들었다. 그는 말씀하신 대로 이행하시는 하나님의 능력으로 자신의 미래 모습을 결정지었다. "그 발이 차꼬에 상하며 그 몸이 쇠사슬에 매였으니 곧 여호와의 말씀이 응할 때까지라 그 말씀이 저를 단련하였도다"(시 105:18-19).

구원의 능력을 겸비하신 한 분 하나님을 신뢰했기에 요셉은 주님을 향한 올바른 마음을 가질 수 있었고, 하나님이 원하시는 알맞은 시기와 알맞은 장소에 머물 수 있었다. 이로써 하나님은 요셉을 아주 놀랍게 사용하실 수 있었다. 지하감옥까지 내려갔으나 결국에는 이집트의 파라오 옆 자리에 앉는 영광을 얻게 되었다. 그의 때가 도래했을 때, 역경을 통해 빚어진 그의 영향력과 인격의 강점은 위기의 때 온 나라를 구원할 수 있는 돌파구의 원동력이 되었다. 결국 요셉이 인내해야 했던 폭풍은 그를 목적지로 더 빨리 이송시켜 주는 촉매제 역할을 했다.

우리의 미래는 종종 우리의 결정에 따라 달라진다. 폭풍에 대한 우리의 반응에 따라 폭풍의 경로가 변하고 많은 사람들에게 미치는 영향도 달라진다. 상처, 분노, 쓴 뿌리, 질투, 자기연민 등 때문에 우리는 주저앉곤 한다. "무릇 지킬 만한 것보다 더욱(부지런히) 네 마음을 지키라 생명의 근원이 이에서 남이니라 궤휼을 네 입에서 버리며 사곡을 네 입술에서 멀리하라"(잠 4:23-24).

그동안 사역해왔던 나날들을 통해 보건대, '마음의 문제들' 때문에 돌파구들이 열리는 시점이 지연되는 경우가 많았다. 하나님께서는 지금도 상한 마음을 치유하고 계신다! 회개하라. 그리고 실망감, 배신감, 마음의 상처를 하나님께 내어 드리라. 예수 그리스도께서 부활하심으로 능력 가운데 보장해주신 승리의 길을 향해 전진하라.

세상에는 규율이 없다. 냉혹함이 팽배할 뿐이다! 세상은 싸우더라도 공정하게 싸우지 않는다. 그러나 우리는 그렇게 살지 않는다. 또 세상의 방법대로 싸우지 않는다. 그렇게 싸우지 않았었고 앞으로도 그렇게 하지 않을 것이다. 우리가 사용하는 무기는 팔기 위한 것 혹은 남을 속여 조종하기 위한 것이 아니다. 썩어빠진 세상 문화를 무너뜨리기 위한 무기이다. 우리는 하나님의 강력을 이용하여 하나님보다 높아진 모든 철학과 생각을 파쇄한다. 하나님의 진리를 거스르는 모든 것을 무너뜨린다. 고삐 풀린 생각과 감정과 충동을 그리스도 앞에 무릎 꿇린다. 우리가 사용할 무기는 모든 견고한 진을 무너뜨리며 순종하는 삶을 건설할 준비가 되어 있다. (고후 10:3-6, 유진 피터슨의 메시지성경)

우리는 예수 그리스도의 죽음과 부활의 승리를 통해 영적인 권위를 받았다. 만일 후대를 위해 돌파구를 열어주고자 한다면 우리 각 사람은 이 진리를 개인적으로 붙들어야 한다. 각 가정에 불어닥친 폭풍은 우리를 열방을 향한 폭풍의 전사로 빚어낸다. 우리 주변의 환경, 개개인의 성격, 문화, 정부, 사회는 우리 눈에 보이지 않는 영적 전쟁을 반영하고 있다. 영적 전쟁이 일어나는 전쟁터는 환경, 성격, 문화, 정부, 사회보다 훨씬 더 큰 규모이다. 폭풍을 앞둔 상황에서 우리가 어떤 권세를 갖고 있는지 깨닫는다면 우리는 초자연적인 은혜와 평강 가운데 폭풍을 이겨낼 수 있다.

물리적인 무기든 영적인 무기든 원수가 우리를 향해 겨누고 있는 그 어떤 무기도 우리 안에 거하시는 성령 하나님의 능력과 권세를 이기지는 못한다. 이 사실을 깨달으면 우리의 태도가 변화될 것이다. 우리가 몸담고 있는 가장 밀접한 영역에서 승리를 쟁취하기 시작한다면, 우리 자녀 혹은 그 자녀의 자녀 세대에게까지 축복을 전해줄 수 있을 것이다.

> 종말로 너희가 주 안에서와 그 힘의 능력으로 강건하여지고… 우리의 씨름은 혈과 육에 대한 것이 아니요 정사와 권세와 이 어두움의 세상 주관자들과 하늘에 있는 악의 영들에게 대함이라 그러므로 하나님의 전신갑주를 취하라 이는 악한 날에 너희가 능히 대적하고 모든 일을 행한 후에 서기 위함이라… 모든 기도와 간구로 하되 무시로 성령 안에서 기도하고 이를 위하여 깨어 구하기를 항상 힘쓰며 여러 성도를 위하여 구하고(엡 6:10, 12-13, 18)

가장 위대하신 영

나(마헤쉬)는 성령께서 나를 교두보로 세우셔서 여러 사람의 구원을 위한 돌파구로 만드셨던 과거의 특별한 사건을 영원히 잊지 못할 것이다. 당시 내가 집회를 인도했던 지역의 사람들은 주술사, 무당들로 인해 수년 동안 어둠의 압제 아래 시달리고 있었다. 그날, 비록 나는 하나님께서 나를 사용해주시길 온전히 바랐으나, 쓰임 받았다는 사실을 전혀 깨닫지 못한 채로 쓰임을 받았다! 집회에 참석했던 모든 사람은 어둠의 전선(戰線)이 침노하지 못하는 예수 그리스도의 부활 능력을 목격하였다.

우리는 주술과 무속의 중심지로 악명이 높았던 콩고의 한 지역에서 수차례 집회를 열고 있었다. 집회를 통해 수천 명이 구원받았고 귀신들림으로부터 자유롭게 되었다. 우리가 그곳에 있다는 이유로, 또 강력한 성령의 기름부으심 때문에 화가 난 무당들이 최고참 주술사를 고용하여 우리의 집회에 참석하게 했다. 그 주술사는 무당들의 사주를 받고 내게 저주를 내리기로 되어 있었다. 이 점을 이해하기 바란다. 아프리카에서는 무당이 "오늘이 다 가기 전 누군가가 죽을 것이다"라고 말하면 그 누군가는 그날이 다 끝나기 전에 죽는다. 그들의 힘은 실제적이다.

집회 중 어느 한 날, 약 5천 명의 사람들이 내게 기도를 받으려고 대기하던 중이었다. 그 지역의 목사님들은 군중 가운데 최고참 주술사가 있음을 알아차렸다. 하지만 주술사를 두려워하였기 때문에 감히 그 사실을 내게 알려주지 못했다. 그 주술사는 치유사역을 받기 원하는 수천 명의 대열에 서서 내가 그에게 다가가기를 기다리고 있었다. 내가 그의 앞에 설 때 내게 저주를 내릴 목적이었다. 아무것도 모른 채 나는 기도를 받으려고 줄 서 있는 사람들에게로 내려가 그들 한 사람 한 사람에게 손을 얹고 기도했다. "주님, 축복해주세요. 축복해주세요. 치유해주세요…."

내가 그 주술사 앞에 섰을 때였다. 갑자기 그의 눈동자가 머리 뒤로 넘어가 흰자만 보이는 것이었다. 그는 나를 향해 두 손을 뻗은 채 입을 벌려 짐승의 소리, 사람의 목소리, 남자, 여자, 사자, 퓨마의 소리를 한꺼번에 내뱉었다. 그때 나는 명확히 분별할 수 있었다. "이 남자, 문제가 있군!" 엄청난 영적 대결이 일어나고 있음을 알았기 때문에 내 머리칼은 쭈뼛쭈뼛 일어섰다. 보통 사람의 입에서 다양한 음성이 동시에 나오는 것은 불가능하다. 나는 그에게 손을 얹고 기도했다. "예수님, 이 사람을 축복해주세요."

　순간 그의 몸이 사람들의 머리 위 공중으로 높이 솟아올랐다. 그러고는 땅바닥에 내동댕이쳐졌다. 나는 깜짝 놀라서 몸을 움츠렸다. 바닥에 쓰러진 채 그는 일어서질 못했다. 고통을 못 이겨 몸부림치면서 주님께 저항할 힘조차 없이 무력한 모습으로 그 주술사는 다만 분노 가운데 으르렁거릴 뿐이었다. 수천 명의 이목이 집중된 곳에서 그는 수치를 당한 것이다. 나는 몇 분 동안 그를 지켜보고 다시 기도했다. "네, 주님. 이 사람을 축복해주세요." 그리고 사람들을 위해 계속해서 기도를 이어갔다.

　30분 정도 지난 후, 나는 물을 마시러 무대 쪽으로 돌아왔다. 그 주술사가 여러 목사님들과 함께 서 있는 것을 보게 되었다. 내가 그에게로 다가가자 그는 몸을 떨기 시작했다. 그가 말했다. "나는 영들의 세계를 압니다. 그런데 당신에게 임한 영은 내가 봐왔던 그 어떤 영들보다 더 강합니다!" 그 주술사는 예수님을 구주로 시인하기까지 바닥에서 일어날 수가 없었노라고 고백했다. 그날, 우리 모두는 하나님의 능력의 진상을 직접 목격하였다. "너희 안에 계신 이가 세상에 있는 이보다 크시니라" (요일 4:4).

　2천 년 전, 한 남자가 용감하게 일어섰다. 그는 스스로 모범이 되셔서 하나님께서 모든 사람들을 자녀로 입양하실 수 있도록, 그리고 그들 모두에게 구원, 치유, 영생을 주시기 위해서 구원의 이중문을 여셨다. 우리는 그의 친구이며 그의 모범을 따르는 사람들이다. 그는 우리를 부르셔서 각자의 삶 속에서, 가정 속에서, 지역사회 안에서, 국가 안에서, 이 세대 안에서 돌파구의 역할을 감당하게 하셨다. 당신은 지금 이 시간 전세를 역전시켜 하나님께 승리를 올려드릴 수 있는 돌파구가 될 수 있다. 바로 당신이 전환점의 열쇠이다. 당신이 거듭났을 때, 성령께서 당신 안에 거주하기 시작하셨다. 죽은 자 가운데서 예수를 일으키신 동일한 성령께서, 그 주술사의 검은 능력을 파쇄하신 바로 그 성령께서 나와 당신 안에 내주하신다.

예수님께서는 말씀하셨다. "너희들은 능력으로 옷 입게 될 것이다." 예수님은 자기와 동행하기 원하는 절친한 친구들을 찾으려고 다시금 겟세마네 동산으로 올라가셨다. 그와 함께 깨어 기도할 성령의 사람들, 곧 폭풍의 전사들을 찾기 원하신 것이다. 지금 예수님께서는 하나님을 위해서라면 목숨을 걸고서라도 이 세대 가운데 돌파구의 역할을 감당하고자 하는 사람들을 찾고 계신다.

이 모든 일을 다 마친 후에 견고히 서라. 대적 앞에 당당히 서라. 돌파를 기대하라.

11 | Rules of Engagement
교전 수칙

내가 너희에게 뱀과 전갈을 밟으며 원수의 모든 능력을 제어할 권세를 주
었으니 너희를 해할 자가 결단코 없으리라(눅 10:19)

지금 나누려는 이야기는 어린 시절 내 아내 보니가 겪었던 이야기이다. 나는 종종 사람들에게 이 이야기를 들려주곤 한다. 아내는 뉴멕시코의 목장에서 어린 시절을 보냈다. 여느 때처럼 소 떼를 몰아야 했던 그날, 보니와 사촌형제들은 헛간에서 숨바꼭질을 하고 있었다. 당시 아내는 여물통 주변 어두운 구석에 겨우겨우 몸을 숨겼다. 그때 갑자기 재잘거리는 소리가 들렸고 무언가가 발밑에서 올라오는 느낌이었다. 이후 그녀가 기억하는 것이라고는, 잔뜩 겁이 나서 헛간 밖으로 뛰쳐나왔다는 것, 신발 한 짝은 어디다 두었는지 모른 채로 팔짝팔짝 뛰면서 고래고

교전 수칙: 적과 대치한 상황에서 어떻게, 또 어떤 이유로 발포해야 하는지를 명시해놓은 군 규정-역자 주

래 비명을 질렀다는 것뿐이었다. "뱀이야! 뱀! 뱀!"

그녀의 아버지와 삼촌들은 헛간으로 뛰어들어 갔다. 그들은 뱀을 발견하자 곧바로 죽였다. 보니의 아버지는 뱀의 사체를 삽날 끝에 걸고 밖으로 나와 보니에게 보여주었다. 90센티미터 길이의 방울뱀이 독니에 무언가를 물고 있는 채 죽음을 맞은 것이다. 그것은 다름 아닌 보니의 다른 한쪽 샌들이었다!

보니가 경험했던 이 끔찍한 이야기는 우리의 원수 마귀가 어떻게 공격을 가해오는지를 잘 설명해준다. 헛간의 어두운 구석에 움츠리고 있던 뱀처럼, 마귀는 어두운 곳에 웅크린 채 공격할 기회를 엿보고 있다. 그는 할 수만 있다면 자신의 방법과 자신의 시간표에 따라 우리를 싸움에 끌어들일 것이다. 그의 전략은 우리의 시선을 하나님의 큰 그림(성경에 기록된 우리의 우선순위 임무)으로부터 다른 곳으로 돌려 우리로 하여금 수동적이고 방어적인 태도를 취하게 만드는 것이다. 하지만 우리가 주님의 교전 수칙(rules of engagement)을 배운다면 마귀와의 싸움에서 우위를 점할 수 있게 된다.

어린 시절 보니는 가족들 모두가 소 떼를 이끌고 테일러(Taylor) 산의 고원 목초지로 이동하는 여름을 손꼽아 기다릴 만큼 좋아했다. 그곳의 기온은 서늘하고 또 고도도 높았기 때문에 거기에는 뱀이 살 수 없다. 그곳은 '뱀 거주 가능 한계선' 보다 높은 곳이었기에 보니는 뱀과 마주칠 염려 없이 자유롭게 뛰어놀 수 있었다.

성경은 이러한 장소에 대하여 언급하고 있다. 우리는 주님과 함께 이 장소로 들어가기 때문에 마귀는 그곳을 염탐할 엄두조차 내지 못한다. "말일에 이르러는 여호와의 전의 산이 산들의 꼭대기에 굳게 서며 작은 산들 위에 뛰어나고 민족들이 그리로 몰려갈 것이라"(미 4:1). 예수님께서는 베드로와 야고보와 요한을 데리고 산으로 올라가셔서 그들 앞에 변화된 모습을 보이셨다(마 17장 참조). 사도 요한은 나팔 소리 같은 음성이 자신을 부르는 소리를 들었다. "이리로 올라오라"(계 4:1).

주님께서는 폭풍의 전사들을 그곳, 곧 '뱀 거주 한계선' 위의 지역으로 부르시고 그들과 함께 거주하신다. 욥기 28장 7-8절에는 이렇게 기록되었다. "그 길은 솔개도 알지 못하고 매의 눈도 보지 못하며 위엄스러운 짐승도 밟지 못하였고 사나운 사자도 그리로 지나가지 못하였느니라." 여호와의 산은 땅과 하늘 위의 그 어떤 영역보다도 더 높다. 우리는 이미 그곳에, 예수 그리스도와 함께 앉았다. 그곳의 대기는 '거룩한 호흡'(Ruach Ha Kodesh) 곧 여호와의 숨으로 가득하다. 성령의 기름부음이 영혼을 소생시키고, 모든 멍에를 끊어 마귀들이 도망할 수밖에 없는 곳이다.

이 장에서는 적과의 싸움에서 공격적인 자세를 취하는 방법을 배울 것이다. 하나님께서 우리를 위해 준비하신 계획과 목표를 이해하는 데 도움이 될 수 있는 교전 수칙을 공부할 것이다. 이것은 뱀의 머리를 밟을 때 우리에게 안전을 가져다주는 기술이며, 뱀 거주 한계선 위에 머물 수 있도록 도와주는 전략이기도 하다. 어떻게 해야 산 위로 오를 수 있을까? 지금 알아보자.

하나님이 들으시도록 찬양하라

거대한 보아구렁이에 관한 다큐멘터리를 본 적이 있는가? 보아구렁이는 자신의 몸뚱이로 먹잇감을 칭칭 감아 질식시킨다. 그리고 통째로 삼킨다! 돼지, 개, 심지어 사슴까지 보아구렁이에겐 한 입 거리밖에 되지 않는다.

이 놀라운 피조물이 처음부터 무시무시한 괴물로 태어난 것은 아니다. 처음에는 작고 보잘것없는 뱀이었을 뿐이었다. 바꾸어 말하자면, 어렸을 때는 손쉽게 다룰 수 있지만 자라면서 손댈 수 없는 위험한 약탈자로 변모해가는 것이다. 그렇기 때문에 가끔씩 애완용 뱀에 의해 살해된 사람의 이야기가 신문에 보도되는 것이다.

영적으로도 마찬가지이다. 우리의 마음과 생각 속에 조그마한 틈이라도 내어준다면, 마귀는 그것을 이용하여 우리를 파괴할 수 있다. 우리 주변에는 우리의 생명을 빼앗으려는 목적으로 우리의 삶과 가정을 천천히 휘감으려 하는 영적인 뱀들이 있다.

용사들이 지켜야 할 첫 번째 교전 수칙은 원수의 면전에서는 그리 효과적인 것처럼 보이지는 않지만 마귀의 전진을 막는 데에는 그 어떤 무기보다 훨씬 더 효과적이다.

첫 번째 수칙은 바로 찬양이다. 여기에는 예배, 감사, 그리고 성령 안에서의 기도(방언)가 포함된다. 다윗은 성산으로 올라가는 시(Psalms of Ascent)를 통해 우리에게 찬양의 모범을 보여주었다. 성산으로 올라가는 시는 이스라엘이 하나님의 산으로 올라갈 때 불렀던 찬양이었다. 시편 120편은 성산으로 올라갈 때 부르던 노래였는데, 그 내용을 보면 '낮은 곳'에서 시작됨을 알 수 있다. 즉 배신과 폭력으로 가득하지만 탈출구는 보이지 않는 한 남자의 삶을 보여줌으로써 시작되는 것이다. 그러나 그는 노래를 부르며 총 15단계(마치 사다리의 가로대 같은)에 걸쳐 구덩이 같은 삶에서 탈출한다. 더 높이, 아주 더 높이 올라가다가 결국에는 성소로 향하는 이중문 앞에 서게 되는데, 그 성소는 하나님의 임재가 머무는 장소이다. 그리고 그는 제사장의 기름부음을 얻는다. 이중문은 저절로 열리고 그는 성소로 들어가 감사와 찬양을 드리며 밤새도록 하나님과 교제하게 된다.

찬양은 뱀의 머리를 끊는다. 또한 마귀가 거주할 수 없는 분위기를 만들어준다. 매 순간, 모든 상황 속에서 드리는 진심어린 찬양과 예배는 우리의 가정, 교회, 나라에서, 각자의 삶 가운데 사용할 수 있는 무기이다. 만일 마귀가 우리를 넘어뜨리지 못함을 깨닫는다면, 그는 독성 있는 거짓말과 독니로 우리의 발목을 붙들어 더 높이 올라가지 못하게 만들려고 할 것이다. 그렇게 할지라도 주님을 찬양하는 우리의 마음은 결코 넘어뜨릴 수 없다.

찬양은 하나님께서 온 교회 안에 회복시켜 주실, 마지막 때를 위한 '사도적인 무기'이다. 당신은 바울과 실라가 한밤중에 어두컴컴한 감옥, 습기 차고 더럽고 쥐와 바퀴벌레가 득실거리는 지하감옥 안에서 하나님께 찬양을 드렸다는 이야기를 기억할 것이다. "이에 홀연히 큰 지진이 나서 온 터가 움직이고 문이 곧 다 열리며 모든 사람의 매인 것이 다 벗어진지라"(행 16:26). 이들의 찬양 가운데 하나님의 구원하시는 능력이 임하여 감옥의 '모든 문'이 열렸던 것이다. 우리가 부르는 찬양은 우리 개인의 환경에만 영향력을 미치는 것이 아니다. 그 이상이다. 바울과 실라의 찬양이 그들과 함께한 모든 수감자들의 차꼬를 풀었던 것처럼 우리가 부르는 찬양은 불의의 차꼬를 끊고 거기에 매였던 포로들을 풀어준다.

우리가 '파수꾼'의 예배를 드리던 어느 날 밤에 일어난 일이다. 영광의 파도가 불어와 회중을 덮었다. 우리 모두는 인간의 언어로는 형용하기 힘든 찬양의 경지로 들어가게 되었다. 하나님의 산에 오른 것이다. 하나님의 영화로운 임재 속에서 나는 그가 이렇게 말씀하시는 것 같은 느낌이 들었다. "이것은 내가 내 백성에게 승리를 안겨주는 주된 방법 중 하나이다. 대적이 어떠한 어려움을 안겨주더라도 내 백성은 찬양을 통해 승리를 거머쥘 것이다."

우리는 어둠이 더 짙어지는 시대에 살고 있다. 단지 성가시기만 했던 작은 독사가 어느새 무시무시한 괴물로 자라나 온 나라를 휘감고 있다. 미국에서는 세속적 인본주의자들이 크리스천들을 향해 목소리를 높이며 "더 이상 기독교적 경건의 기반은 이 땅에 설 곳이 없다"라고 말한다. 또 그들은 크리스천들이 이것을 사실로서 받아들이도록 강요하고 있다. 이스라엘의 파멸을 궁극적인 목적으로 삼는 테러범들은 도처에 독을 퍼뜨리고 있다. 그러나 찬양을 통하여 우리는 영적 무기를 들고 어둠을 향해 반격을 가할 수 있다. 찬양은 우리의 숨통을 죄는 마귀의 능력으로부터 우리를 구해줄 것이다.

일찍이 살펴본 대로 사도행전 28장은 난파선에서 극적으로 탈출하는 바울의 모습을 이야기해준다. 밀레도 섬의 해변에 겨우겨우 다다른 바울은 엎친 데 덮친 격으로 곧 독사에게 물리고 만다. 섬의 원주민들은 이 장면을 보고서 '이 죄수는 자기가 지은 죄에 대해 마땅한 형벌을 받은 것이다'라고 생각했다. 하지만 바울은 아무렇지도 않게 발을 흔들어 뱀을 떨어뜨렸다. 게다가 아픈 기색도 전혀 없었다.

그동안 찬양과 감사의 삶이 몸에 배었기 때문에 바울은 하나님의 능력이 언제든 자신을 구원할 것이라는 사실을 확신할 수 있었다. 수감, 난파, 독사의 위협은 바울의 선교여행 길을 저지할 수는 있었지만 그의 최종 목적을 저지할 수는 없었다. 하나님의 말씀을 선포하는 그의 사명을 가로막을 것은 아무것도 없다.

폭풍의 전사로서 우리는 찬양이 우리의 믿음을 견고히 세우는 데

도움이 된다는 사실을 깨닫게 될 것이다. 일단 침입을 하면 마귀는 몸뚱이를 불려 우리의 삶을 옭아맬 것이기 때문에 원수에게는 아주 조그마한 틈도 내주어서는 안 된다. 찬양과 예배와 성령으로 기도하는 삶을 생활화할 때 비로소 우리는 우리에게 맡겨진 사명에 초점을 맞출 수 있다. 이러한 삶이야말로 우리를 거룩한 산, 높은 곳으로 끌어올린다.

전쟁을 대비하라

그 다음 교전 수칙은 바울이 에베소 교회에 보낸 편지(에베소서)에서 찾아볼 수 있다. 바울은 이 서신에서 교회를 전투에 나서는 군대에 비유하였다. 이러한 비유를 통해 에베소 교인들은 바울이 의도하는 바를 훨씬 쉽게 이해할 수 있었다. 그 당시 로마의 정규군은 당대 최고의 군사력을 지녔다. 바울은 삶의 마지막에 이르러 수감생활을 했기 때문에 군사들의 삶에 대해 잘 알고 있었다. 그는 군대의 기강과 훈련과 헌신을 존중했다. 그가 스스로에 대해 "내가 내 몸에 예수의 흔적을 지녔노라"(갈 6:17)라고 말했을 때, 그가 언급했던 '흔적'은 로마 병사들이 기초 군사 훈련을 수료할 때 왼쪽 어깨에 받는 화인(火印)이었다.

바울은 교회가 어떠한 폭풍을 만나도 승리할 수 있도록 가르치고 격려하는 일에 당시 최강이었던 로마군의 전문 용어들을 사용하였다. 전에 우리는 아래의 성경 구절 중 일부를 살펴본 적이 있다. 여기에는 전문을 적어둔다.

종말로 너희가 주 안에서와 그 힘의 능력으로 강건하여지고 마귀의 궤계를 능히 대적하기 위하여 하나님의 전신갑주를 입으라 우리의 씨름은 혈과 육에 대한 것이 아니요 정사와 권세와 이 어두움의 세상 주관자들과 하늘에 있는 악의 영들에게 대함이라 그러므로 하나님의 전신갑주를 취하라 이는 악한 날에 너희가 능히 대적하고 모든 일을 행한 후에 서기 위함이라 그런즉 서서 진리로 너희 허리띠를 띠고 의의 흉배를 붙이고 평안의 복음의 예비한 것으로 신을 신고 모든 것 위에 믿음의 방패를 가지고 이로써 능히 악한 자의 모든 화전을 소멸하고 구원의 투구와 성령의 검 곧 하나님의 말씀을 가지라 모든 기도와 간구로 하되 무시로 성령 안에서 기도하고 이를 위하여 깨어 구하기를 항상 힘쓰며 여러 성도를 위하여 구하고(엡 6:10-18)

이것은 베테랑 용사가 장차 다가올 전투를 앞두고 있는 군사들에게 전하는 교훈이다. 그들을 준비시키고 보호하기 위한 전략적 충고인 것이다. 모든 군사는 정기적으로 모의전투훈련을 받는다. 그들의 목숨은 빗발치는 포화 속에서 대응할 수 있는 능력 그리고 얼마나 정확하게, 얼마나 신속하게 자신의 무기를 사용할 수 있는가에 달렸다. 서신을 통해 바울은 에베소의 교인들을 향해 "너희도 이같이 하라"라는 가르침을 전한 것이다.

바울의 첫 번째 명령은 "강하라!"이다. 이에 해당하는 헬라어는 엔두나무(endunamoo)인데, 성령의 능력(두나미스, dunamis)이 안겨주는 용기와 힘을 지칭한다. 폭풍의 전사는 하나님과 그의 능력에 신뢰를 둔다. 이는 무술 연마 중인 군사들이 지녀야 하는 자세와 같다. 당신의 발이 견고히 세워지면, 어떠한 역경이 찾아오더라도 당신은 중심을 잃거나 넘어지지 않을 것이다.

그 다음 명령은 "하나님의 전신갑주를 입으라!"이다. 여느 군사와 마찬가지로 매일매일 자신의 무기를 가지고 훈련에 임하는 것은 실전을 위한 필수 사항이다. 목회자로서 보니와 내가 관찰해온 결과, 지도자들이 저지르는 실수 중 가장 큰 실수는 열정만 있지 훈련은 받지도 않고 게다가 기강도 제대로 서지 않은 군사들을 전장에 내보내는 것이었다. 성공적인 집회, 흥분으로 가득한 컨퍼런스를 마치고 나면 마치 큰 전쟁을 치를 수 있을 것만 같은 느낌을 쉽사리 받게 된다. 하지만 열정 하나만으로는 싸움에서 이길 수 없다!

바울이 전하는 마지막 명령은 "무시로 깨어 성령 안에서 기도하라"이다. 성령과 친밀한 관계를 발전시키고 깨어 합심하여 기도하는 것은 실력 있는 영적 군대라면 확립해야 할 훈련체계이다. 폭풍의 전사들은 하나님의 말씀이라는 기반과 동료 제자들과의 관계를 통해 성령의 음성에 민감하게 반응하는 훈련을 받게 된다. '나 홀로 특수요원'은 없다. 단 한 명의 군사로 구성된 군대 역시 존재하지 않는다. 전투를 위해 준비된 군사들은 상위의 부대로 연합한다. 이들은 하나의 지휘체계 아래 최고 군사령관의 명령에 충성을 다한다.

주님은 우리가 성숙하도록, 또한 전투에 대비할 수 있도록 우리의 삶 속에 지역 교회 공동체와 지도자들을 허락해 주셨다. 당신이 몸담고 있는 지역 교회 안에서 당신의 사명과 임무를 정의하는 것은 하나님의 군대 안에서 당신의 정체성과 목적의식을 발견하는 데에 필수적이다.

옛 병법(兵法)으로부터 배우라

주전 400년경, 수많은 군주와 봉건영주들이 중국의 광활한 대지를 다스렸다. 그들의 생존여부는 자신들의 수하에 있는 군대의 방어능력과 영토 확장능력에 달렸다. 여러 봉건군주들 가운데, 합려 왕이 유명한데 손무(孫武)가 지은 『손자병법』(The Art of War) 중 열세 장에 걸쳐 그의 병법이 소개되었기 때문이다. 『손자병법』은 합려 왕이 다스리던 오나라의 잘 알려지지 않은 전략가 손무에 의해 기록되었는데 흥미로운 이야기가 가득 실려 있다. 당시 오나라의 합려 왕이 손무를 궁으로 불러들였다. 『손자병법』에 그때의 이야기가 기록되어 있다.

왕이 그를 불렀다. "그대의 전략을 시험해 봐도 되겠느냐?"
"그렇게 하십시오. 폐하." 손무가 대답했다.
"군대에 적용되듯 여인네들에게도 그대의 전략이 적용될 수 있겠느냐?"
"그럴 것입니다."
왕은 어떻게 그 전략이 적용될 수 있는지 모의시험을 실시했고 여기에 180명 가량의 왕궁 시녀들이 소집되었다. 손무는 이 여성들을 두 개의 중대로 나누었다. 그리고 왕이 총애하는 시녀 둘을 각각의 중대장으로 세운 뒤 다음과 같이 명령했다. "내가 '전방 주시'라고 명령하면 정면을 똑바로 쳐다보아라. 내가 '좌향좌'라고 명하면 왼쪽으로 돌아라. 내가 '뒤로 돌아'라고 명하면 오른쪽으로 돌아 후면을 주시하라. 알겠느냐?"
여성들은 확실하지 않다는 표정을 지었지만 고개를 끄덕였다. 이제 북

소리 장단이 울리기 시작했다. 그리고 장단에 맞춰 손무는 명령했다.
"우향우!"
그러자 여성들은 킥킥거리면서 제멋대로의 방향으로 몸을 돌렸다. 손무는 왕의 얼굴을 바라보며 설명했다. "만일 명령구호가 확실하지 않거나 작은 소리로 들렸다면, 그것은 대장의 책임입니다."
손무는 이 여성들에게 구체적으로 방향을 알려주며 모의훈련을 계속했다. 그리고 새로운 명령을 내렸다. "좌향좌!" 그러자 훨씬 더 큰 웃음소리를 내면서 여성들은 동서남북 제멋대로의 방향으로 몸을 돌리기 시작했다.
손무는 다시금 왕에게 전언했다. "만일 명령하는 말이 명료하지 않고 목소리도 작았다면 그것은 대장의 책임이지만, 명령하는 말이 정확한 대도 불구하고 병사들이 명령을 따르지 않는다면 그것은 부관들의 책임입니다." 손무는 각 중대의 우두머리로 세운 여성들의 목을 벨 것을 명령하고 또 다른 두 여성을 뽑아 각 중대의 우두머리로 세웠다.
그러자 이번에는 달랐다. 손무가 명령을 내리면 모든 여성들은 그 명령대로 실수 없이 움직였다.
실험이 끝나고 손무는 왕에게 다가가 말했다.
"왕이시여, 왕의 군대는 이제 시찰 받을 준비가 되었습니다. 불이든지 물이든지 지나라고 명령해보십시오. 이제는 불복할 수 없을 겁니다."
손무는 합려 왕의 군대 장관으로 임명되었다. 그의 지휘 아래 군대는 모든 전투에서 승리를 거뒀다.

우리의 대장 되신 예수님은 자신의 군병들에게 명확한 명령을 전달하신다. 우리는 그 사실을 확신한다. 각 계층의 영적 지도자들은 명료하고도 복종하기에 쉬운 명령을 어떻게 받는지 또 어떻게 전달하는지 배워야만 한다.

우리는 모두 어둠의 왕국과 견고한 진들을 무너뜨려야 하는 임무를 받았기에 여기서 잠시 손무의 예화를 통해 영계에서 어떻게 해야 훌륭하게 전쟁을 치를 수 있는지 좀 더 살펴보고자 한다. 『손자병법』은 모든 군사가 알고 있어야 하는 5대 원칙을 알려준다. 그리고 이 원칙을 아는 사람은 실패하지 않을 것이라는 약속을 전한다. 5대 원칙은 다음과 같다.

1. 도덕률(The Moral Law)
2. 하늘(Heaven)
3. 땅(Earth)
4. 지휘관(The Commander)
5. 방법과 규율(Method and Discipline)

손무는 도덕률을 승리의 기반으로 여겼다. 도덕률은 군대 전체가 사령관의 인격을 절대적으로 신뢰할 수 있는지에 대해 언급한 것이다. 전투에 임하기 전, 군대는 사령관을 향한 절대적 신뢰를 쌓아야만 한다. 그렇게 할 때에야 비로소 각 계급의 군사들이 어떠한 명령을 받더라도 주저함 없이 복종할 수 있는 것이다. 지휘관을 믿어야만 사선으로 진격하라는 명령까지도 감수할 수 있다.

하나님의 뜻에 대한 전적인 동의는 '이것저것 따져보고 합리적일 때 하나님을 섬기는 것'을 의미하지 않는다. 하나님의 뜻에 동의하는 것은 전쟁을 승리로 이끄는 열쇠이기 때문이다. 십자가에서의 승리가 가능했던 것은 예수님께서 하나님의 뜻 앞에 자신의 뜻을 내려놓았기 때문이었다. 죄에 대한 하나님의 진노가 얼마나 심각한지를 아셨기에 주님은 고통스러워 하셨다. 심지어 주님께서는 이렇게 기도하셨다. "아버지여, 당신의 뜻이거든 이 잔을 내게서 옮기옵소서." 하지만 주님은 곧 자신의 뜻을 아버지의 뜻 앞에 내려놓았다. "그러나 아버지여! 나의 원대로 마옵시고 아버지의 뜻대로 되기를 원하나이다." 승리하는 군사는 자신의 사명에 온전히 헌신된 사람이며 그 사명을 이행할 용기가 있는 사람이다.

하늘은 시간과 때를 상징한다. 성경은 기록하기를 "잇사갈의 아들들은 때를 알고 무엇을 해야 하는지를 안다"라고 했다(대상 12:32 참조). 다니엘은 "서책으로 말미암아 여호와의 말씀이 선지자 예레미야에게 임하여 고하신 그 년수를 깨닫고"(단 9:2) 회개하며, 금식하며, 기도하기 시작했다. 폭풍의 전사들은 주님의 계절을 분별하기 위해 자신의 마음의 초점을 주님께 맞춘다. 또한 하나님의 말씀대로 행해야 한다는 거룩한 부담감을 실천에 옮기기 위해서 마음을 다잡는다.

땅은 지상의 실제 거리, 지면 구획, 상황별 승률 혹은 위험도 등 전투의 실질적 요소들을 지칭한다. 폭풍의 전사가 경영하는 인생은 균형 잡힌 삶이다. '이 땅에서의 삶' 가운데 충성을 다하는 것은 '영적인 삶' 가운데 충성을 다하는 것만큼이나 중요하다. 이러한 유대인의 구전이 있다. "일하지 않고 말씀(토라)만 붙든다면 결국 황폐함을 가져올 것이다"(미슈나 하권 2장). 능력 있는 폭풍의 전사는 영적인 삶, 이 땅에서의 삶 모두 기강이 서야 하고 균형 잡혀야 한다는 사실을 안다.

지휘관은 지혜의 덕, 신실함, 관용, 절제를 상징한다. 경건한 손윗사람에게 멘토링을 받고, 겸손, 순종, 인내와 같은 사도적 인품을 겸비한 새 세대의 영적 리더들이 일어나야 한다. 우리는 열왕기하 3장 11절에서 이 원칙의 중요성을 발견할 수 있다. 여호사밧 왕이 "백성 중에 선지자가 없느냐?" 하고 간곡히 물었을 때 그는 곧 하나님께서 의도하신 대답을 듣게 된다. "전에 엘리야의 손에 물을 붓던 사밧의 아들 엘리사가 여기 있나이다." 엘리사는 자신의 재능으로 알려지지 않고 엘리야와의 관계, 즉 그를 섬기는 사람으로 알려졌다. 성경이 말하고 있는 진정한 사도적 신앙의 특징은 지역 교회 공동체와 지속적인 관계를 맺는 것, 또 그 관계를 기반으로 한 기적과 표적의 기름부음이다.

방법과 규율은 전체 군대를 여러 개의 하위 단위로 적절하게 배열하는 것이다. 여기에는 장교들의 계급을 제정하고 군수 보급 경로와 군 재정을 관리하는 것이 포함된다. 그리스도의 몸 된 교회 안에서 우리는 영적인 권위자들 아래에서 섬김의 훈련을 받는다. 우리 모두는 항시 전투태세를 갖춘 부대원을 양성하기 위해 이러한 권위자의 임무를 담당해야 한다. 위대한 전사는 작은 일에도 순종하고 충성을 다하는 지속적 훈련을 통해 만들어진다.

이 다섯 가지 원리는 단순하고, 명료하고, 실질적인 도움을 주는 교전 수칙이다. 모든 싸움에서 승리를 거두며 능력으로 하나님의 나라를 확장시키는 폭풍의 전사들이 지켜야 할 행동강령이기도 하다.

당신의 지휘관을 따르라

내가 언급했듯이 우리의 대장 되신 예수님께서는 명확한 명령을 주신다. 그의 음성을 따르는 것은 하나님의 성산에서 살기 원하는 사람들이 따라야 할 규율이다. 예수님은 몇몇 철학자들만 알아들을 수 있게 전문용어, 암호, 어려운 말로만 설교하시는 신비스런 설교자가 아니었다. 하나님의 깊은 것일지라도 어린아이가 이해할 만큼 쉽고 간단하다. 예수님의 명령은 명확하고 실질적이다. 만일 우리가 그 명령을 따르며 매일같이 훈련한다면 우리는 물불을 가리지 않고 하나님의 말씀에 순종할 용맹스런 군사로 거듭날 것이다. 우리는 장래에 일어날 천상의 전쟁을 기다리면서 혹은 어둠의 세력과 지하에서 정면충돌할 것을 기다리면서 시간을 때워서는 안 된다. 현재의 삶에 최선을 다해야 한다. 왜냐하면 우리가 사는 매일의 삶이 적국과 세력다툼 하는 초자연적 전쟁터이기 때문이다.

예수님께서는 우리가 어떤 일에 충성을 다해야 하는지 명확하게 말씀하셨다. "하나님보다 자신의 아비나 어미를 더 사랑하는 사람은 하나님 나라에 합당치 않다." 바울은 군사로 살아가는 자는 자기의 일에 얽매이지 않는다고 말하면서 예수님의 말씀을 재확인시켜주었다. 여러 사람들 가운데 우뚝 선 폭풍의 전사들은 예수 그리스도, 그의 왕국, 하늘 아버지의 뜻을 향한 깊은 신뢰, 믿음, 충성을 드러낸다. 폭풍이 불어올 때, 반석 위에 세운 집만이 모진 비바람을 견뎌낼 것이다.

예수님은 우리를 향해 서로 사랑하라고 명령하셨다. 또 거기에 조건을 붙이셨다. "내가 너희를 사랑한 것처럼 너희도…." 자기희생의 본을 보이신 예수님의 사랑은 우리가 서로 맺고 있는 '언약 관계'의 핵심이다. 우리가 고린도전서 13장에 기록된 대로 다른 사람들과 오래 참는 관계, 지속되는 관계를 일상생활에서 실천할 때, 하나님을 향한 우리의 사랑이 삶 가운데 열매로 나타날 것이다.

가지 혼자서는 열매를 맺을 수 없다. 하나님께서는 우리의 "결실(열매)로 온 지면을 채우시기 위해"(사 27:6) 우리가 뿌리 내릴 수 있도록 인도해주시겠다고 약속하셨다. 모든 폭풍의 전사는 서로 사랑하고 섬기고 적응해가고 함께 승리해 나가는 가족의 일원이 된다. 하나님께서 우리를 심어놓으신 교회 공동체를 향해 사랑의 서약을 하고, 충성과 진실을 다짐하는 것은 열매 맺는 삶을 위해 필수이다.

모든 성도들의 사명인 '지상명령'(땅 끝까지 가서 복음을 전하고 복음의 진정성을 증명하기 위해 기적과 표적을 행하는 일)의 성취는 성도 서로서로가 이 사랑을 표현할 때 가능하다. '땅 끝까지 가는 것'은 교회가 연합하여 행할 일이다. 우리는 한 몸의 여러 지체이다. 우리 각자는 저마다 다른 임무를 가지고 있다.―봉사, 행정, 기적, 치유…. 어떠한 임무도 중요치 않은 것이 없다. 누군가는 말을 묶어둬야 하고 또 누군가는 조리를 위한 불씨를 지켜야만 한다!(봉사의 일을 담당해야 한다.) 사무엘상 30장 24-25절을 보면 다윗이 어떤 법을 제정했던 것을 알 수 있는데 그 법은 오늘날에도 적용된다. "후방에서 보급을 담당하는 군사도 최전선에서 싸우는 군사의 임금을 동일하게 받게 될 것이다." 몸을 이루는 각 지체가 중요하다. 하나님은 충성하느냐 안 하느냐를 기준으로 상을 주시지 어떤 위치에 있느냐를 기준으로 보상하시지 않는다.

제자를 만들라

데릭 프린스 목사님이 심심찮게 말했듯이 교회 안에는 세 종류의 크리스천이 있다. 양, 염소, 제자. 양들은 지도자를 전심으로 따른다. 이들은 목자의 인도하심을 따라 좋은 꼴을 얻고 불꽃 같은 눈동자로 자신들을 보호하는 목자로부터 보살핌을 받으며 안전함을 느낀다. 그러나 이들은 자신의 필요를 채우는 일 외에는 별로 관심이 없기 때문에 더 이상 성장하지 않는다.

염소는 항상 자기 고집이 있다. "그것보다는 이게 더 낫지 않나요?" "이것보다는 그게 훨씬…." 이들은 자신의 의견 혹은 자신이 깨달은 소위, '훨씬 더 높은 차원의 계시' 때문에 지도자들의 명령을 우습게 여긴다. 그러므로 회중 가운데 문제를 일으키고 분열을 조장한다. 이들은 철없이 방황하거나 아니면 권위에 반항하려고 일부러 방황하곤 한다.

이제 제자를 살펴볼 차례다. 제자는 목자의 지팡이 아래 지도편달 받으며 배우고 성장하여 아버지의 집을 세우는 자들이다. 예수님은 아버지의 집을 위해 충성스럽게 일하신 아들이셨다(히 3:6 참조). 마찬가지로 제자들 역시 아버지의 유산을 지키는 충성된 청지기이다. 이들은 지도자의 비전과 목적을 공유하며 궁극적으로는 자신을 부르신 예수님의 뜻을 붙드는 사람들이다. 이들이야말로 아버지께서 안심하고 유산을 맡기실 만한 참된 아들들인 것이다.

두 번째로 배워야 할 교전 수칙은 '제자가 되는 것' 그리고 '제자를 만드는 것'이다.

그리스도의 몸인 교회는 머리 되신 그리스도의 명령에 따라 두 다리로 행군하며 주어진 임무를 완수한다. 한쪽 다리는 외향성, 즉 교회의 해외 선교 사역 및 사도 팀 사역을 상징하며, 나머지 한쪽 다리는 내향성, 즉 견고한 성경적 진리 위에 세움을 입어 건강하고 안정적이며 서로 사랑하는 친교 가운데 즐거워하는 지역 교회의 회중을 상징한다. 이 두 가지 특징은 상호 보완적이다. 또한 이 두 가지 조건이 충족되어야만 교회 공동체는 온전함을 입고 안정을 누릴 수 있다. 또한 구성원 모두가 서로서로를 격려해줄 수 있다. 각각의 다리는 다른 편 다리의 자원을 빼앗지 않는다. 오히려 다른 편 다리가 움직일 수 있도록 연료를 공급해 주어 지상명령 성취를 가능케 한다. 두 다리 모두 조화를 이루며 온전히 기능하지 않는다면 그리스도의 몸 된 교회는 깨금발을 뛸 수밖에 없기 때문에 걸음이 불안정해진다!

예수님의 제자로서 우리는 주님의 일을 이루어야 한다. 우리가 이 일을 감당할 수 있도록 도와주시기 위해 하나님께서는 성령을 보내셨다. 갈보리의 역사는 오순절의 역사를 가능케 한 기초 다지기였다. 우리가 받은 복음의 유산을 보증해주는 인(印)으로서 성령께서 오신 것이다. 우리는 이 복음의 유산을 미래를 위해 쌓아둘 것이 아니라 우리의 사는 날 동안 소중히 여기고, 사용하고, 널리 전파해야 할 것이다. 예수님께서는 우리에게 복음을 전파하라고 명하시며, 복음이 전해지는 곳에 기사와 표적이 뒤따를 것이라고 말씀하셨다(막 16:15-18 참조). 치유, 축사, 예수님의 능력, 이 모든 것은 하나님의 성산을 오르는 과정의 일부이다.

적을 알라

"적을 알고 자신을 알면 일백 번의 전투를 치러야 할지라도 그 결과에 대해 두려워할 필요가 없다. 승리할 것이기 때문이다. 자신은 알지만 적을 모른다면 승리를 하더라도 그 가운데 패배감을 느끼게 될 것이다. 적도 모르고 자신도 모른다면 모든 전투에서 패배할 것이다." 어쩌면 이 문장은 『손자병법』 가운데 가장 많이 인용되는 구절일지도 모른다. 손무는 실전을 위해 적을 아는 지식이 얼마나 중요한지를 이야기하고 있다.

우리 역시 우리 영혼의 원수에 대해서 알아야 한다. 적을 아는 것-이것이 우리가 배우게 될 세 번째 교전 수칙이다.

성경에 의하면 사탄은 광야에서 예수님을 시험한 뒤, 얼마 동안 예수님 곁을 떠나 있었다(눅 4:13). 사탄은 율법주의자이다. 그의 주된 전략 중 하나는 우리의 주된 임무를 방해하기 위해 사소한 일을 확대시키는 것이다. 우리의 약점을 강조하고, 과거의 실패를 되짚어가며 괴롭히는 것은 우리의 발목을 붙잡아 성산에 오르지 못하도록 방해하는 사탄의 전형적 궤계이다. 그러나 폭풍의 전사여 이것을 기억하라. 사탄은 우는 사자처럼 어슬렁거린다. 그의 으르렁거림은 불길하게 느껴질 수 있을지 몰라도 그의 이와 발톱은 이미 오래전, 갈보리에서 제거되었다. 마귀는 타락한 천사일 뿐이다. 그러나 예수님은 왕 중의 왕이시다! 어린양이 우는 사자를 이기셨고 죄와 사망의 법에서 우리를 해방시켜주셨다. 사탄에게 새로운 전략이란 없다. 다만 그는 새로운 기회를 찾을 뿐이다. 다음의 간단한 사실들을 알면 성산에 오르는 길에서 사탄의 먹잇감으로 붙들리지 않을 것이다.

1. 사탄은 패배했다

사탄과 그의 수하에 있는 마귀들은 패배했고 권세를 빼앗겼다. 골로새서 2장 15절을 다시 한 번 펼쳐보라. "정사와 권세를 벗어버려 밝히(공공연히) 드러내시고 십자가로 승리하셨느니라." 성경의 다른 곳에도 이와 같은 말씀이 기록되어 있다.

또 여러 형제가 어린양의 피와 자기의 증거하는 말을 인하여 저를 이기었으니 그들은 죽기까지 자기 생명을 아끼지 아니하였도다 그러므로 하늘과 그 가운데 거하는 자들은 즐거워하라 그러나 땅과 바다는 화있을진저 이는 마귀가 자기의 때가 얼마 남지 않은 줄을 앎으로 크게 분 내어 너희에게 내려갔음이라(계 12:11-12)

그리스도의 구원과 그의 왕국의 능력이 이미 임했다. 이에 사탄은 화가 나서 이 땅에 거하는 사람들을 공격하고 있는지도 모른다. 그러나 우리는 모든 전쟁에서 승리를 거둘 수 있는 열쇠를 쥐고 있다. 그리스도의 보혈, 우리의 믿음을 세워주는 예언(대언)의 말씀, 그리스도 예수를 얻기 위해 모든 것을 버릴 수 있는 자기희생적 열정이 그것이다. 날마다 이 열쇠를 쥐고 살아가는 사람은 두려울 것이 없다. 그는 하나님을 확신한다. 확신으로 인해 그의 삶 속에는 용기와 기쁨이라는 열매가 맺힌다. 마귀의 때는 한정되어 있다. 하나님의 아들들이 나타나 그리스도 안에서 승리를 거둘 때 마귀의 때는 확실히 막을 내릴 것이다. 물론 하나님을 믿는 성도들이 사탄이 휘두르는 분노의 주먹을 대면해야만 할 때와 장소와 환경이 있다. 그러한 때와 장소에 들어서면, 적을 알고 적의 전략을 아는 것이 중요하다.

2. 사탄은 속이는 자이다

사탄과 관련된 모든 것은 거짓, 속임, 진리의 반대라고 보면 된다. 다시 말하지만 사탄은 우는 사자처럼 어슬렁거린다. 이 사실을 기억하라. 사탄은 '척' 하는 데 선수이다. 환각과 망상을 안겨주는 데 전문가이다. 그의 소망은 당신을 어둠 속으로 밀어넣어 잠식시키는 것, 당신을 좌절시키고 절망케 하는 것이다.

에베소서 6장에 언급된 진리의 검은 강력한 무기이다. 이것은 예수님의 입에서 나오는 양날 선 검이다. 진리의 검은 사탄이 내뱉는 거짓말을 포함하여 다른 모든 말을 압도하여 이기는 하나님의 말씀을 가리킨다. 말씀의 빛이 조명할 때 사탄의 거짓말과 환영은 내쫓긴다. 예수님 자신이 바로 이 말씀이다. 이 예수님이 성령을 통해 우리 안에 거하고 계신다. 기록된 말씀, 그리고 개인적으로 들은 말씀을 알고 확신을 가지면 당신은 사탄의 거짓말을 분별해낼 수 있고 그가 거듭해서 장치해 놓은 덫을 피할 수 있다. 만일 당신이 그의 속임수에 빠져 먹잇감이 되었다면 지금 이 순간 다시금 자유케 될 수 있다. "진리를 알지니 진리가 너희를 자유케 하리라"(요 8:32).

3. 사탄은 참소자이다

사탄은 완전히 무장해제 당했다. 내부고발자(사탄의 부림을 당하여 남을 참소하는 사람)를 통해 사람들의 마음을 아는 것 말고는 모든 권리를 다 빼앗겼다. 사탄은 하나님과 하나님의 택정함을 입은 사람들을 너무도 미워하기 때문에 자기에게 남아 있는 그 유일한 권리를 최대한 사용하여 사람들을 대적하려고 한다. '사탄' 이라는 말은 헬라어로 '카타고로스' (katagoros)인데 '여러 사람들의 모임 가운데 한 사람을 대적하다' 혹은 '참소하는 자' 라는 뜻을 가지고 있다. 성도들은 사탄이 참소하기 좋아하는 대상 1호이다. 사탄의 참소는 회중 가운데 분리를 낳는다. 둘로 나뉜 가정 혹은 결정을 내리지 못하는 '두 마음' 은 전쟁의 때나 평화의 때 모두 아무런 힘을 발휘하지 못한다.

우리의 입술을 사탄의 도구로 내주어 우리 자신을 참소하거나 혹은 우리를 통하여 남을 비방하는 데 사용되도록 허락해서는 안 된다. 유력한 폭풍의 전사라면 혀를 제어하는 법, 험담과 분파와 중상과 거짓말의 덫을 피하는 법을 배워야 할 것이다. 만일 당신이 거짓 참소의 피해자가 되었다면, 성령님이 당신의 변호사이심을, 당신을 사랑하시는 하늘 아버지께서 판사이심을 기억하라! "무릇 너를 치려고 제조된 기계가 날카롭지 못할 것이라 무릇 일어나 너를 대적하여 송사하는 혀는 네게 정죄를 당하리니 이는 여호와의 종들이 받을 기업이요 그들이 나에게서 얻은 의니라 여호와의 말이니라"(사 54:17).

예수님께서는 제자들에게 주의하여 깨어 주의 재림을 기다릴 것을 당부하셨다. 승리의 용사들이라면 주님의 재림을 기다림과 동시에 도둑질하는 자의 범행 현장을 급습하여 그들을 체포할 것이다. 승리의 용사는 믿음, 진리, 보혈의 능력, 오래 참고 견디는 근신으로 스스로를 무장할 것이다. 그러므로 이러한 폭풍의 전사를 이길 자가 없다.

자신을 알라

"우리가 알거니와 우리 옛 사람이 예수와 함께 십자가에 못 박힌 것은 죄의 몸이 멸하여 다시는 우리가 죄에게 종노릇 하지 아니하려 함이니"(롬 6:6).

잘 알려진 격언이 있다. "가장 큰 적은 바로 자기 자신이다." 영계에서 두 왕국이 충돌할 때, 이 격언의 진가가 발휘된다. 자기 자신에게 '육신의 소욕을 섬기려는 성향'이 있다는 사실을 모르는 사람은 매번의 전투에서 패배하기 십상이다. 인류는 타락한 조상 아담과 하와로부터 죄의 씨앗을 물려받은 채로 이 땅에 태어난다. 하지만 기쁜 소식이 있으니 여인에게서 나온 약속의 씨앗, 곧 예수 그리스도께서 우리 영혼의 대적인 옛 뱀의 머리를, 그의 권세와 능력을 짓밟으셨다는 것이다.

우리는 그리스도와 함께 십자가에 못 박혔기에 '죄의 몸이 멸망'을 당했다. 흠정역에서는 우리 육신이 십자가에 못 박히는 것을 가리켜 '괴저 현상'(mortification)이라고 지칭한다. 그리스도 예수 안에 있는 자에게는 결코 정죄함이 없다(롬 8:1). 그 이후의 구절에서는 구체적으로 어떤 사람이 정죄함을 입지 않는지 알려주고 있다. "육신을 좇지 않고 성령을 좇아 행하는 자"(롬 8:4 참조).

자신을 안다는 것은 성령께서 우리의 마음속 육신을 좇는 생각, 태도, 동기, 정욕을 씻으실 수 있도록 허락해 드리는 것이다. 성령께서 우리의 마음을 향해 자유로이 말씀을 전하실 수 있도록 권한을 내어 드리는 것을 말한다. 이것은 참으로 중요한 교전 수칙이다. 성령께서는 우리의 본성에 대해 책망하신다. 회개할 수 있도록 힘을 주시고 우리를 그리스도의 형상대로 변화시켜주신다. 책망하고 바르게 고치는 것은 거절하는 것이 아니다. 하나님은 자신의 참된 아들들과 딸들의 성격, 습관 등을 감찰하시고 잘못된 부분들을 고쳐주신다. 또는 교회를 감독하는 자신의 종들(사역자)을 통해 자녀들의 성격과 습관을 감찰하신다.

전쟁 가운데 낙심하지 말라. 심지어 예수님도 십자가에서의 궁극적인 폭풍을 앞두신 상태에서 자신의 인간적 본성이 하나님께 온전히 순종하도록 훈련되었는지에 대해 시험을 통과하셔야만 했다. 이것은 하나님의 자녀가 확실하게 성공을 거둘 수 있는 유일한 방법이다. 예수님은 고통을 통해 순종을 배우셨다(히 5:8 참조). 이 사실을 통해 우리는 다음과 같이 말할 수 있다. "경험이 우리의 영혼을 빚는다." 토기장이의 손이 주무르는 진흙처럼 우리는 하나님의 손에 쥐어지고 하나님의 돌림판 위에 올려져 인생의 길을 걷는 진흙이다. 하나님의 돌림판 위에 놓인 우리는 때때로 어지럽고 혼란스러운 길을 걸을 수도 있다. 하지만 하나님께서는 이러한 과정을 통해 우리를 주무르시며 자신의 집을 영원토록 장식하기에 합당한 그릇으로, 또 바로 지금 사용하실 수 있는 용기(容器)로 우리를 빚어 가신다.

시험을 통과하신 후, 예수님께서는 성령의 능력과 승리를 안고 광야를 나오셨다. 배가된 기름부음이 있었던 것이다. 그 즉시 기적의 사역이 시작되었다. 하나님의 나라에서는 "당신이 행한 대로 남에게 줄 수 있다." 고난을 이기고 승리를 쟁취한 간증은 당신이 사용할 수 있는 강력한 무기가 된다. 당신은 한때 시험당하고 어려움에 짓눌렸었던 바로 그 자리에서 승리를 거두며, 당신과 동일한 상황에 처한 사람들에게 당신의 승리를 전달해줄 수 있다. 당신이 치르는 가장 치열한 전투의 장소는 가장 큰 승리의 장소가 될 것이다.

대(大)로 소(小)를 정의하라

우리는 사역과 인생의 여정 가운데 종종, 온 맘을 다해 목적지(하나님의 성신)를 찾아 나아가는 성도들로부터 조언을 들을 수 있다. 은사주의 교회들이 나타내는 최근의 모습들을 보면 개인의 은사와 예언을 지나치게 강조하기 때문에 수많은 사람들이 목적지로 가는 도중 사소한 것에 눈이 팔려 길을 잃는 경우가 많다. 그러한 사람들에게 던지는 우리의 교훈은 항상 동일하다. "대로 소를 정의하라." "큰 것을 기준으로 작은 것을 바라보라."

뚜렷한 이정표(참고할 만한 모델) 없이 목적지까지의 경로를 그려내는 것은 불가능하다. 하나님의 자녀들 모두가 더 높은 곳으로 올라오라는 부르심을 받았다. 하지만 어떤 누구의 훈계나 지도 없이 오직 자기 스스로의 결정만 믿고 항해한다면 그것은 길을 잃고 방황하는 지름길이다. 모든 성도에게 한 가지는 확실하다. 우리에게는 놀라운 하늘 아버지가 계시고 승리의 구세주와 하나님의 능력이 성령을 통해 우리 안에 거하신다는 사실이 그것이다. 우리의 대장 되신 예수님께서는 우리에게 복음을 전파하라고 명령하셨다. 복음이 전해지는 곳에 기사와 표적이 뒤따를 것이라고 말씀하셨다. 이것이 모든 성도들이 받은 사명이며, 나아갈 목적지이다. 복음전파 및 기사와 표적은 우리가 영적인 여정을 진행할 때 이정표가 된다. 폭풍과 방해물은 회피할 수 없다. 그러나 우리가 큰 그림을 바라보고 마음속에 그것을 비전으로 그린다면 작은 일들은 자연스레 정리되기 시작할 것이다. 이러한 관점을 가지지 못할 경우, 작은 일들이나 별로 중요하지 않은 것들에 발목을 붙잡혀 일정보다 늦게 도착하기도 하고 또 수없이 우회하게 된다. 우리가 큰 것으로 작은 것들을 비추기 시작할 때에 '영원'(eternity)과 '공동체'(community)는 모든 크리스천이 매일같이 방향을 알기 위해 체크해야 할 나침반의 중요한 부품으로 자리매김 될 것이다.

나(마헤쉬)는 브라질의 한 교회에서 개최했던 복음전도집회를 기억하고 있다. 그 지역의 유력한 여성 한 명이 집회에 참석했다. 그녀는 수년 동안 극심한 요통으로 고생하고 있었다. 그저 가까스로 몸을 움직일 수 있을 뿐, 남편과 어린 딸을 보살피기 위해 가정주부로서 해야만 할 가장 기초적인 일조차 할 수 없는 형편이었다.

그때 나는 주님께서 그녀의 허리를 만지고 계신다는 것을 지식의 말씀을 통해 알게 되었다. 그녀의 허리는 그 즉시 나았다! 그 다음 날 예배 중, 교회의 담임목사님께서는 그녀와 남편을 단상으로 불러 하나님의 놀라운 역사를 간증하도록 인도했다. 예전에 그녀가 으뜸가는 무용수였기 때문에 목사님은 그 부부에게 춤출 것을 권유했다. 하나님의 온전하신 치유를 모든 성도들 앞에서 입증해 보이는 차원에서였다. 두 부부가 너무도 부드럽고 가볍게 몸을 놀리는 모습은, 바라보는 것만으로도 놀랍고 또 기쁜 일이었다. 딸은 엄마가 고통으로부터 자유케 된 것을 바라보며 기쁨의 눈물을 흘렸다.

그러나 다음 날, 몇몇 기독교계 지도자들이 "어떻게 감히 교회에서 춤을 출 수 있단 말인가?"라는 반응을 보이며 언짢아했다는 말이 내 귀에 들렸다. 참으로 큰 충격이 아닐 수 없었다! 큰 그림을 놓치고 작은 것에만 집중하면 길을 잃고 방황하게 된다. 바리새인들은 예수님께서 안식일에 병자를 고치셨다고 화를 냈다. 예수님은 그들에게 말씀하셨다. "소경된 인도자여 하루살이는 걸러내고 약대(낙타)는 삼키는도다"(마 23:24).

작은 일들은 매일매일 일어난다. 우리는 원하던 승진을 얻지 못할 수도 있다. 예배 후 목사님이 반갑게 인사해주지 않을 수도 있다. 친한 친구가 내 생일을 잊을 수도 있다. 자녀들에게 화를 낼 수도 있다. 이러한 일들 때문에 우리는 얼마나 많은 시간을 허비하며 곁길로 샜던가? 회개하라. 용서받고 전진하라. 다시는 사탄으로 하여금 작은 일로 당신을 괴롭히지 못하게 하라. 하나님의 위대하심으로 당신의 삶을 바라보라. 하나님의 왕국에서 우리 모두에게 주어진 사명으로 당신의 삶과 비전을 정의하라.

　　당신은 폭풍의 전사이다. 하나님은 당신이 교전 수칙을 지키도록 인도하신다. 당신은 반드시 교전 수칙을 지켜야 한다. 그런 후에 더 높은 곳으로 올라가라.

12 | The Ultimate Storm Warrior
마지막 폭풍의 전사

해골이라 하는 곳에 이르러 거기서 예수를 십자가에 못 박고(눅 23:33)

가장 위대한 폭풍의 전사는 우리 주 예수 그리스도이시다. 그는 갈보리의 십자가에서 역사상 가장 치열했던 싸움을 싸우셨다. 그리스도의 승리로 끝난 이 싸움은 자연계에 커다란 충격을 안겨주었다. 모든 영계의 존재들도 이 싸움을 집중해서 지켜보았다.

예수님께서 이 땅에 살아 계실 동안 십자가는 가장 큰 거절, 가장 큰 치욕, 가장 심한 고통의 상징이었다. 죄와 사망을 상대로 벌이셨던 이 싸움에서 하나님의 비밀 계획은 "높은 자는 낮아지고 낮은 자는 높아지리라"라는 진리 안에 감춰져 있었다. 어둠의 왕국은 교만과 자기 사랑이라는 기반 위에 서 있다. 그러나 빛의 왕국은 세상 왕국의 법칙에 격렬한 반대를 표한다. 빛의 왕국은 겸손과 자기희생을 통해 확장되기 때문이다. 궁극적 폭풍의 전사이신 그리스도께서는 죽음을 통해 '겸손'과 '자기희생'이라는 변하지 않는 하나님의 성품을 나타내셨다. 죽음으로 심어진 씨앗은 곧 생명을 열매 맺게 된다. 이 법칙은 인간의 지혜를 훨씬 능가하는 진리이다.

> 예수께서 대답하여 가라사대 인자의 영광을 얻을 때가 왔도다 내가 진실로 진실로 너희에게 이르노니 한 알의 밀이 땅에 떨어져 죽지 아니하면 한 알 그대로 있고 죽으면 많은 열매를 맺느니라 자기 생명을 사랑하는 자는 잃어버릴 것이요 이 세상에서 자기 생명을 미워하는 자는 영생하도록 보존하리라 사람이 나를 섬기려면 나를 따르라 나 있는 곳에 나를 섬기는 자도 거기 있으리니 사람이 나를 섬기면 내 아버지께서 저를 귀히 여기시리라(요 12:23-26)

이 짧은 말씀을 통해 하나님의 어린양이신 예수께서 어떠한 세계관을 갖고 계셨는지 알 수 있다. 그의 육신은 고통과 죽음에 대한 생각을 거절하려 했다. 이 점에서는 여느 인간과 다를 바 없다. 그러나 예수 안에 있는 하나님의 성품은 주어진 운명을 받아들일 뿐이다. 하나님께서 죽음으로 영광을 받으실 때는 언제인가? 한 알의 씨앗이 땅에 떨어져 죽어 온 인류의 구원이라는 열매를 맺을 때이다. 모든 사람이 이 교훈을 이해하는 것은 아니다. 그러나 하나님께서는 이 말씀을 듣는 자들에게 응답을 요구하신다.

예수님의 죽음에 어둠의 왕국은 극심한 손상을 입었다. 그리고 어둠에 갇혔던 포로들은 영원한 저주로부터 풀려나 자유를 얻게 되었다.

십자가 형틀의 가로 빔(beam)은 세상 죄의 무게를 짊어진 구세주의 활짝 편 두 팔을 지탱하였다. 그 가로 빔은 이 땅과 천국을 연결하는 세로 기둥에 오려졌다. 십자가에 달린 자신의 육체로 하늘과 땅을 연결하시면서 그리스도께서는 생명을 쏟아 승리를 쟁취하셨다.

초대교회 성도들은 이러한 구세주의 모습을 바라보며 하나님께 감사드리고 즐거워하였다. 그들은 십자가에서의 대속이 죄와 사망과 사탄에 대한 최종적 승리라는 사실을 깨달아 알았다. 아버지 하나님과의 화목을 위한 대속을 넘어서, 삶의 변화를 위한 대속을 넘어서, 승리로서의 대속이야말로 초대교회 성도들이 견지하였던 대속의 개념이다.

그리스도께서 왜 죽으셨는가? 자신에 관한 성경의 말씀을 성취하기 위해서이다. 한 예로 이사야 선지자는 하나님의 아들이 '고통당하는 종'의 언약을 성취하신다는 사실을 기록하였다(사 53장). "그는 범죄자 중 하나로 헤아림을 입었음이라"(12절). 평범한 죄인으로 여겨진다는 뜻이다. "그가 상함은 우리의 죄악을 인함이라"(5절). 그러나 "그가 자기 영혼의 수고한 것을 보고 만족히 여길 것이라"(11절). 하나님께서는 "내가 그로 존귀한 자와 함께 분깃을 얻게 하리니…이는 그가 자기 영혼을 버려 사망에 이르게 하므로…많은 사람의 죄를 대신 지며 범죄자를 위하여 기도하였기 때문이라"라는 약속의 말씀을 주셨다(12절).

다윗 왕이 지은 시 한 편 속에 놀라운 사실이 담겨 있다. "주께서 주의 말씀을 주의 모든 이름 위에 높게 하셨음이라"(시 138:2). 인간이 얻을 수 있는 이 세상의 어떠한 명성도 그리스도의 진면목을 드러낼 수가 없다. 또한 그리스도께서는 이 세상에서 어떠한 명성도 추구하지 않으셨다. 대신에 온 세상을 자신에게로 이끌기 위하여 '영원한 하나님의 말씀'이라는 상징을 체현하기를 추구하셨을 뿐이었다. 그 이상도 그 이하도 아니다. 그러므로 예수님의 삶은 하나님의 말씀 그 자체였다. 예수님이 보여주신 모범은 아주 오래전, 단 몇 푼을 얻기 위해 '샌드위치 광고판'을 목에 걸고 시장 이곳저곳을 돌아다니며 광고 메시지를 전달했던 사람들의 삶과 다르지 않다. 왜냐하면 광고 메시지가 적혀 있는 커다란 판자 안에는 사람이 들어가 있었기 때문이다. 겉으로 드러난 메시지, 그 속에는 삶이 있었다.-이것이 바로 예수님의 삶이었다.

예수님께서는 자신에게 맡겨진 사명과 목적을 완수하기 위해 죽으셨다. "이를 위하여 내가 이 땅에 왔노라." 그는 제자들에게 이렇게 말씀하셨다. "나는 많은 사람을 대속하기 위한 몸값으로 지불되어야 하리라." 심지어 태어나실 때조차도 십자가의 그림자가 그의 앞에 드리워졌었다. 아기 예수를 성전에 봉헌할 때, 시므온과 안나 선지자는 예수님이 장차 받게 될 영광에 대해 예언했다. 하지만 그토록 영화로운 찬양을 올려드리던 중, 시므온은 마리아에게 예수님이 앞으로 겪게 될 고통의 나날들에 대해 일러두었다. "또 칼이 네 마음을 찌르듯 하리라"(눅 2:35). 예수님의 죽음은 그가 완수해야 할 사명의 핵심이었다. 신비중의 신비는 이스라엘의 메시아가 절망을 잠재우고, 어둠을 몰아내고 하나님의 왕국을 세우는 특이한 방법이었다. 승리자요, 이스라엘의 위대한 정복자이신 예수께서는 온전한 공의를 가지고 보좌에 좌정하시기 위해 죽이고 멸망시키는 대신, 종의 형체를 입고 이 땅에 오시어 죽임을 당하셨다. 이것이 신비이다.

예수님께서 영광으로 부활하신 이후, 자기 십자가를 지고 주님을 따르게 된 사람들은 죽음을 가리켜 '잠시 잠드는 것' 정도로 여기기 시작했다. 죽음은 그저 주님과 함께 거하기 위해 거쳐야 할 과정일 뿐이다(고후 5:8). 고통과 죽음에 대한 두려움은 영광, 곧 순종 가운데 누리게 되는 하나님의 무거운 영광의 무게와 비교될 수조차 없다. 이것이 바로 초대교회 성도들의 승리의 열쇠이며 환난과 핍박 앞에서도 전진할 수 있었던 영적 행군 나팔 소리였다.

이 어둠의 때에 크리스천들이 주님을 따르고, 궁극적 폭풍의 전사이신 주님을 닮아갈 수 있는 것은 더 나은 영광을 얻기 위하여 자기희생을 감수하려는 의지로만 가능하다. 그리스도께서 승천하신 이후의 세상을 살아가는 성도들은 성령의 충만한 임재를 선물로 받았기 때문에 훌륭한 십자가 군병이 되는 과정 중에 큰 도움을 얻을 수 있다. 우리의 시민권은 천국에 있다! 그러므로 우리는 썩어 없어질 육체의 명령대로 살아가는 사람들처럼 헛된 원칙에 순종해서는 안 된다.

친히 나무에 달리신 그분을 바라볼 때 우리는 아이작 와츠(Isaac Watts)의 아름다운 찬송을 떠올리게 된다.

When I survey the wondrous cross
놀라운 십자가를 내가 바라보니 (주 달려 죽은 십자가)
On which the Prince of glory died
거기서 영광의 왕이 죽으셨도다 (우리가 생각할 때에)
My richest gain I count but loss
나의 가장 부요한 재산마저 헛된 것으로 여기니 (세상에 속한 욕심을)
And pour contempt on all my pride
내 교만한 마음에 치욕을 안기리라 (헛된 줄 알고 버리네)

Forbid it, Lord, that I should boast
내가 자랑하는 것을 금하소서, 주여! (죽으신 구주밖에는)

12장 | 마지막 폭풍의 전사

Save in the death of Christ, my Lord;
그리스도의 죽으심으로 구원하소서 내 주여! (자랑을 말게 하소서)
All the vain things that charm me most,
나를 현혹하는 헛된 모든 것들을 (보혈의 공로 입어서)
I sacrifice them to His blood.
예수의 보혈 앞에 다 바치네 (교만한 맘을 버리네)

See, from His head, His hands, His feet,
그의 머리, 그의 손, 그의 발을 보오니 (못 박힌 손발 보오니)
Sorrow and love flow mingled down
슬픔과 사랑이 뒤섞여 흐르도다 (큰 자비 나타내셨네)
Did e'er such love and sorrow meet,
이러한 사랑과 슬픔을 만났던 적이 있던가? (가시로 만든 면류관)
Or thorns compose so rich a crown?
면류관에 가득한 가시들을 본 적이 있던가? (우리를 위해 쓰셨네)

Were the whole realm of nature mine,
이 세상 모든 것이 내 것이라 하여도 (온 세상 만물 가져도)
That were a present far too small
주님께 드리기엔 너무도 작은 선물이겠네 (주 은혜 못 다 갚겠네)
Love so amazing, so divine,
너무도 놀라운 사랑, 너무도 거룩한 사랑 (놀라운 사랑받은 나)
Demands my soul, my life, my all
그 사랑이 내 영혼, 내 삶, 내 전부를 원하시네 (몸으로 제물 삼겠네)

내 때가 이르렀다

예수님께서는 자신이 당하게 될 수난과 십자가의 고난을 가리켜 종종 "내 때"라고 말씀하셨다. 복음서 전체에는 일곱 번 언급되어 있다. 예수님이 말씀하셨던 "내 때"는 1차적으로는 수난의 시간을 가리키지만 궁극적으로는 자신의 사명을 성공적으로 완수할 때를 말한다. 예수님의 죽음은 이 세상과 장차 다가올 세상의 '권세들'을 이기신 위대한 승리이다. 그러므로 그의 죽음을 '승리'로 바라보기 시작할 때, 예수님의 십자가가 우리가 살았고, 살고, 살게 될 모든 영역에 전우주적인 충격을 가져왔다는 사실이 쉽게 이해될 것이다. 절망 가운데 허덕이고 있는가? 십자가를 바라보라. 기쁨으로 충만한가? 십자가를 바라보라. 핍박당하고 있는가? 십자가를 바라보라. 은총을 받고 있는가? 십자가를 바라보라. 이 세상에서 잠시 잠깐의 삶을 살고 있는가? 십자가를 바라보라. 영생을 받았는가? 십자가를 바라보라.

골고다 언덕은 천사들, 마귀들, 정사와 권세들의 전쟁터가 되었다.

> 그러나 너희가 이른 곳은 시온 산과 살아 계신 하나님의 도성인 하늘의 예루살렘과 천만 천사와 하늘에 기록한 장자들의 총회와 교회와 만민의 심판자이신 하나님과 및 온전케 된 의인의 영들과 새 언약의 중보이신 예수와 및 아벨의 피보다 더 낫게 말하는 뿌린 피니라(히 12:22-24)

생명을 창조하시고, 우리에게 생명을 주시는 창조주께서 죽음을 통해 영광을 받으신다는 것이 어떻게 가능하단 말인가? 하지만 예수님은 이렇게 기도하셨다. "아버지께서 내게 하라고 주신 일(죽음)을 내가 이루어 아버지를 이 세상에서 영화롭게 하였사오니"(요 17:4). 예수님의 사역을 살펴보면 그가 하나님께서 행하신 것을 보고 그대로 행하셨다는 사실을 알 수 있다. 예수님께서는 치유와 축사의 기적을 행하심으로 복음과 하나님 나라의 도래를 증명하셨는데, 이 모두는 그가 아버지의 행하신 일을 본 그대로 이루신 것이었다. 이 땅에서 예수님은 어둠을 물리치며 선한 싸움을 싸우셨는데 이 전쟁의 핵심은 그가 '상하여 나무에 달렸던' 사건이었다. 단 한 사람의 죽음을 통하여 하나님은 영광을 받으시고 기뻐하셨다. 그리고 십자가 사건 가운데 아버지의 사랑이 극대화되었다. 생명으로 인도하는 죽음 가운데 하나님께서는 영광을 취하셨다.

이 땅을 살아가는 우리 모두는 언젠가 자신만의 '때'를, 고난과 시험의 '때'를 직면하게 될 것이다. 어쩌면 그 '때'는 우리 개개인의 삶을 앗아갈 때(개인적 종말, 죽음)일지도 모른다. 혹은 인류의 전체 역사 가운데 가장 큰 고난(총체적 종말) 속으로 빠져들어 갈 때일지도 모른다. 개인적 종말을 맞이하든 전 우주적 종말을 맞이하든, 하나님의 부르심은 우리로 하여금 계속하여 아버지의 뜻을 행하도록 부추길 것이다. 성령의 도우심 아래 그리스도께서 자기 자신을 산 제사로 드리셨던 것처럼, 우리 역시 고난의 때에 하나님의 뜻을 이루고 하나님께 기쁨을 드리는 일을 도울 수 있다. 우리의 전 존재(마음과 육체)를 하나님이 기뻐하시는 산 제사로 올려드릴 수 있다. 그렇게, 우리는 그리스도의 영광 안으로 들어갈 수 있다. 자신을 죽음으로 내몰 때 우리는 그리스도와 연합을 이루며 그의 고난에 참예하게 된다. 이것이 신비이다. 그리스도를 위하여 그리스도와 함께 고난을 당하고, 그와 함께 죽고, 그의 부활의 능력과 승리를 끌어안을 때, 우리는 하나님의 자녀로서의 사명을 완수하게 된다. 왜냐하면 "친구(예수 그리스도)를 위하여 자기 목숨을 버리는 것보다 더 큰 사랑은 없기" 때문이다.

일곱 마디 사랑의 선포

사랑을 통한 승리는 인간의 영혼의 깊은 곳을 움직일 수 있다. 진정한 사랑은 언제나 최고를 기대하며, 누구에게도 아픔을 주지 않고, 선을 위해서라면 불가능한 일도 행할 수 있음을 믿는다. 19세기의 영적 지도자 옥타비우스 윈슬로우(Octavius Winslow)는 진정한 사랑에 대해 잘 설명해주었다. "누가 예수를 죽음으로 내몰았는가? 가룟 유다? 돈 때문에? 아니면 빌라도? 폭동이 일어날 것을 두려워해서? 유대인? 예수를 시기했기 때문에? 아니다. 하나님이 예수를 죽음으로 인도하셨다. 사랑 때문에!"

예수의 머리 위에 붙여진 죄패에는 "유대인의 왕"이라는 글자가 새겨져 있었다. 이것은 유대인들에게는 치욕이요, 가이사가 다스리는 로마제국에 반기하는 세력들에게는 경고의 메시지였다. 그러나 이것은 예수님을 못 박은 자들에 대한 고발장이었다. 온 땅과 하늘의 왕이신 그리스도를 못 박았기 때문이다. "유대인의 왕"이라는 글자는 세 가지 언어로 새겨졌다. 유대인이 사용하는 히브리어, 그리고 이방인이 사용하는 헬라어와 라틴어. 온 세계, 곧 유대인과 이방인은 모두 이 짧은 글을 통해 죄 없는 사람을 처형시킨 죄에 대해 기소를 당하게 되었다.

온 세상이 보는 앞에서 예수님은 발가벗겨진 채로 나무 위에 매달렸다. 단 한 번의 수치를 당하심으로 예수님께서는 에덴동산에서 시작된 온 인류의 수치와 허물을 덮어주셨다. 십자가에 달린 채로 예수님은 일곱 마디의 말씀을 전하셨다. 그 일곱 마디 말씀에 완벽한 사랑이 담겨 있다.

1. "아버지여, 저들을 용서하소서."

"이에 예수께서 가라사대 아버지여 저희를 사하여 주옵소서 자기의 하는 것을 알지 못함이니이다 하시더라"(눅 23:34). 누구도 예수님께서 이 사랑의 말씀을 하시리라고는 예상하지 못했다. 그 어떤 누구도 이 사랑의 말씀을 받을 자격이 없었다.

예수님께서 운명하시기까지 장작 여섯 시간 동안이나 십자가에 매달려야만 했던 이유가 이 말씀 안에 담겨 있다. 비록 부지중에 지은 죄일지라도, 우리를 창조하신 하나님 앞에서 저지른 죄는 반드시 사함을 받아야만 했다.

'아버지여' 라는 예수님의 외침은 하나님과 예수님의 친밀한 관계가 아직까지 손상되지 않았음을 보여준다. 비록 예수님께서는 고통당하고 있지만 말이다.

예수님의 중보기도에는 로마병정들을 위한 기도도 포함되어 있다. 이들은 빌라도의 명령에 따라 예수님의 몸에 손상을 입혀야만 했다. 사실 유대 지도자들은 예수를 죽일 수도, 풀어줄 수도 있는 본디오 빌라도에게 '예수는 로마제국의 기강에 위협을 가하고 있다' 는 뜻을 전달했다. 이에 빌라도는 예수님을 십자가에 못 박으라고 병사들에게 명령했다. 예수님께서는 자신의 몸에 폭력을 가하는 사람들, 부지중에 영원한 형벌을 향해 달려나가는 사람들을 용서하셨다. 예수님의 이 말씀을 들을 때, 의인과 죄인 모두를 힘껏 안아주시는 하나님의 가슴을 느끼게 된다.

유대인이든 이방인이든, 종교를 가졌든 세속인이든, 그 어떤 누구라도 십자가의 품에 안기면 그리스도 안에서 새사람을 입을 수 있다.

예수님께서 이 세상의 죄인들을 위해 기도하시는 동안 종교지도자들은 그를 향해 조롱하는 혀를 내둘렀다. 군인들도 그를 조롱했다. 게다가 예수님의 유일한 소유품이었던 겉옷을 가져다가 제비뽑아 나누었다. 군중들은 아무 말도 하지 못했다. 그냥 바라봐야만 했다.

2. "오늘 네가 나와 함께 낙원에 있으리라."

"예수께서 이르시되 내가 진실로 네게 이르노니 오늘 네가 나와 함께 낙원에 있으리라 하시니라"(눅 23:43). 이 사랑의 말씀은 영생을 약속해준다.

예수님 옆에서 십자가형을 당했던 죄수 하나가 예수님께 구원을 요청했다. (그는 자기가 지은 죄에 합당한 형을 받은 것이다.) 그가 말했다. "예수여 당신의 나라에 임하실 때에 나를 생각하소서." 죽어가는 이 남자는 십자가에 달린 그리스도를 보았고 구원의 문으로 들어가기를 선택했다. 이 남자는 스스로 할 수 있는 것이 아무것도 없음을 깨달았다. 두 팔과 다리를 움직일 수조차 없었기에 이 남자는 다만 눈을 들어 그리스도의 십자가를 바라볼 뿐이었다. 그러나 그의 눈은 곧 십자가 저 너머에 있는 면류관과 영광에 초점을 맞추었다. 그는 하나님의 자비를 끌어안은 것이다. 예수님께서 그에게 대답하셨다. "먼 훗날이 아니다. 바로 오늘 해가 지기 전, 내가 너를 데리고 축복된 곳으로 갈 것이다." 이 말씀은 이생과 영생의 문턱에 서 있는 모든 사람들에게 확신을 안겨준다. 예수님께서 그곳에 계신다. 문지기이자 동시에 왕으로서 천국에 계신다. 이 세상의 모든 무거운 짐과 얽매이기 쉬운 죄로부터 우리를 풀어주시면서 우리를 반기실 것이다.

3. "여자여 보소서. 당신의 아들이니이다!"

예수의 십자가 곁에는 그 모친과 이모와 글로바의 아내 마리아와 막달라 마리아가 섰는지라 예수께서 그 모친과 사랑하시는 제자가 곁에 섰는 것을 보시고 그 모친께 말씀하시되 여자여 보소서 아들이니이다 하시고 또 그 제자에게 이르시되 보라 네 어머니라 하신대 그때부터 그 제자가 자기 집에 모시니라(요 19:25-27)

이 사랑의 말씀은 우리에게 위로와 치유를 안겨준다.
예수님은 먼저 자신의 어린 시절에 자장가를 불러줬고, 걷기 시작할 무렵 넘어져 상처 난 무릎에 입을 맞춰줬던 어머니를 부른다. 그리고 최후의 만찬석상에 자신의 품에 안겼던 가장 사랑스런 제자를 부른다. 예수님은 어려운 중에도 마음에 여유를 가지고 다른 사람을 위로하고 불쌍히 여길 줄 아는 전형적인 모델이셨다.
극심한 육체적 고통을 느끼시면서, 또 이보다 훨씬 더 끔찍한 영혼의 고통을 참으시면서 예수님께서는 피로 얼룩져 잘 보이지 않는 눈을 들고 어머니를 바라보았다. 아들의 처참한 모습을 지켜보며 오열하는 어머니의 모습을 말이다. 아들을 성전에 올려드렸을 때, 시므온이 예언했던 말들이 머릿속을 스쳐간다. 날카로운 칼이 그녀의 마음을 찔렀을 때, 십자가에 매달린 이 아들은 어머니를 내려다보며 위로해준다. 그리고 믿을 수 있는 제자의 품에 어머니를 맡긴다. 고통당하는 중에도 예수님은 어린 시절 자신을 돌보아주었던 이 여인을 끝까지 보살핀다. 이러한 예수님의 모습에서, 단 한 번도 자기연민에 빠지지 않고 죽는 순간까지 다른 사람들을 보살피며 남을 위해 스스로를 내어주는 위대한 모범을 발견할 수 있다. 그 순간부터 사도 요한은 마리아를 자신의 어머니로 모신다. 내가 정말로 그리스도를 사랑하는지 알고 싶다면, 내게 어려움이 닥쳤을 때 내가 주변 사람들에게 어떻게 행하는지를 보면 된다.

지금까지 살펴본 이 세 마디의 말씀은 정오가 되기 전, 날이 아직 밝을 때 하신 말씀이다. 중력이 그의 몸을 아래로 잡아당기기 때문에 못 박힌 손과 발의 고통은 이루 말할 수 없다. 온 세상의 죄가 무겁게 그를 짓누른다. 게다기 이제부터는 뜨거운 태양의 열기와 목마름이 그의 고통을 가중시킨다. 예수님은 긴 침묵으로 이 고통의 시간을 보낸다.

첫 번째 아담은 옆구리 갈비뼈로부터 '돕는 배필'을 얻기 위해 긴 잠에 빠져야만 했다. 그러나 마지막 아담(고전 15:45 참조)은 '죽음의 잠'으로, 고통을 끝낼 때까지 모든 감각이 서서히 마비되는 것을 경험해야 했을 것이다. 그리고 흠 없는 어린양의 옆구리에서 교회가 탄생했다.—교회, 곧 신랑 되신 그리스도를 위한 정결한 신부.

4. "어찌하여 나를 버리셨나이까?"

제 육시로부터 온 땅에 어두움이 임하여 제 구시까지 계속하더니 제 구시 즈음에 예수께서 크게 소리 질러 가라사대 엘리 엘리 라마 사박다니 하시니 이는 곧 나의 하나님 나의 하나님 어찌하여 나를 버리셨

나이까 하는 뜻이라(마 27:45-46, 시 22:1 참조)

이 사랑의 말씀은 모든 상한 심령의 울부짖음에 대한 대답이다.

신비하고도 초자연적인 세 시간 가량의 어두움이 사라지자 예수님께서 이 말씀을 외치셨다. 수세기 동안 신학자들은 예수님의 이 말씀 때문에 혼란스러워하고 어리둥절해했다. 신학자들은 이 말 속에 하나님으로부터 버림받은 감정이 담겨 있다, 혹은 그리스도께서 자기 자신을 죄인과 동일시하여 죄인이 겪어야 할 하나님과의 분리를 몸소 체험하신 것(대속의 교리)을 나타낸다고 생각한다. 그들은 예수님의 이 말씀을 가리켜 '거절의 외침' 이라고 부른다. 이해하기 힘든 예수님의 이 말씀은 십자가에서 어떤 우주적 사건들이 일어났는지에 대해 우리가 그 세부사항까지 다 파악할 수 없음을 알려준다.

만일 예수님의 육신이 약해졌기 때문에 혹은 예수님께서 고통에 겨워 하나님 아버지에 대한 인식을 잃어버린 것이라면, 이것은 버림받은 사람의 넋두리일 것이다. 과거에 겪었던 고통 속에서 "하나님, 지금 어디계세요?"라고 외쳤던 당신의 의심 어린 외침과 크게 다르지 않다.

하지만 죄 때문에 하나님과 분리된 사람들을 대변하는 외침이었다면, 이 외침은 죄 없는 한 사람 예수에게 자행되었던 모든 불의를 설명해 준다. 완전한 하나님이자 완전한 사람이신 예수님의 마음속에 담겨 있었던 이 외침은 인류 역사상 가장 깊은 분노의 탄식이었다.

신학자들은 예수님의 마음속에 자리한 탄식의 깊이에 대해 논의하지만 더욱 중요한 사실이 있으니 예수님의 탄식은 우리가 하나님에 대해 갖고 있는 모든 의문을 풀어준다는 것이다. 나는 최근에 이 주제를 놓고 친구와 이야기를 나눴다. 그 친구는 말하기를 "하나님의 깊은 것들은 어린아이도 이해할 만큼 간단해"라고 했다. "나는 예수님의 울부짖음에 대해 생각해봤어. 그랬더니 그 즉시 이런 생각이 드는 거야. 내가 고통당할 때마다 하나님께 수없이 외쳤던 것과 똑같은 울부짖음이더라구."

우리 부부가 애런의 생사를 놓고 깊은 근심에 빠졌을 때, 마헤쉬는 아프리카로 떠나라는 주님의 지시에 순종했다. 그리고 나(보니)는 수많은 밤들을 지새워가며 기도해야 했다.

어느 우중충한 날이었다. 그날따라 비는 내렸고 애런은 또 한 차례 장기 치료 수술을 받고 있었다. 태어날 때부터 애런의 장기에는 괴저가 발생했었다. 나는 병원의 현관에 서서 주님께 물었다. "왜 이러셨어요?" 그때 내가 들었던 응답을 결코 잊을 수 없을 것이다. 부드럽지만 확실한 음성이었다. "지금 여기, 내가 너와 함께한단다. 내가 네 곁에 있는 것으로 충분할 거야." 고통과 시험과 어려움이 닥칠 때마다 우리의 입술에는 '왜?'라는 질문이 담긴다. 그 모든 '왜'에 대해 우리가 얻는 대답은 '왜냐하면'이 아니라 우리를 사랑하시고 우리를 위해 자신을 내어주신 그분의 임재이다.

고통에 겨운 나머지 "왜?"라는 질문이 터져나올 때마다 우리는 '임마누엘'이 분리의 장벽을 허물었음을 기억해야 한다. 하나님은 우리를 고아처럼 홀로 내버려두시지 않는다. 다음번에 하나님을 향해 "하나님, 어디 계십니까?" 혹은 "왜 이런 일이 일어난 겁니까?" "왜 이 일을 막지 않으셨어요?"라고 묻고 싶어지거든 이 말을 떠올리기 바란다. 그리고 '왜'에 대한 답을 얻고 싶거든 십자가를 바라보라.

5. "내가 목마르다"

이후에 예수께서 모든 일이 이미 이룬 줄 아시고 성경으로 응하게 하려 하사 가라사대 내가 목마르다 하시니(요 19:28)

이 사랑의 말씀은 예수님이 당하신 고난을 이야기해준다.

예수님께서는 아직 힘이 남아 있는 동안 이 말씀을 하셨다. 아버지 하나님의 계획을 충성스럽게 이루셨으므로 예수님은 여전히 '행동으로 입증된 하나님의 말씀'이셨다. 말씀이신 예수님은 성령께서 과거 다윗의 입술을 통해 예언하셨던 말씀을 이루신다. 다윗은 성령의 감동을 받아 장차 메시아께서 삶의 마지막 순간에 겪게 되실 일들을 기록하였다. "갈할 때에 초로 마시웠사오니"(시 69:21).

물을 변화시켜 포도주를 만드신 예수님이시다. 천사를 동원하여 자신에게 수종을 들도록 명하실 수도, 구름을 명하여 비를 내리게 하실 수도 있었다. 그러나 예수님은 자신의 피를 흘려 구원의 잔을 채우셨다. 그리고 말씀하셨다. "누구든 목마른 자는 다 내게 와서 마시라." 과거 예수님은 많은 것에 대해 궁금해했던 사마리아 여인을 만나 그녀에게 물 한잔을 요구하셨다. 그녀에게 생명의 물을 주시기 위해서였다. 고난의 잔에 대해 예수님께서 제자들에게 말씀하셨다. "내가 이 잔을 마셔야 하지 않겠느냐?" 예수님은 하늘 아버지를 위해 마지막 한 방울까지 다 마셨다.

자신의 필요를 채우려고 그 잔을 마신 것이 아니다. 물론 돌이킬 수 없는 시점에 이르기까지 전쟁을 치르시면서, 또 결국에는 모든 임무를 완수하게 되리라는 사실을 이해하시면서 예수님은 자신의 필요를 하나님께 알리셨다. 그러나 자신의 요구가 하나님의 계획에 반대되거나 방해되지 않을 때에만 자신의 필요를 간구하셨던 것이다.

특히 폭풍이 불어올 때, 우리가 반드시 기억해야 할 사실이 있다. 하나님께서는 우리의 순종과 희생을 통해 자신의 목적을 이루신다는 것이다. 예언적 비전에 관한 잠언 말씀을 기억하라. "묵시가 없으면 백성이 방자히 행하거니와"(잠 29:18). 얼마나 많은 사람이 우리를 반대할는지 혹은 어떤 사람들이 우리를 반대할는지 상관없이, 그들 모두가 하나님의 아들들로 변화될 것을 기대하는 비전은 우리가 사명을 완수할 수 있도록 우리를 이끌어줄 것이다.

6. "다 이루었다."

예수께서 신 포도주를 받으신 후 가라사대 다 이루었다 하시고(요 19:30)

이 사랑의 말씀은 예수님의 사명이 완성되었음을 알려준다.

예수님은 신 포도주로 입술을 적시긴 하셨지만 마취 효과를 누리기에는 너무 늦었다. 신 포도주의 마취 효과가 없었기 때문에 예수님의 목소리는 온 세상 만물이 똑똑히 들을 수 있을 정도로 크고도 또렷했다! 이 여섯 번째 말씀은 승리자의 외침이다. 임무 완료!

사실 이 문장은 원래 포괄적 의미를 지니고 있는 한 개의 헬라어 동사 '테텔레스타이'(tetelestai)로 기록되어 있다. 이것은 정복당한 피해자의 비명이 아니다. 자신이 해야 할 임무를 완수한 정복자의 함성이다. 마라톤 주자가 경주를 마칠 때 테이프를 끊는 것처럼, 성경말씀을 모두 이루시고, 하늘 아버지께서 하신 일들을 바라본 그대로 다 행하신 후에 야 비로소 예수님은 자신의 몸에 죽음을 허락하셨다.

7. "아버지여 내 영혼을 아버지 손에 부탁하나이다."

예수께서 큰 소리로 불러 가라사대 아버지여 내 영혼을 아버지 손에 부탁하나이다 하고 이 말씀을 하신 후 마지막 숨을 내쉬며 운명하시 다(눅 23:46, 시 31:5 참조).

이 사랑의 말씀은 삶의 마지막 순간에 의인이 누리는 기쁨을 설명하고 있다.

사랑스런 독생자가 마지막 숨을 내쉬며 아버지를 향한 신뢰와 의존을 표현하셨다. 이 점을 상기해 보건대, 이 경건한 유대인(예수님)이 드렸던 저녁시간의 기도는 더욱 간절하게 느껴진다. 그의 벗겨진 살갗, 알아볼 수 없을 정도로 변형된 겉모습…. 그러나 그 속에는 여전히 하나님을 향한 변치 않는 헌신이 내재했다. 성령 안에서 예수님은 하나님 아버지께 자신을 산 제사로 올려드렸다. 예수님께서 성령님과 맺은 사랑의 연합은 마지막까지 깨지지 않았다.

친구에게 배신을 당했을 때 사람들은 하나님에게서 등을 돌리고 하나님과의 교제를 끊곤 한다. 우리는 이러한 양태를 너무나 자주 목격하였다. 그러나 오직 하나님만이 참된 친구이시며 언제든지 찾아갈 수 있는 동반자가 되신다. 폭풍의 전사들은 고된 시련을 지난 후 위로와 안식을 얻기 위해 항상 하나님을 찾는다.

모든 일을 다 마친 후 의로우신 한 분, 예수 그리스도께서는 자기 자신은 물론 자기와 연관된 모든 것을 하늘 아버지의 손, 곧 사랑과 은혜로 충만한 하나님의 손에 맡겼다.

예수님께서 자신의 생명을 죽음으로 내모시며 일곱 마디의 말씀을 전하셨을 때, 인류는 그의 공의 안에서 완벽한 평안을 누릴 수 있었다. 모든 분쟁은 잠잠해졌다. 모든 질문은 답을 얻었다. 모든 기소가 기각되었다. 모든 논쟁은 진정되었다. 모든 사건이 해결되었다.

하나님의 어린양은 이 세상에 기초가 놓이기 전에 도륙되었다. 창조의 서막이 열리자 성령 안에서 자신의 몸을 산 제물로 올려드린 예수님께서는 하나님의 역사를 온전하게 성취하셨다. 거기에 하나님의 성령이 수면을 운행하고 계셨다. 마치 어미 독수리가 자신이 알을 낳은 둥지 주위를 날듯이 말이다. 무질서한 혼돈과 공허는 히브리말로 '토후 봐 보후'(tohu wa bohu)라고 한다. 그 뜻은 '심판을 받아 파괴된 황무지'이다. 그러나 하나님의 말씀이 나타나자 그 공허 속으로 빛이 들어갔다. 그 순간 하나님께서는 창조의 역사를 시작하셨다. 창조의 마지막은 하나님의 형상을 닮은 '가족'의 탄생으로 장식되었다. 바로 이 가족을 위하여 그리스도의 십자가는 모든 전쟁에서의 승리, 모든 적의 패배를 상징해준다.

3일 후, 눈을 멀게 할 정도로 강한 빛이 솟았다. 그와 함께 예수님께서 지옥과 죽음의 권세를 이기고 다시 살아나셨다. 자신을 부르는 모든 사람들에게 영원한 자유를 주셨고 지금도 주신다!

예수님께서 전하신 이 일곱 마디 말씀을 통해, 우리는 하나님께서 죄인과 성도를 어떻게 바라보시는지 알 수 있다. 또한 하나님께서 개개인을 소중히 여기시고 그들과의 관계에 집착하신다는 사실을 알 수 있다. 시험과 죽음을 거치도록 고안된 하나님의 구원 계획을 알게 된다. 지극한 사랑과 지대한 승리가 무엇인지 알게 된다. 궁극적인 폭풍의 전사, 곧 예수 그리스도를 알게 된다.

최후의 적을 이기다

일찍이 마헤쉬가 언급했듯이 나는 미국 서부지역 소 농장에서 자랐다. 자랑스러운 내 조상은 지금의 미국을 있게 만든 카우보이들이었다. 내 조부모님은 양쪽 모두 다 서부 출신이다. 그들은 서부의 척박한 땅에 목장을 짓고 그곳에 정착하여 살았다. 내 아버지는 자신의 삶만큼이나 땅을 사랑했고 자유를 보장해준 이 나라를 사랑했다. 이 땅과 이 나라를 가슴 깊이 사랑했던, 요즘에는 찾을 수 없는 개척자의 마음을 가지고 계셨다. 말수는 적지만 심장만큼은 텍사스보다 더 큰 남자, 한계가 없는 관용의 소유자인 내 아버지는 나의 영웅이셨다.

몇 년 전 악몽을 꾼 적이 있다. 한밤중에 어떤 험상궂게 생긴 남자가 내 아버지의 집에 침입하였다. 꿈속에서 나는 그 도둑을 잡으라고 소리 질러 아버지께 경고하고 싶었지만 할 수 없었다. 그때 번쩍하는 섬광과 함께 총소리가 났고 나는 잠에서 깼다. 그 꿈은 말 그대로 내가 꾼 악몽 중 최악이었다. 나는 그 꿈을 꾸짖었고 꿈을 통해 나를 괴롭히려 했던 마귀를 꾸짖었다. 그리고 꿈의 내용 전체를 잊어버렸다. 하지만 몇 주 뒤, 또 똑같은 꿈을 꾸었다. 이번에는 잊어버릴 수가 없었다. 그렇게 꿈을 다시 꾸고 나서 몇 주가 지났을 때 동일한 꿈을 한 번 더 꾸었다. "주님께서 경고해주신 거였구나."

나는 아버지께 이 꿈에 대해 말씀드렸다. 그리고 실제로 어떤 누군가가 악감정을 품고 아버지를 협박하고 있음을 알게 되어 조심하시라는 당부를 전했다. 이렇게 전화 통화를 한 뒤 며칠이 지났다. 어느 토요일 아침, 나는 일찌감치 아버지께 전화를 드렸다. 그러나 아버지는 전화를 받지 못하셨다. 나는 직감적으로 아버지께 문제가 발생했음을 알았다. 그 끔찍한 꿈은 현실이 되어버렸다. 그 전날 밤, 아버지는 살해당하셨다.

상상하기조차 싫은, 가장 끔찍한 일이 일어난다면 당신은 어떻게 하겠는가? 당신은 어떻게 반응하겠는가? 당신은 누구를 찾을 것인가? 누구를 원망할 것인가? 누구를 만나 "이건 불공평해"하며 하소연하겠는가? 이미 벌어진 일을 어떻게 되돌릴 것인가?

아버지가 사망한 채로 발견되었다는 전화를 받았을 때, 순간 나는 주님께서 내 앞에 서 계시다는 느낌을 받았다. 이 사건에 대해 내가 어떻게 반응할지 지켜보시기 위해서였던 것 같다. 주님께서는 내가 주의를 기울여 반응할 것을 요구하셨다. 왜냐하면 일전에 내게 주신 가르침이 있었기 때문이다. "네가 어떻게 반응하느냐에 따라 네 이후의 삶이 결정될 것이다."

아버지의 살해 사건은 우리의 첫째아들 벤이 죽음 앞에서 사경을 헤매고 있을 때를 다시 상기시켜 주었다. 당시 마헤쉬와 나는 무릎을 꿇고 기도하며 벤과 그의 미래를 하나님께 올려드렸다. 아들을 주신 하나님께 감사드렸고 치유해주실 것을 간구했다. 그리고 주님과 복음을 향한 우리의 헌신을 재확인했다. "어떤 일이 생기더라도 우리는 온 맘 다해 당신을 섬길 것입니다."

그 당시 내가 결정했던 반응은 아버지를 잃은 사건에 대해 어떻게 반응해야 할지 방향을 잡아주었다. 그래서 이번에는 좀 더 쉽게 반응할 수 있었다. 그러나 보이지 않는 질병의 적과 싸우는 것은 전혀 다른 차원의 일이었다. 우리의 인생에 침투하여 내 아버지이자 아이들의 할아버지를 앗아간 것은 사악한 남자, 눈에 보이는 적이었다. 그와 싸우는 것은 또 다른 차원의 싸움이었다. 공의는 어디에 있는가? 꿈으로 경고를 주셨기에 아버지께 말씀드렸건만 그것이 무슨 소용이 있었는가? 왜 하나님은 이 사건을 막지 않으셨는가?

그러나 내가 수화기를 집어 들었을 때, 주님께서는 내 앞에 서 계셨다. 주님 안에서 나는 하늘 아버지가 모든 것을 주관하시고 모든 것을 승리하셨다는 '확신'을 발견할 수 있었다. 이 사건에 대해 보복할 권리는 내 것이 아니라 하나님의 것이었다. 곧 성령님의 위로가 내게 임했다. 상처 입고 무너진 내 심령을 채우시는 위로의 양식, 충분한 위로의 양식이었다. 그의 위로가 내 마음속 모든 의문점들에 대한 해답이 되었다.

나는 곧장 비행기를 타고 아버지의 집을 향해 출발했다. 서부에 있는 아버지의 집에 도착했을 때는 아버지께서 사망하신 지 채 하루가 되지 않았을 때였다. 그 집에 들어선 순간 내 마음을 사로잡은 공허감은 이루 말할 수 없었다. 시간의 경계를 넘어 과거로 돌아가 살아 계실 때의 아버지를 다시 볼 수만 있다면… 지금 내가 서 있는 이 적막한 거실에 아버지를 모셔올 수만 있다면….

아버지께서 식탁보로 사용하셨던 조그마한 덮개천이 눈에 들어왔다. 그것은 거실 카펫 한쪽에 놓여 있었다. 나는 그것을 집어 들어 제자리에 옮기려고 했다. 그런데 무언가가 나를 말리는 것 같았다. 대신 발끝으로 그 천의 귀퉁이를 살짝 들춰 보았다. 거실 카펫에 묻은 아버지의 혈흔을 감추려고 누군가가 식탁보로 덮었던 모양이었다.

살아 계셨을 때의 아버지 모습이 떠올랐다. 내 눈은 이 집을 그토록 사랑하셨던 아버지의 모습을 바라보고 있었다. 눈물이 두 뺨을 타고 흘러내렸다. 몸은 부들부들 떨렸다. 나는 그 자리에 멈춰서 카펫에 묻어 있는 아버지의 혈흔에 손을 대었다. 심장이 멎는 것만 같았다. 내 생각은 두려움과 절망, 믿음과 불신, 충격과 복수심 사이 그 어디쯤엔가 멈춰져있었다. 온 세상 만물이 갑자기 입을 다물고 고요하게 머물러 있는 것만 같았다. 내 아버지는 이제 겨우 환갑을 조금 넘기셨을 뿐인데…. 내 아이들은 할아버지로부터 그 옛날 미국 카우보이의 기계와 개척정신을 좀 더 맛보고 즐거워했어야 했는데…. 내 떨리는 손이 카펫 위, 시커멓게 변한 아버지의 핏자국에 닿았을 때, 나의 내면 깊은 곳 어디에선가 슬픔과 분노의 울음이 터져 나왔다. 그 울음소리가 내 귀에 점점 크게 들릴 때였다. 누군가의 목소리가 들려온 것이다. 그것은 인간의 목소리도, 마귀의 소리도 아니었다. 마치 내 아버지의 육성 같았다.–하늘 아버지의 음성처럼 들렸다. 손가락 끝에 묻어 있는 아버지의 혈흔으로부터 들려온 그 음성은 이렇게 말했다. "딸아. 복수하지 마라."

공의가 부재한 곳에는 만족이 없다. 이 끔찍한 짓을 저지른 남자는 결코 보호받아선 안 된다. 그의 신분도 다 공개되어야 할 것이다. 그러나 어찌된 영문인지는 모르겠지만 고요함의 치료제가 상처 난 내 마음을 어루만졌고 내면의 분노를 잠재웠다. 다만 내가 아는 것이라고는 억울하게 피 흘려야 했던 내 아버지의 혈흔 속에 그리스도의 영원한 보혈 능력이 담겨 있었다는 것, 그리고 내게 들려온 그 음성은 그리스도의 보혈에서 나왔다는 것뿐이었다. 그러자 체념의 한숨보다 더 깊은 숨이 내 몸 밖으로 빠져나왔고 이에 내 마음은 자유를 얻었다.

혈흔에서 나온 목소리는 가장 억울한 일을 당하셨던 주님의 십자가에서 흘러나온 것이었다. 십자가에서 흘리신 보혈의 음성이 내가 서 있는 아버지의 집, 그 적막한 공간에 메아리로 울려 퍼진 것이다.

가인의 질투로 아벨이 무고한 피를 흘렸을 때 그의 피가 외쳤던 것은 복수였다. 그러나 그날 손끝에 묻은 아버지의 피, 그 속에 담겼던 십자가의 보혈은 복수보다 더 좋은 무언가를 외치고 있었다.

빛과 어둠, 생명과 죽음 사이에 선 채로, 나는 내가 죄 없는 한 사람을 죽였다는 사실을 깨달았다. 2천 년 전, 나는 나의 죄로 그를 죽였다. 그리고 내 아버지의 주검이 놓였던 그 자리에서, 내가 겪은 불공평한 이 사건에 대해 2천 년 전의 그 남자는 이렇게 말씀하셨다. "복수는 내 것이다. 내가 갚아 주리라"(롬 12:19).

이 비극적인 사건의 결과, 우리 가문의 두 세대가 복음의 능력을 체험하게 되었다. 평소 아버지가 사랑하셨던 몇몇 사람들은 아버지의 뜻을 깨닫고 자신들의 나아갈 길을 수정하게 된 것이다. 폭풍의 결과였다.

모든 크리스천의 궁극적 사명은 두 번째 사망을 이기는 것이다. 이 모든 과정을 겪으며 우리가 전할 수 있었던 메시지는 '그리스도께서 승리하셨다' 이다. 이 세상 그 어떤 것도 이 승리를 앗아갈 수는 없다. 우리를 구원하신 예수의 공로를 믿음으로써 하나님과 화평을 이루게 된 자녀들에게는 육체의 죽음마저도 전혀 위협이 되지 않는다.

마지막 날에는 우리 모두가 궁극적인 폭풍과 맞닥뜨리게 될 것이다. 우리는 폭풍을 정복하거나 혹은 그것에 정복당하거나, 둘 중 하나일 것이다. 이전에도 언급했었지만 다시 한 번 강조하고 싶다. "자유를 좋아하는 사람은 싸우다가 지칠는지도 모른다. 그러나 우리를 대적하는 자들 중에는 지치지 않고 싸우는 자들도 있다. 우리가 지친다고 해서 그들도 지치는 것은 아니다." 특히 교회에서는 더욱 그렇다. 우리는 폭풍에서 잠시 빠져나와 휴식을 취하고 즐겁게 노래 부르며 좋은 시간을 보내기 원한다. 그러나 우리의 원수는 쉬지 않고 우리를 파괴하려 들 것이다. 그는 자신이 손댈 수 있는 모든 것을 죽이고, 훔치고, 파괴하는 데 선수이다. 하지만 우리의 소망을 심어놓은 이 영화로운 복음의 숨결은 우리에게 용기를 안겨줄 것이다. 우리는 그리스도의 능력으로 마음과 생각을 지켜야 한다. 용기와 믿음을 가지고 싸움터로 나아가야 한다.

견고한 기초

우리가 사는 이 시대는 소위 '관용의 시대'이다. 어떠한 세계관도 다 용납되는 시대이다. 오직 한 가지 세계관만 빼놓고…. 예수 그리스도와 그의 말씀에 기초한 세계관은 이 시대에 용납되지 않고 있다. 그러나 기억하라. 영원토록 변하지 않을 유일한 기초는 예수 그리스도와 그의 말씀이라는 사실을 말이다. 예수를 믿는 믿음, 우리 개인과 가정과 나라를 향한 하나님의 영원한 목적 위에 세워진 견고한 기초가 없다면 우리 모두는 다원주의, 세속적 인본주의, 정치적 공정주의, 테러주의 속에서 도덕관을 잃게 될 것이다.

이처럼 범람하는 홍수 속으로 위대하신 폭풍의 전사, 예수 그리스도께서 전진하신다. 그가 지셨던 십자가를 보면서, 우리는 고난과 사망을 다른 시각으로 바라봐야 한다. 전 세계적 혼란의 폭풍 속에서 고난과 죽음말고는 우리의 입장을 고수할 수 있는 또 다른 방법은 없다. 세상은 포스트모더니즘이라고 알려진 문화 속으로 교회를 초대하고 있다. 지금은 교회가 복음의 참된 사명을 선포하며 개혁을 주창할 때이다.

예수님께서는 "천국은 마치 종들에게 살림을 맡기고 먼 여행을 떠난 집주인과 같다"라고 말씀하셨다. 집주인은 하인들에게 "내가 돌아올 때까지 잘 지켜라"라고 말했다. 여기서 '지켜라'라는 말은 '집에 거주하다' 라는 뜻보다 더 큰 의미를 가지고 있다. 지금 이 순간 전쟁을 계획하는 사람들은 그리스도의 십자가 군기 아래 전진하고 있는 모든 성도들을 몰살하려는 악한 계교를 꾸미고 있다. 우리가 구축할 첫 번째 방어선은 '기도하겠다'는 강력한 헌신, '하나님이 정하신 가치와 기준을 지키겠다'는 각오이다. 우리는 자유를 누리기 위해 기꺼이 대가를 지불해야 한다. 세상은 점점 기운을 잃고 있다. 세상은 새로운 폭풍의 전사들이 나타나 자신의 생명을 던져가며 이 싸움을 싸우고 미래를 수호해주기를 바라고 있다.

예수님은 제자들에게 말씀하셨다. "천국은 침노하는 자의 것이다. 성령의 능력으로 병을 고치고 어둠에 묶인 자들을 풀어내는 사람에 의해 천국은 확장될 것이다"(마 11:12 참조). 하나님의 나라를 확장하는 수단은 바울의 말을 빌자면 "정사와 권세와 이 어둠의 세상 주관자들과 하늘에 있는 악의 영들"(엡 6:12)과 씨름하는 것밖에는 없다.

십자가가 상징하는 것은 온 세상이 목도할 수 있도록 위대한 폭풍의 전사가 높이 들렸다는 점이다. 악에 대한 선의 승리를 증거하는 것이리라. 그러므로 십자가를 바라보면, 절망 가운데 빠져 길을 잃고 스스로에게 도취된 이 어둠의 세대들도 소망을 얻게 된다. 십자가는 하나님의 영광의 빛을 발산한다. 넘치는 폭풍의 파도에 허우적거리며 패망하는 사람들에게 하나님의 사랑을 비춰준다. 그들을 대신하여 자기 목숨을 기꺼이 내려놓았던 그 한 사람 때문이다. 십자가는 그리스도의 구원의 능력을 바라는 모든 이들에게 소망의 메시지를 던진다. "너희들이 목숨을 걸어도 될 만큼 가치 있는 일이 여기 있다!"

13 | Complete the Mission
사명을 완수하라

오직 성령이 너희에게 임하시면 너희가 권능을 받고 예루살렘과 온 유대와
사마리아와 땅 끝까지 이르러 내 증인이 되리라(행 1:8)

이것은 모든 크리스천이 받은 궁극적 사명이다. 온 나라를 향해 적극적인 자세로 복음을 선포하고 치유와 축사의 기적으로 하나님의 능력을 증거하라는 명령이 우리 각 사람에게 주어졌다. 이 시대 빛과 어둠의 영적 왕국이 충돌함에 따라 우리는 치열한 전투의 현장으로 들어가게 된다. 주님의 날이 가까워짐에 따라 폭풍의 세기도 점점 거세질 것이다. 그러나 하나님의 능력과 이 땅의 교회 위에 임하는 축복도 더욱 커질 것이다. 받은 사명에 대한 우리의 헌신, 주님을 향한 우리의 신뢰는 영광에서 영광으로, 능력에서 능력으로 자라나야만 한다. 지금은 우리가 깨어 기도할 때이다. 당신의 은사와 부르심은 필수적이다. 당신의 섬김이 없다

면 영광스런 그리스도의 몸, 교회는 온전한 힘을 발휘할 수 없다. 그러므로 우리 모두는 성령 안에서 다 함께 싸움터를 향해 나아가야 한다.

나(마헤쉬)는 텍사스 주 휴스턴으로 순회전도여행을 갔던 일을 기억한다. 그때 큰 교회의 목사님 한 분이 자기 교회의 어린이들이 성령 세례를 받을 수 있도록 해달라고 부탁해왔다. 54명의 어린이가 강단 앞으로 나아왔다. 몇몇 아이들은 5~6살 정도밖에 되지 않았다. 이 아이들을 위해 기도했을 때 성령의 파도가 그들 위에 임하는 것을 느꼈다. 순간 그들은 방언으로 기도하기 시작했다.

그중 다섯 살 된 스페인계 어린아이가 있었는데 많은 사람들의 눈이 그 아이에게 향하였다. 잘 다려진 하얀 와이셔츠와 넥타이를 갖춰 입은 이 아이는 어린 신사처럼 보였다. 그런데 아주 강렬하게 방언기도를 하는 것이었다. 아이에게서 좀처럼 보기 힘든 강렬함이었다. 아이는 이내 울부짖기 시작했다. 눈물이 얼굴을 타고 흐르는 가운데 아이는 더 큰 소리로 울며 방언으로 기도하였다. 나는 그 아이에게로 다가가 위로해주려고 했다. 그러나 아이는 좀처럼 울음을 멈추지 않았다. 오히려 더 큰 소리로, 본인이 낼 수 있는 가장 큰 소리로 울며 주님께 기도하는 것이었다. 일단 나는 다른 아이들에게 먼저 기도해주고 다시금 이 아이를 찾아오기로 마음먹었다. 그러나 나는 아이의 울음을 멈추게 할 수 없었다. 아이는 계속해서 주님께 울부짖었다.

아이의 울음은 25분간 계속되었다. 갑자기 강당의 뒤쪽에서 몸집이 큰 스페인계 남성이 앞으로 뛰어오더니 큰 소리로 울며 주님께 자신의 삶을 맡기는 기도를 드리는 것이었다. 가족들에게 버림받고 이혼을 앞두고 있었던 그 남자는 교회에 잘 참석하지 못했지만 그날 오전 집회에는 우연히 참석하게 되었다. 이 남자는 다름 아닌 그 아이의 아버지였다.

아이는 자기 아버지가 집회에 참석했다는 사실을 알지 못했다. 그러나 성령으로 세례를 받은 순간 하늘(영계)의 영역으로 들어갈 수 있었고 성령의 기름부음과 능력 안에서 아버지를 위해 중보할 수 있었다. 아이의 기도는 천상의 영역에 돌파구를 내었고 이에 그 아버지의 눈을 가렸던 베일은 벗겨지게 되었다. 집회 중, 이 남성은 그리스도께로 나아왔고 그날 저녁 아이가 보는 앞에서 가족의 품으로 돌아왔다. 아이의 강렬한 기도와 믿음이 그 가정의 강렬한 필요를 충족시켰던 것이다.

기도를 통해 자기 아버지를 하나님 나라로 들여보낸 아이 옆에 서서 울며 회개하는 남성을 바라보다가 나는 말라기 4장 6절의 말씀이 성취되었음을 깨달았다. "그가 아비의 마음을 아들에게로 아들의 마음을 아비에게로 돌리리라." 이 어린 폭풍의 전사는 우리 모두에게 귀감이 된다. 마음의 상처, 가족의 와해, 그 고통 한가운데 서 있는 어린아이를 성령께서 안아주셨다. 성령님은 이 아이로부터 복음의 능력이 전파되어 가족에게 닿도록 아이에게 능력을 주셨다. 성령의 능력 안에서 이 아이는 자기 가족에게 회복과 구원과 치유를 가져다줄 수 있었다.

예수님은 구원하시고, 치유하시고, 자유를 주시기 위해 상처 입은 세상으로 내려오셨다. 그리고 모든 성도들을 임명하시고 파송하셔서 그들로 하여금 성령의 능력으로 예수님이 행하셨던 모든 일을 동일하게 행할 수 있도록 하셨다. 하나님의 대적들은 하나님의 목적을 방해하며 정면으로 충돌하려 한다. 모든 충돌의 핵심은 우리가 수행해야 할 사명으로 귀결된다. "이 천국 복음이 모든 민족에게 증거되기 위하여 온 세상에 전파되리니 그제야 끝이 오리라"(마 24:14). 당신은 지금과 같은 폭풍의 때에 일어서도록, 위대한 용사이신 예수 그리스도의 권세와 능력 안에서 '폭풍의 전사'로 임명받았다. 당신은 하나님을 위해 싸우는 폭풍의 전사로 임명받았다!

미션 파서블

남북전쟁 당시 윌리엄 셔먼(William Sherman) 장군은 이렇게 말했다. "군 사령관은 군대의 머리이다. 그러므로 사령관은 반드시 군대 안에 있어야 한다. 그래서 모든 장교와 사병이 사령관의 기분과 생각의 영향을 몸으로 느낄 수 있어야 한다." 예수님은 하나님 나라의 군대 사령관이시다. 그는 이미 갈보리에서 최고의 폭풍을 이기신 바 있다.

우리가 맡은 사명을 완수하고자 할 때, 예수님의 사랑과 그의 권세가 얼마나 큰지 깨달으면 깨달을수록 마지막 날 담대히 설 수 있는 우리의 능력도 점점 더 커진다. 폭풍을 만날 때마다 주님께서는 자신의 모습을 우리에게 계시해 주신다. 주님을 더 많이 알면 알수록 우리는 승리를 위해 변화되고 무장될 것이다.

요한계시록을 읽어보면 예수님께서 이렇게 말씀하시는 것을 볼 수 있다. "두려워 말라 나는 처음이요 나중이니 곧 산 자라 내가 전에 죽었었노라 볼지어다 이제 내가 세세토록 살아 있어 사망과 음부의 열쇠를 가졌노라"(계 1:17-18). 하나님께서는 예수 그리스도를 '충성된 증인'이라고 부르신다.(계 1:5) 여기에 '증인'이라고 번역된 헬라어는 신약성경 전체에 걸쳐 사용된 단어, '마르투스'(martus)인데 이 단어에서 '순교자'(말터, martyr)라는 말이 파생되었다. 사실 초대교회 시절에는 이 두 단어, '증인'과 '순교자'가 상호 교환되어 사용되었다. 이러한 사실로 미루어 보아 우리는 초대교회 성도들의 태도가 어떠한지를 유추할 수 있다. 예수님께서 자신을 증거하도록 파송하신 열두 사도들은 모두 감옥에 갇혔었고, 핍박을 당했고, 매 맞았다. 그리고 사는 날 동안 능욕당했다. 국경을 넘어 복음을 선포했던 이들의 '예수 증거' 열정은 이들을 하나님 나라를 위한 순교자로 변화시켰다. 이들 최초의 증인들이 극심한 폭풍 가운데 견고히 서기 위해, 또 사명을 완수하기 위해 필요로 했던 것은 바로 예수님께 사망과 음부의 열쇠가 있다는 지식(계시)이었다.

하나님께서는 임무를 완수하는 일에 온 마음을 쏟는 '남은 자들'을 통해서도 위대한 기적을 이루실 수 있다. 우리 모든 성도는 자신의 생명을 예수님께 내어 드린 열두 사도들의 사역의 열매이다. 예수께서 승천하신 후 몇 세기 지나지 않아 기독교는 전 세계 여러 나라에 걸쳐 국가 행정부의 기반을 이루었고 사회도덕, 윤리적 규범을 이루었다. 기독교는 더 이상 예루살렘 내의 유대교 분파가 아니다. 기독교 신앙은 서구 세계 문명의 기초가 되었다.

결국엔 썩어 없어질 육체 안에 거하는 동안, 우리가 느끼게 될 '전쟁의 피로'는 영적인 상처이다. 이것은 우리가 어둠의 왕국에 반하여 지속적으로 저항한 결과이다. 영적 전쟁이 가져다주는 통증과 상처에 대한 처방전은 매일매일 성령의 신선한 기름부음 안에 거하는 것이다. 모든 크리스천은 힘을 얻고 회복되고 치유받기 위해 날마다 성령으로 충만해야 한다. "내 영광은 내게 새로워지고 내 활은 내 손에서 날로 강하여지느니라." 욥기 29장 20절의 선포이다. 반기독교적 압력이 횡행할 때 두려운 맘으로 회색지대에 주저앉거나 개인적인 어려움 때문에 뒷걸음치려는 유혹으로부터 우리를 지켜주실 성령의 능력과 신선한 기름부음을 날마다 공급받아야 할 것이다. 그리스도의 성령께서 우리를 채우시고, 다시금 넘치도록 채우시고, 우리를 통해 빛을 발하실 때 우리는 가정과 직업과 모든 관계 속에서 충성되고 능력 있는 하나님의 일꾼이 될 수 있다. 하나님은 결코 지치시는 법이 없다. 그가 공급하시는 것에는 한계가 없다.

여기에 소개하고자 하는 이야기는 고대 그리스 국가에서 있었던 감동적인 실화로서 폭풍의 전사가 지녀야 할 정신을 제대로 그려주고 있다. 당시 그리스는 국가적 위험에 처해 있었다. '죽음의 협곡'(Hot Gates)으로 알려진 '테르모필레'(Thermopylae)에서의 전투 중 스파르타의 왕 레오니다스와 그의 3백 용사는 마지막 한 명의 목숨까지 다 바쳐 페르시아의 침입에 저항하였다. 테르모필레는 매우 좁은 협곡으로 페르시아 사람들에게는 서구세계로 진입할 수 있는 전략적 요충지였다.

레오니다스와 3백 명의 스파르타 용사들은 1인당 천 명이 넘는 적군을 상대해야 했다. 페르시아의 왕은 레오니다스에게 무기를 내려놓고 항복하여 목숨을 부지할 기회를 주었다. 그때 레오니다스는 뭐라고 대답했는가? "올 테면 와라. 와서 무기를 가져가 봐라."

그들은 3일 동안 치열하게 싸웠다. 항복하기를 거절하고 죽기까지 싸우겠다는 스파르타의 기치는 페르시아의 침입을 효과적으로 저지할 수 있었다. 페르시아의 진격이 주춤했던 이 3일은 그리스와 페르시아의 전쟁에 전환점을 안겨주었다. 여태껏 느슨한 동맹관계를 유지해왔던 그리스의 여러 국가들은 이 3일 동안 결속을 다지며 거침없는 기세로 맞서 싸워 페르시아 군대를 축출하고 파멸시켰다.

레오니다스와 3백 용사가 벌였던 죽음의 저항은 그리스의 자유를 수호해냈고, 소위 '서구 문명'(Western Civilization)이라는 문명의 발전을 위한 밑거름이 되었다.

폭풍의 전사가 지녀야 할 정신은 생의 마지막까지 싸웠던 스파르타의 용사가 남긴 말 속에서 찾아볼 수 있다. 페르시아의 군대가 가진 화살은 너무나 많기 때문에 태양을 가려 하늘이 컴컴해질 정도라는 말을 듣고 한 병사가 말했다. "잘됐다. 그들이 태양을 가려준다니 그늘에서 싸울 수 있겠군."

하나님께서는 우리에게 사명을 주셨다. 그리고 그 사명은 이렇게든, 저렇게든 우리의 생명을 요구할 것이다. 하지만 그게 전부는 아니다. 하나님은 우리에게 위대한 승리를 보장해주셨기 때문이다. 그러므로 땅의 모든 족속이 영원한 구원을 맛보게 될 것이다! 하나님께서는 천군의 대장이시며 우리의 머리 되신 예수 그리스도와 함께 성령의 능력을 부어주시며 우리를 전장으로 파병하신다. 예수님은 신실한 증인이시다. 그는 이 세상을 이기셨고 우리도 동일한 승리를 거둘 수 있도록 세상 속으로 우리를 파송하셨다.

1938년도의 그림자

제2차 세계대전에 관한 회고록을 작성하면서 윈스턴 처칠 수상은 아돌프 히틀러가 세계적 강성으로 떠오르던 날 밤을 이렇게 기록하였다. "나치 정권은 아무런 방해를 받지 않은 채 활개를 칠 수 있었다. 왜냐하면 당시 세계 최강의 군사력을 지닌 대영제국이 아무런 행동도 취하지 않고 그냥 지켜보기로 결정했기 때문이다."

전쟁의 나날 동안 처칠 경이 잠을 못 이루었던 날은 오직 1938년의 2월 20일 밤이었다. "내 마음은 무너져 내렸다. 잠시 동안이지만 나는 절망과 어둠의 바닷물 속에 빠졌다. 유리창 너머로 새벽빛이 밝아오고 있었다. 당시 내 머릿속 두뇌는 죽음의 환영이 내 앞에 펼쳐지는 것을 보았다."

처칠 경은 말했다. "슬픔과 공포의 감정으로 나를 잠식한 것은 적군의 행동이 아니었다. 그것은 영국 내각 중 적군의 위협을 두려워하지 않았던 유일한 사람, 외무부 장관 앤서니 이든(Anthony Eden)의 퇴임이었다." 그의 퇴임으로 대영제국의 미래는 적군과의 싸움을 회피하고 승리를 포기하려는 사람들의 손에 놓이게 되었다. 과거 영국은 적들을 물리치고자 굳은 결의를 다졌기 때문에 돌이킬 수 없는 결정을 내리며 전 세계적 전쟁(1차 세계대전)에 참전했던 적이 있었다.

그러나 제1차 세계대전에서 용감무쌍했던 영국과 연합국들은 지쳤다. 또 한 차례의 대규모 전쟁을 치르기 위한 경제적 손실을 감내하기 싫어했고 어려운 문제들과 대면하기 꺼려했다. 그 당시에는 유화정책이 대세였다. 히틀러가 군대를 소집하고 인접 국가들을 침공할 동안 영국 수상 네빌 챔버레인(Neville Chamberlain)은 히틀러와 조약을 체결하고 영국 국민과 의회 앞에서 "지금은 평화의 시기입니다"라고 발표했다. 처칠을 비롯한 몇 명의 인사들만이 "전쟁에 대한 준비 없이 평화는 없다"는 사실을 깨닫고 외로운 목소리를 발했다. 챔버레인이 체코슬로바키아를 나치의 늑대들에게 넘겨주고 정치적 승리라고 자축했을 때 처칠은 의회 앞에서 다음과 같이 말했다.

우리는 철저하게 패배했습니다. 패배감을 억누르기 힘들 만큼 마음이 어렵습니다. 이러한 결정에 대한 대가가 우리를 따라다닐 것이기 때문입니다. 영국의 도로가 뻗어나가는 곳에서 우리는 대가를 치러야 할 것입니다. 서구 민주주의에 반(反)하는 말들이 선포되었을 때 우리는 영국의 역사 속에 아주 끔찍한 이정표를 남겼습니다. 하지만 이것이 끝이라고는 생각하지 마십시오. 단지 시작일 뿐입니다. 쓰디쓴 잔의 첫 모금일 뿐입니다. 해가 거듭할수록 그 쓴 잔은 점점 더 기울어질 것입니다. 윤리 도덕이 회복되고 용맹이 다시 살아날 때까지 우리는 그 쓴 잔을 맛봐야 합니다. 그러므로 이제 우리는 자유를 위해 일어서야 합니다. 그 옛날 용맹했던 나날들처럼!

"무슨 소린가? 우리는 평화를 원한다! 우리는 평화를 원한다!" 처칠의 연설을 듣던 하원 동료의원들이 화를 내며 그의 말을 거듭 중단시키려고 했다. 그러나 시대를 읽는 처칠의 눈은 정확했다. 얼마 못 되어 영국은 싸울 준비도 갖추지 못한 채, 어쩔 수 없이 참전해야 하는 상황을 맞이했다.

슬프게도 이것은 과거 역사에만 존재하는 옛날이야기만은 아니다. 온 세계, 교회, 서구 사회, 그리고 미래 세대들의 운명… 이 모두가 비슷한 상황에 처해 있다. 윈스턴 처칠처럼 우리도 장차 다가올 왕국 간의 전쟁을 향하여 담대히 일어서야 한다. 빛이 강하게 비치면 이 세상의 왕국들 가운데 일고 있는 영적 전쟁의 본모습이 더욱 선명하게 드러날 것이다. 공중의 권세를 잡은 악한 영적 무리들은 그리스도와 성령의 기름부음 받은 사람들을 대적하며 마지막 한 방을 날리고자 세력을 확장하고 있다. 이스라엘 및 유대기독교를 기반으로 설립된 나라들을 향해 위협과 증오를 뿜어내는 나라들이 상승하고 있다. 자기 나라의 국경 안에서는 전쟁을 회피하고 싶어서 대적과 타협하는 사람들이 많아지는 추세다. 그러나 전쟁 없는 평화는 없다. 자녀세대에게 자유와 축복을 물려주고 싶다면, 타협하는 자세를 버려야 한다.

우리는 어디서부터 시작해야 하는가? 이 세상의 왕국들이 충돌하기 이전에 우리는 먼저 초자연적 군대를 양성해야만 한다. 지상에서의 사역 말기, 마지막 폭풍이 저 멀리서부터 이는 것을 보셨을 때 예수님께서는 겟세마네의 동산으로 올라가셨다. 이는 승리의 길이 호된 고통의 기도에서 시작된다는 사실을 몸소 보여주신 것이다.

기도는 우리가 사용할 수 있는 가장 강력한 초자연적 무기이다. 성령과 동행하며 하나님의 뜻에 합당하게 살아가는 사람들의 간절하고 끈질긴 간구는 반드시 응답된다. 하나님께서는 자신의 신부인 폭풍의 전사들을 연합시켜 영적인 전투를 치르게 하신다. 이들은 유례없는 금식과 기도로써 이 전쟁을 승리하게 될 것이다. 모든 성도는 공식적으로 전투 중에 있다.

그리스도와 친밀한 관계를 유지하는 영적 폭풍의 전사들이 하나님의 뜻을 이루기 위해 타협 없는 자세로 일어설 때, 기도는 효과를 나타내기 시작한다. 승리를 얻기 위해서는 엄청난 대가를 치러야 한다. 승리를 위해 우리는 믿음으로 충만한 용기를 가지고 기도해야 한다.

예수님은 마지막 날(우리가 살고 있는 이때)을 노아와 롯의 때로 비유하셨다. 모든 문화권에 도덕률은 사라졌고 사회적 폭력이 창궐하고 있다. 정치적 공정주의와 지적 교만이 타협의 영과 결연하여 그 영향력 아래 있는 수많은 사람들이 경건한 가치들을 내던지게 되었다. 거짓 종교들은 복음의 영향력으로 견고히 섰던 구세대들의 기반을 흔들며 위협하고 있다. 전통적인 기독교 국가들 내의 학교에서조차 학생들이 십자가가 그려진 옷을 입지 못하도록 금지하는 일이 다반사다. 공공장소에서 아기 예수의 탄생을 축하하는 크리스마스 캐럴을 금한 곳도 있다. 점원들에게 "'메리 크리스마스' 라는 인사를 하지 마시오"라고 명령하는 상점 주인들도 있다. 공립학교에서 그리스도께 기도하는 일은 더 이상 허락되지 않는다. 그와 동시에 성적 호기심을 자극하는 내용과 변태성욕을 부추기는 내용들이 교과서에 창궐하기 시작했다. 미국 순회 재판소는 '자연 혼인'(natural marriage) '가훈'(family value)과 같은 단어들을 '혐오 언어'로 규정하여 회사 사무실 같은 공공장소의 게시판에 게재하는 것을 금하였다. 영국에서는 고등학교 역사 교과 중 윈스턴 처칠에 대한 언급을 삭제해버렸다. 그의 말이 이민자들의 감수성에 상처를 줬다는 이유에서이다. 유대교 및 기독교의 사상, 번영과 자유는 위험한 상태에 놓여 있다.

이 모든 사조의 배후에 있는 세력은 인간이 아니다. 도덕적 타락과 철학적 종교적 혼란 그리고 어둠의 배후에 있는 권세는 영적인 존재이다. 갈보리에서 그리스도는 이 모든 권세들을 무너뜨리고 그들의 비밀을 낱낱이 공개하셨다. 이 땅에서 일어났던 십자가의 전쟁은 이미 천상에서 시작되었고 그리스도의 승리로 끝난 싸움이었다. 하지만 그 싸움의 여파는 오늘을 살고 있는 우리가 감당할 일이다. 이 세상의 운명은 우리 크리스천의 손에 달려 있다.

새로운 세대를 일으키라

구약 시대의 히스기야 왕에 대한 이야기는 오늘날 폭풍의 전사들이 배워야 할 교훈을 많이 담고 있다. 사실 히스기야를 평가함에 있어서 의견이 분분하다. 그가 왕위에 올랐을 때에는 이스라엘 땅에서 우상숭배를 근절했다. 그러나 왕이 된 후, 히스기야는 호시탐탐 이스라엘의 침략 기회를 노리는 적국들과 정치적 연대를 유지했다. 예루살렘의 전략적 방어선을 강화하면서도 히스기야는 강력한 세계 지도자들이 동맹을 맺자고 할 때마다 흔쾌히 조약을 체결하였다. 그들이 이스라엘을 침공하여 자신을 무너뜨리려고 한다는 생각은 꿈에도 못했을 것이다. 히스기야는 강국의 왕들이 예루살렘을 방문할 때마다 도시를 탐방시켜주고 자신이 가지고 있던 무기며 금 기물 등 모든 재산을 보여주었다. 그는 자신이 그들에게 선한 의도를 갖고 있는 것처럼 그들도 자신에게 선한 의도를 갖고 있을 것으로 믿었다. 비록 개인적인 신앙은 견고했을지 모르지만, 이스라엘이 직면하고 있는 영적 위협을 다루는 데 있어서는 전략적 지혜가 너무나 부족했다.

그리스도께서 나시기 7백 년 전, 앗수르(아시리아)는 세계 초강대국이었다. 그들은 전 세계를 정복하려는 계획을 갖고 있었는데 그 계획에는 이스라엘 침공도 포함되어 있었다. 앗수르 왕 산헤립(Sennacherib)의 눈은 먼저 이집트를 향했다. 그는 예루살렘을 직접 통과하여 이집트를 함락시키려고 하였다. 히스기야는 자신의 왕국이 표적이 되었다는 사실을 깨달았다.

> 랍사게가 그들에게 이르되 이제 히스기야에게 고하라 대왕 앗수르 왕이 이같이 말씀하시기를 네가 의뢰하니 무엇을 의뢰하느냐 내가 말하노니 네가 족히 싸울 모략과 용맹이 있노라 함은 입술에 붙은 말 뿐이니라 네가 이제 누구를 의뢰하고 나를 반역하느냐 보라 네가 애굽을 의뢰하도다 그것은 상한 갈대지팡이와 일반이라 사람이 그것을 의지하면 손에 찔려 들어가리니 애굽 왕 바로는 그 의뢰하는 자에게 이와

같으니라 그러므로 이제 청하노니 내 주 앗수르 왕과 내기하라 나는
네게 말 이천 필을 주어도 너는 그 탈자를 능히 내지 못하리라 이에 랍
사게가 일어서서 유다 방언으로 크게 외쳐 가로되 너희는 대왕 앗수
르 왕의 말씀을 들으라 왕의 말씀에 너희는 히스기야에게 미혹되지
말라 그가 능히 너희를 건지지 못할 것이니라 히스기야가 너희로 여
호와를 의뢰하게 하려는 것을 받지 말라 그가 말하기를 여호와께서
반드시 우리를 건지시리니 이 성이 앗수르 왕의 손에 붙임이 되지 아
니하리라 할찌라도 히스기야를 청종치 말라 앗수르 왕이 또 말씀하시
기를 너희는 내게 항복하고 내게로 나아오라 그리하면 너희가 각각
자기의 포도와 자기의 무화과를 먹을 것이며 각각 자기의 우물물을
마실 것이요 하맛과 아르밧의 신들이 어디 있느냐 스발와임의 신들이
어디 있느냐 그들이 사마리아를 내 손에서 건졌느냐 이 열방의 신들
중에 어떤 신이 그 나라를 내 손에서 건져내었기에 여호와가 능히 예
루살렘을 내 손에서 건지겠느냐 하셨느니라
히스기야 왕이 듣고 그 옷을 찢고 굵은 베를 입고 여호와의 전으로 갔
고 그들이 이사야에게 이르되 히스기야의 말씀에 오늘은 환난과 책벌
과 능욕의 날이라 아이를 낳으려 하나 해산할 힘이 없음 같도다(사
36:4-6, 8, 13-17, 19-20; 37:1, 3)

앗수르의 전쟁 대사인 랍사게(Rabshakeh)는 이미 유다의 여러 성읍
을 점령한 상태였다. 산헤립 왕은 유다 성읍들의 포획이 히스기야에게
큰 위협이 되어 예루살렘을 포위하는 수고를 거치지 않아도 그가 알아
서 항복하리라고 생각했다. 랍사게는 산헤립의 메시지를 유다 방언으로
전달했다. 이 말을 들은 신하들이 왕에게 간언하여 항복할 것을 종용하

리라고 기대했기 때문이다. 적그리스도, 세속적 인본주의, 무슬림 옹호주의 및 반유대주의의 풍조가 만연한 오늘날의 상황과 어쩌면 그리도 비슷한지! 다시 한 번, 예루살렘과 이스라엘은 하나님을 미워하는 대적들에게 표적이 되고 있다. 이스라엘과 함께 교회 역시 그리고 서구 사회의 미래 역시 원수들의 표적이 되고 있다.

이스라엘의 대적인 앗수르는 늘 그렇게 해왔듯 항복하면 살려주겠다는 선택권을 히스기야에게도 제공했다. 이러한 타협의 그림자가 오늘날 교회 위에 드리워져 있다. 세상은 교회를 향하여 "성경에 금기된 것들을 허용하라. 성경의 기준을 포기하라"라는 목소리를 내고 관용을 주창하면서 교회를 유혹하고 있다. 그러나 혐오스런 철학적 사조를 수용한다고 해서 관용을 주창하는 이 시대의 욕구를 충족시킬 수는 없을 것이다. 세상은 우리에게 더 많은 것을 요구할 것이다. 일단 우리가 가치 없는 것들을 수용하고 나면 세상은 우리에게 "그 안에서 즐겨라. 너희 자녀들에게도 가르쳐라"라고 강요할 것이다. 그러므로 우리는 명확하게, 용기 있게, 단순한 진리의 말씀을 붙들어야 한다. "구원은 오직 그리스도의 보혈을 통해서 하나님 앞에 회개할 때에만 가능하다." 랍사게의 협박은 천국 백성들의 의지를 꺾을 만큼 강력하다. 이 위협에 대해 히스기야가 어떻게 반응했는지를 살펴본다면 당면하고 있는 전쟁에서 승리를 거두기 위해 반드시 필요한 몇 가지 중요 원칙들을 배우게 될 것이다.

1. 하나님 앞에서 겸손하라

히스기야 왕이 듣고 그 옷을 찢고 굵은 베를 입고 여호와의 전으로 갔

고(사 37:1)

대적의 협박에 대해 히스기야가 보였던 첫 번째 반응은 분노가 아니었다. 자신의 실수에 대해 핑계를 대는 것도 군대를 소집한 것도 여론 조사를 하는 것도 아니었다. 그저 하나님 앞에서 겸손한 자세를 취하는 것이었다. 이전에 내렸던 어리석은 결정은 예상대로 실패가 되어 돌아왔다.

그러나 하나님은 겸손한 자에게 은혜를 베푸신다. 우리의 삶과 의지를 예수님께 내어 드리면 그리스도의 보혈이 우리를 씻으신다. 우리는 회복될 수 있다. 히스기야는 이 모든 사태를 해결해주실 유일한 분이 하나님임을 알았다. 구원을 얻을 수 있는 유일한 장소가 바로 천군 천사의 하나님께서 앉으시는 속죄소(시은좌: 언약궤의 덮개 위 두 천사 조각 사이의 공간-역자 주)임을 알았다.

2. 기름부음이 충만한 하나님의 말씀을 구하라

궁내대신 엘리아김과 서기관 셉나와 제사장 중 어른들도 굵은 베를 입으니라 왕이 그들을 아모스의 아들 선지자 이사야에게로 보내매 (사 37:2)

하나님께서는 신실한 마음으로 자신에게 달려오는 자들에게 생명의 말씀을 주신다. 우리는 "필요한 때에 도와주시는 은혜"(히 4:16)를 얻는다. 기름부음으로 충만한 말씀은 훈계, 방향제시, 수정의 말씀일 수 있다. 어떤 형태로 다가오든 기름부음은 멍에를 부순다(사 10:27 참조). 비록 히스기야는 한 나라의 최고 통치자였지만 그는 방향제시를 얻기 위해 주님의 선지자를 찾는다. 이사야는 하나님의 말씀으로 그의 질문에 답변한다.

3. 적을 두려워 말라

이사야가 그들에게 이르되 너희는 너희 주에게 이렇게 고하라 여호와께서 말씀하시되 너희의 들은 바 앗수르 왕의 종들이 나를 능욕한 말을 인하여 두려워 말라 보라 내가 신을 그의 속에 두리니 그가 풍성을 듣고 그 고토로 돌아갈 것이며 또 내가 그를 그 고토에서 칼에 죽게 하리라 하셨느니라(사 37:6-7)

사탄은 두려움을 창조해내는 일에 있어서 최고의 실력가이다. 두려움은 그가 부리는 최고 강력한 무기이다. 사탄은 두려움을 사용하여 사람들에게 겁을 주고 마비시킨다. 오늘날 전 세계적으로 증가하는 테러 행위는 모두 두려움에 기인한 것이다. 그러나 전에 살펴봤듯이 성경은 말하기를 "하나님이 우리에게 주신 것은 두려워하는 마음이 아니요 오직 능력과 사랑과 근신하는 마음이니"(딤후 1:7)라고 했다.

사랑에는 두려움이 없습니다.-공포는 사랑 속에 있지 않습니다. 온전히 성장한(완전한, 완벽한) 사랑은 두려움을 문 밖으로 쫓아냅니다. 공포의 모든 끈을 끊어냅니다! 두려움은 벌 받을 생각을 동반하기 때문에 두려워하는 사람은 성숙한 사랑에까지 자라날 수 없습니다(사랑의 온전한 상태에까지 자라지 못합니다). (요일 4:18, 확대번역성경)

우리가 그리스도와 함께한다면 원수가 우리를 대적하기 위해 사용할 수 있는 것은 아무것도 없다. 그러므로 우리는 두려워할 필요가 없다. 우리의 삶 가운데 온전한 사랑으로 계시되신 그리스도를 깨닫는 것, 그리스도를 생생히 아는 지식이 우리에게 필요하다. 우리가 그리스도의 임재 안에 거하기 시작할 때, 그리스도를 아는 지식은 점점 더 풍성해질 것이다.

구약에서는 하나님의 임재 혹은 하나님의 영광을 '쉐키나'(shekinah)로 표현한다. 쉐키나는 우리가 숨을 수 있는 비밀 장소 혹은 시편 91편 1절에 기록된 '전능자의 그늘'을 지칭한다. 시편기자는 말했다.

너는 밤에 놀램과 낮에 흐르는 화살과 흑암 중에 행하는 염병과 백주에 황폐케 하는 파멸을 두려워 아니하리로다 하나님이 가라사대 저가 나를 사랑한즉 내가 저를 건지리라 저가 내 이름을 안즉 내가 저를 높이리라(시 91:5-6, 14)

하나님은 '검은 두려움'(참된 경외심이 아닌)의 원인이 아니시다. 만일 원수가 우리를 겁주려 하고 우리 삶의 특정한 영역을 사로잡으려 한다면, 우리는 권세를 가지고 두려움의 영을 꾸짖으며 우리의 마음과 가정으로부터 내쫓아야 한다. 중보기도의 용사들인 우리는 심지어 이 나라로부터도 그 두려움의 영을 내쫓을 수 있다. 두려움의 견고한 진은 그리스도의 권세 앞에 무너져 내린다.

두려워하고 겁을 내기로 선택한 사람들은 하나님의 영적 군대 안에 설 자리가 없다. 기드온이 살아 있을 동안 하나님께서는 이러한 겁쟁이들을 귀가조치 시키셨다. 오늘날의 전쟁에서도 마찬가지이다. 하나님은 이러한 겁쟁이를 파병하실 수 없다. 두려움은 타협으로 이어진다. 마귀와 타협하는 것은 선과 악의 전쟁 가운데 가장 심각한 반역죄이다. 용기(courage)의 반대말은 두려움(fear)이 아니다. 용기의 반대는 낙심(dis-couragement)이다. 이 사실을 기억하라. 느헤미야의 시대, 원수가 성벽의 재건을 방해하려 하자 그는 이스라엘 백성에게 말했다. "너희는 저희를 두려워 말고 지극히 크시고 두려우신 주를 기억하고 너희 형제와 자녀와 아내와 집을 위하여 싸우라"(느 4:14).

4. 포기하지 마라

히스기야가 사자의 손에서 글을 받아 보고 여호와의 전에 올라가서 그 글을 여호와 앞에 펴놓고(사 37:14)

'오래 참음'은 영적 전투에서 중요한 요소이다. 사탄의 전략은 성도를 지치게 만드는 것이다. 만일 사탄이 당신을 오랜 전투 속으로 끌고 가서 지치게 만든다면 당신은 포기하고 패배할 것이다. 산헤립은 히스기야에게 편지를 보내 다시 한 번 협박의 말을 전한다. 그러나 히스기야는 상심하지 않는다. 이사야의 예언을 한쪽 귀로 듣고 다른 쪽 귀로 흘려보내지 않았다. 히스기야는 이사야의 예언대로 하나님께서 자기를 능욕한 자에게 직접 보복하신다는 사실을 믿었다. 그는 자신의 전투를 주님께

맡겼고 기름부음으로 충만한 말씀의 가르침을 따라 기도했다. 그의 기도가 효과를 나타낸 것은 주님의 말씀과 마음에 합당한 기도였기 때문이었다. 하나님은 그의 기도를 들으시고 천사를 보내 적군의 경로를 우회시키셨다.

윈스턴 처칠은 '영국의 불독'을 칭송하는 말을 했다. 사람들은 그의 말을 종종 인용하곤 한다. "불독의 코는 뒤로 젖혀졌기 때문에 멈추지 않고 숨을 쉴 수가 있다." 그가 1941년 10월 해로우(Harrow) 학교에서 전했던 연설 가운데 유명한 말은 지금도 사람들의 마음에 감동을 준다. "결코 포기하지 마라. 결코 포기하지 마라. 결코, 결코, 결코, 결코! 크든 작든 위대한 일이든 사소한 일이든 그 어떠한 일도 결코 포기하지 마라. 존경하는 뜻으로 혹은 선한 의도로 양보하는 것이 아니라면 절대 포기하지 마라. 무력 앞에 무릎 꿇지 마라. 대적의 힘이 확연히 크고 압도하는 것일지언정, 그 앞에 무릎 꿇지 마라."

폭풍의 전사는 오래 견디는 능력, 결코 멈추지 않는 힘을 가지고 있다. '오래 참음'은 이들의 생활 패턴이 되어버렸다. 이 책의 1장에서 언급했던 말씀을 다시 한 번 상기해보라. "이러므로 우리에게 구름같이 둘러싼 허다한 증인들이 있으니 모든 무거운 것과 얽매이기 쉬운 죄를 벗어 버리고 인내로써 우리 앞에 당한 경주를 경주하라"(히 12:1).

매일같이 충실하게 수행하는 경건의 훈련과 더불어 '인내'는 위대한 영적 임무의 완수를 위해 필요한 '오래 참음'에 보탬이 된다. 꾸준한 믿음의 연습, 기도와 금식과 봉사, 말씀 공부의 훈련, 그리고 전도는 우리의 예배이다. 이렇게 할 때 우리는 성령의 능력을 얻어 다른 사람들로 하여금 위기의 시간을 잘 통과하도록 도울 수 있다. 오래 참는 자는 엘리야와 같다. 그는 손바닥만 한 구름이 하늘 저편에 걸려 있다는 말을 들고는 가뭄이 끝날 것이라 믿었다. 그래서 곧 허리를 동이고 말과 병거를 앞질러 달려갔던 것이다.

5. 주님을 크신 분으로 여기라

(히스기야가) 여호와께 기도하여 가로되 여호와여 귀를 기울여 들으시옵소서 여호와여 눈을 떠 보시옵소서 산헤립이 사자로 사시는 하나님을 훼방한 모든 말을 들으시옵소서 우리 하나님 여호와여 이제 우리를 그의 손에서 구원하사 천하만국으로 주만(you alone) 여호와이신 줄을 알게 하옵소서(사 37:15, 17, 20)

찬양으로 하나님을 '크신 분' 되게 하라(Make God big through praise). 히스기야가 드린 기도 가운데 핵심어는 두 음절이다. "주만"(You alone). 하나님을 아는 자는 놀라운 일을 행할 것이다. 오직 주님께만 구원이 있다. "너희가 내 이름으로 무엇을 구하든지 내가 시행하리니 이는 아버지로 하여금 아들을 인하여 영광을 얻으시게 하려 함이라"(요 14:13).

수년 동안 우리는 마음속으로 주님을 전능한 하나님으로 인정하는 법을 배워왔다. 우리는 찬양의 영(정신)으로 전쟁터에 들어간다. 우리가 직면한 전쟁이 무엇이든 상관없이 하나님은 그 어떤 전쟁보다 더 크시다. 다윗이 전쟁에 연이어 전쟁을 만났어도 승리에 승리를 거듭할 수 있었던 이유가 바로 이것이다. 시편 34편 1, 3-4절은 다윗의 생각을 전해준다. "내가 여호와를 항상 송축함이여 그를 송축함이 내 입에 계속하리로다 내 영혼이 여호와로 자랑하리니 곤고한 자가 이를 듣고 기뻐하리로

다 나와 함께 여호와를 광대하시다 하며 함께 그 이름을 높이세 내가 여호와께 구하매 내게 응답하시고 내 모든 두려움에서 나를 건지셨도다."

폭풍의 한가운데 서더라도, 우리는 마음의 근심과 걱정을 벗어버리고 주님을 높여드림으로써 하나님께 영광을 돌릴 여유를 가져야만 한다. 시편 24편 7-8, 10절은 이렇게 말한다. "문들아 너희 머리를 들지어다 영원한 문들아 들릴지어다 영광의 왕이 들어 가시리로다 영광의 왕이 뉘시뇨 강하고 능한 여호와시오 전쟁에 능한 여호와시로다 문들아 너희 머리를 들지어다 영원한 문들아 들릴지어다 영광의 왕이 들어 가시리로다 영광의 왕이 뉘시뇨 만군의 여호와께서 곧 영광의 왕이시로다." 전쟁 중 적군과 대면한다면 적에게 집중하거나 그를 크게 여기지 말라. 대신 영광의 왕이 크신 분임을 깨닫고 그가 당신의 상황에 개입하실 수 있도록 허락해 드려라.

6. 돌파구를 기대하라

아모스의 아들 이사야가 히스기야에게 기별하여 가로되 이스라엘 하나님 여호와의 말씀이 네가 앗수르 왕 산헤립 까닭에 내게 기도하는 것을 내가 들었노라 하셨나이다(왕하 19:20)

히스기야의 마음은 믿음과 소망으로 가득하다. 그는 검증된 하나님의 선지자로부터 위의 말씀을 들었다. 당신이 전쟁 중에 있다면 마음속에 소망이 가득 차 있어야 한다. 중요한 사실이다. 소망은 우리의 믿음을 지속시켜주는 필수적 은혜이다. 그러므로 하나님께 소망을 두지 못하는 사람은 믿음을 잃게 될 것이다. 하나님을 사랑하지도 못할 것이다. 성경적인 소망은 '그림의 떡'도 '뜬구름 잡는' 소리도 아니다. 상황에 따라 오락가락하는 것은 소망이 아니다. 우리의 소망은 '실제'이다. 예수 그리스도께서 죽음을 포함한 모든 원수를 이기셨기 때문에, 또 그의 승리를 확신할 수 있기 때문에 크리스천의 소망은 모든 폭풍 가운데 닻이다. 이 어둠의 때, 왕 노릇하는 모든 폭군들은 장차 '모든 이름 위에 뛰어나신' 그분의 이름 앞에 엎드릴 것이다. 우리 모두는 이 사실을 잘 알고 있다. 예수께서 하늘과 땅의 주인이심을 알고 있기 때문에 우리는 소망 가운데 기뻐할 수 있다.

7. 과거의 실수로부터 배우라

> 그때에 발라단의 아들 바벨론 왕 부로닥발라단이 히스기야가 병 들었다함을 듣고 편지와 예물을 저에게 보낸지라 히스기야가 사자의 말을 듣고 자기 보물고의 금은과 향품과 보배로운 기름과 그 군기고와 내탕고의 모든 것을 다 사자에게 보였는데 무릇 왕궁과 그 나라 안에 있는 것을 저에게 보이지 아니한 것이 없으니라(왕하 20:12-13)

역사를 통해 배우기를 꺼려하는 사람들은 과거 자신이 저질렀던 최악의 실수들을 반복할 것이다. 히스기야는 과거의 실수로부터 교훈을 배우려 하지 않는 성향을 보이는 것 같다. 위기를 넘긴 후, 그는 자신의 부와 재산을 의지하며 거짓 위안을 취했다. 결국 그의 원수들은 다시 한 번 그를 넘어뜨릴 수 있었다. 아첨하는 소리에 귀를 열어놓은 히스기야는 문을 활짝 열고 대적의 침입을 환영하였다. 주님의 구원하심 안에서 잠시 즐길 수 있었던 평화와 번영은 곧 사라지게 되었다. 만일 당신이 케케묵은 과거의 죄에 반복해서 넘어진다면 마귀는 굳이 새로운 전략을 개발하려 하지 않을 것이다. 당신의 방어벽에 나 있는 구멍을 그대로 놔두었다면, 또 과거의 실수를 그대로 답습한다면 마귀가 그 구멍을 찾아내고 다시 침입할 것이다. 확실하다.

8. 우선순위를 바로 세우라

히스기야가 이사야에게 이르되 당신의 전한 바 여호와의 말씀이 선하니이다 하고 또 가로되 만일 나의 사는 날에 태평과 진실이 있을진대 어찌 선하지 아니하리요 하니라(왕하 20:19)

부와 재산에 속임 당하는 것 말고도 히스기야 왕이 보인 문제점은 많다. 그에게는 훨씬 더 심각한 인격의 결점이 있다. 비록 이스라엘의 역사 가운데 히스기야 왕을 가리켜 '가장 의로운 왕' '주님을 경외하고 예배를 회복한 왕'이라 했지만, 그는 의로운 후손들을 세우는 데 실패했으므로 그의 업적은 크게 손상을 입었다. 그는 전략적 천연 요새를 건축하고 예루살렘 성벽을 재건하여 적군의 포위로부터 안전을 얻었다. 게다가 그가 만든 관개수로는 지금도 남아 있다. 그러나 히스기야가 건축한 훌륭한 방어선도 후대 왕들이 환영했던 영적 원수의 공격을 막을 수 없었다. 므낫세는 유다 왕국 전역을 우상숭배의 소굴로 만들었다. 역사는 그를 가리켜 이스라엘 역사 가운데 '가장 사악한 왕'이라고 평가한다. 므낫세의 사악함은 결국 국민 전체를 적국의 포로로 만들어버렸다.

사회를 구성하는 기본 단위는 가정이다. 우리는 내일의 세대를 가슴에 품고 오늘을 살아가야 한다. 자녀에게 성공하는 법을 가르치고, 좋은 교육을 받게 하고, 훌륭한 배필을 선정해주는 것보다 더 중요한 일이 있다. 부모가 지켜야 할 우선순위는 자녀를 주님의 길로 인도하는 것이다. "마땅히 행할 길을 아이에게 가르치라 그리하면 늙어도 그것을 떠나지 아니하리라"(잠 22:6). 히스기야는 자신의 생존과 성공을 의존하여 자만의 덫에 빠졌다. 타협이 미래의 세대들에게 어떤 영향을 끼칠지는 신경 쓰지 않은 채 그는 자신이 살아 있는 동안 평화를 유지하기 위해 스스로 타협의 길을 택했다.

폭풍 가운데 승리를 지속하기 위해, 최후까지 승리를 얻기 위해서는 이 점을 유념해야 한다. 우리는 자녀들로 하여금 하나님을 경외하도록 가르쳐야 한다. 시간이 흘러도 변하지 않고, 그 어떤 적도 빼앗을 수 없는 유업을 취할 수 있도록 자녀들을 가르쳐야 한다.

선지자 이사야는 히스기야의 이야기를 전한다. 그의 말은 우리가 배워야 할 다음의 교훈을 알려준다.

9. 승리를 지속시켜라

여호와의 사자가 나가서 앗수르 진중에서 십팔만 오천 인을 쳤으므로 아침에 일찍이 일어나 본즉 시체뿐이라 이에 앗수르 왕 산헤립이 떠나 돌아가서 니느웨에 거하더니(사 37:36-37)

이와 같은 승리를 헛되이 만든다는 것은 있을 수 없는 일이다. 그러나 히스기야는 원수의 거짓 행동에 반복적으로 속아왔고 순진하게 대처해왔으므로 이스라엘에 수차례의 어려움을 안겨주었다. 한때 그는 자신의 재산으로 앗수르를 통째로 사들일 수 있으리라 생각했다. 이 실수로 말미암아 압제자는 발 디딜 틈을 얻었다. 압제자는 이스라엘을 침입할 수 있었다. 이제 하나님의 초자연적인 개입이 없다면 구원 얻을 길이 만무해져버렸다.

지금 우리는 생존을 위협하는 여러 상황들과 맞닿아 있다. 하나님의 개입하심이 없으면 우리의 생존을 보장받을 수 없다. 이러한 상황으로부터 우리를 구원해줄 수 있는 열쇠는 성도들의 손에 놓여 있다. 그러므로 성도들이 인본주의적 사고방식에 젖어 깊은 잠에 빠지거나 성경적 세계관을 버린다면, 우리는 물론 우리의 후손들은 산 채로 원수의 먹잇감이 될 것이다. 2백 년 전 유대-기독 문화를 기반으로 세워진 미국에서만도 원수의 공격에 수많은 성도들이 믿음을 잃고 있는 상황이다. 유대-기독교적 문화가 제공해 주었던 번영을 지켜내기 위해서 우리는 반드시 싸워야만 한다. 우리는 우리 세대와 후손들이 승리할 수 있도록 도와야만 한다. 영적인 사명을 붙들고, 진심으로 하나님을 섬긴다면 우리를 포위하고 있는 적의 본거지를 뿌리째 뽑을 수 있을 것이다. 천군 천사의 대장이신 하나님께서는 우리를 위해 싸우실 준비가 되어 있다.

히스기야는 국가적 차원의 부흥을 이끌었다. 우상숭배의 땅을 소제해서 깨끗이 하였고, 사람들의 마음을 돌이켜 하나님께로 인도했다. 하지만 이 부흥은 당대에서 멈춰버렸다. 사실, 부흥은 당대에서 끝나면 안 된다. 세대를 거듭해도 이어지는 부흥, 효과가 지속되는 부흥이어야만 한다. 이스라엘의 참된 영적 상태는 히스기야 왕이 이사야에게 전달했던 메시지에 담겨 있다. "오늘은 환난과 책벌과 능욕의 날이라 아이를 낳으려 하나 해산할 힘이 없음 같도다"(사 37:3).

부흥은 건조한 땅에 내리는 성령의 소낙비이다. 부흥의 비가 내리면, 다음 세대가 먹을 수 있도록 씨를 맺는 열매들이 생명을 얻게 된다. 그러나 부흥을 위해서 우리가 치러야 할 대가가 있다. 부흥을 유지하기 위한 희생이 여기에 포함된다. 다음 세대를 위한 배려와 관심이 없이 부흥을 맞이한다면, 이 부흥은 지속되지 않을 것이다. 부흥의 시간 동안 우리가 맛보게 될 것은 다분히 개인적이고 일시적인 '위로' 일 뿐이다. 자신이 살아 있는 동안에만 평안을 누리겠다는 생각으로 전체 국가의 유산을 포기하려 했던 히스기야의 타협 정신이야말로 진정한 원수였다. 결국 타협으로 말미암아 이스라엘(유다)은 내리막길을 걷게 된다.

우리의 유산은 다음 세대들 안에 있다. 우리의 삶은 자신만을 위한 삶이 아니라 후손을 위한 투자이기도 하다. 그리스도는 여러 사람들을 구원하여 자녀로 삼고 그들을 영화롭게 변화시키기 위해 자신의 생명을 씨앗으로 내주셨다. 우리가 그리스도 안에서 자신의 생명을 내려놓으며 하나님께 드리는 산 제사가 된다면, 우리에게서 후손들을 의롭게 변화시켜줄 초자연적 능력이 나타날 것이다.

이와 같은 때를 위해서

제2차 세계대전 중, 미국의 조지 패튼(George Patton) 장군은 불굴의 정신을 발휘하여 연합군의 위대한 승리를 이끌어낸 장본인이다. 어떠한 적에도 굴하지 않는 그의 기계는 병사들의 사기를 진작시켰다. 병사들이 전쟁터로 행군할 때, 패튼 장군이 말했다. "제군들이여, 언젠가는 제군들의 후손이 제군들의 무릎 위로 기어올라 앉아 제군들을 쳐다보며 이렇게 물을 날이 올 것이다. '세계대전이 일어났을 때 할아버지는 무엇을 하셨어요?' 그때 제군들은 수줍어할 필요도 없고 눈을 마주치지 않으려고 머리를 가로저으며 '나는 루이지애나에서 밭을 일구고 있었지'라고 말할 필요도 없다. 제군들은 손자들의 얼굴을 똑바로 쳐다보며 말하라. '얘야, 전 세계 여러 나라들이 승리를 얻기 위하여 치열한 싸움을 싸우고 있을 때 나는 그 한가운데 서 있었단다.'"

옛날 선지자의 입을 통해 전하신 예언의 말씀대로 모든 육체 위에 임한 성령의 강한 임재는 하나님의 영광으로 온 땅을 덮을 것이고 하나님의 일을 방해하는 모든 악한 일을 파멸시킬 것이다. 하나님께서는 자신의 교회를 준비시키시고, 전쟁을 치르기 위해 위대한 남녀 용사들을 모집하고 계신다. 왜냐하면 이제 곧 전례 없는 사탄의 공격이 있을 것이기 때문이다. 이를 대비하기 위해 하나님께서는 자신의 군대를 모으시는 것이다. 모든 영적 폭풍은 하나님의 영광을 더욱 크게 만드는 잠재력을 갖고 있다. 장차 일어날 싸움에서 끝까지 견디고자 한다면, 우리 곧, 하나님의 군병들은 오래 참음, 인내, 끈기의 훈련을 받아야만 할 것이다. 그리고 무엇보다도 우리는 뒤돌아서지 말아야 한다. 원수의 모든 악한 일을 파멸할 때까지 물러서지도 말아야 한다.

원수가 습격해도 두려워하거나 지쳐서는 안 된다. 구원의 진리 안에서 하나님의 강력으로 말미암아 우리는 더욱 강해지고 더욱 자유로워질 수 있다. 우리의 영적인 목적을 이루는 수단으로 고난과 역경을 사용할 수 있다. 주님의 능력을 받는다면, 우리는 폭풍에 휩쓸려 넘어지는 대신 폭풍을 타고 목적지까지 나아갈 수 있다.

마지막 날이 가까워 올수록 우리는 옛 뱀의 입에서 터져 나오는 홍수를 더욱 선명하게 볼 수 있게 될 것이다. 옛 뱀은 두 가지 목표물을 집어 삼키려고 홍수를 토해낸다. 기독교와 이스라엘(국가). 그러나 어둠의 연합군은 이스라엘의 메시아를 바라보게 될 것이다. 메시아를 따르는 사람들은 어둠의 왕국이 두려워하는 위협 요소이다. 새로운 국지전들이 일어날 수는 있지만, 성경의 하나님을 저지하는 사람들과의 전쟁은 이미 오래된 것이다. 인류의 진정한 친구 되신 예수님께서는 이 세상의 유혹자에게 중상과 모략을 당하시고 인류의 가장 큰 원수로 오인받고 계신다.

하나님께서 모세에게 말씀하셨다. "지팡이를 들고 손을 바다 위로 내밀어 그것으로 갈라지게 하라 이스라엘 자손이 바다 가운데 육지로 행하리라"(출 14:16). 하나님께서 모세를 처음 부르셨을 때, 그는 이미 전쟁을 치를 준비가 되어 있었다. 타오르는 가시떨기 불꽃 가운데 나타난 하나님의 영광이 그를 변화시키셨다. 그리고 그의 지팡이도 변화를 입었다. 모세는 하나님께서 그의 지팡이를 사용하시어 초자연적 권세를 발하시고 이스라엘을 구원하시리라 믿는 믿음을 실행에 옮겼다.

동일한 방법으로 성령께서는 우리에게 초자연적 권세와 전쟁에 쓸 수 있는 무기를 주신다. 또한 예수 그리스도를 믿는 믿음 안에서 우리를 변화시키신다. 우리의 무기는 새롭게 발현될 효율성, 정확성으로 기름 부음 받게 된다. 우리가 사용할 무기는 예수의 이름, 예수의 보혈 그리고 하나님의 말씀이다. 하나님 안에서, 그의 말씀 안에서 우리가 믿음을 사용하고 이러한 무기들을 활용할 때 우리는 승리를 쟁취하게 된다.

너희 안에 이 마음을 품으라 곧 그리스도 예수의 마음이니 그는 근본 하나님의 본체시나 하나님과 동등됨을 취할 것으로 여기지 아니하시고 오히려 자기를 비어 종의 형체를 가져 사람들과 같이 되었고 사람의 모양으로 나타나셨으매 자기를 낮추시고 죽기까지 복종하셨으니 곧 십자가에 죽으심이라 이러므로 하나님이 그를 지극히 높여 모든 이름 위에 뛰어난 이름을 주사 하늘에 있는 자들과 땅에 있는 자들과 땅 아래 있는 자들로 모든 무릎을 예수의 이름에 꿇게 하시고 모든 입으로 예수 그리스도를 주라 시인하여 하나님 아버지께 영광을 돌리게 하셨느니라(빌 2:5-11)

우리 곁에는 구름같이 허다한 증인들이 있다. 비록 자신의 때에 약속의 성취를 맛보지 못하더라도 세대가 거듭될수록 점점 더 약속의 성취에 가까이 다가가는 후손들의 모습을 확실히 바라보며, 우리 대장 되신 예수 그리스도께 복종하여 수족을 버린 증인들, 생명을 내려놓은 증인들, 우리보다 앞서간 폭풍의 전사들이 많이 있다. 이것이야말로 우리가 받은 유업이리라!

당신의 충성심은 하나님의 눈에 합한 성품이다. 빛으로 가득한 하나님 나라의 폭풍의 전사로서 우리는 예수님께서 다시 오실 때까지 믿음을 가지고 이 세상의 고지를 점령하게 될 것이다. 여러 왕국이 일어나 우리를 대적할 것이다. 그러나 외국의 적이든 국내의 적이든 그 어떤 적을 만날지라도 우리는 사명을 완수하기 위해 무기고에 비치된 모든 무기를 사용하여 적을 무찌를 것이다. 개개인 아니 온 나라가 영적 사악함으로 무장한 고위 세력에 의해 종속당하고 있다. 공중에서 우리는 찬양과 기도와 금식이라는 무기로 적진에 폭격을 가한다. 그리고 땅에서는 사도적 사역 팀을 통해 갇힌 자들을 풀어주는 작전을 펼친다.

우리는 마지막 날을 위해 예비된 하나님의 군대이다. 우리는 사명을 받았고 그 사명을 완수하기 위한 권세도 받았다.

예수께서 나아와 일러 가라사대 하늘과 땅의 모든 권세를 내게 주셨으니 그러므로 너희는 가서 모든 족속으로 제자를 삼아 아버지와 아들과 성령의 이름으로 세례를 주고 내가 너희에게 분부한 모든 것을 가르쳐 지키게 하라 볼지어다 내가 세상 끝 날까지 너희와 항상 함께 있으리라(마 28:18-20)

그리스도 안에서 성공적인 삶을 살기 위한 비결이 있다. 그것은 제자의 삶을 출범시키는 영적 안목을 소유하는 것이다. 구원은 '대가 없이' 주어지는 선물이기에 그 어떤 누구도 '행함'(works)으로 구원받을 수 없다. 하지만 행함 없는 믿음은 죽은 믿음이다. 우리는 빚진 자이다. 그것은 오늘을 살아가는 모든 사람들에게도 예수 그리스도의 죽음과 부활이 능력이 된다는 사실을 증거하며 오직 그분만을 위해 살아야 하는 빚이다.

얼마 전, 캔터베리 주의 감독 대표이자 현재 바그다드 교구목사인 캐넌 앤드류 와이트(Canon Andrew White)를 만났다. 그는 우리 사역단체가 이라크의 과부, 고아를 돌봐준 것을 기리며 우리를 축복해주었고 또 조그만 선물을 주었다. 그 선물은 중동지역 주민의 생명과 자유를 위해 치열하게 싸우고 있는 연합군의 패치(부대 마크)였다. 그 마크에는 이러한 슬로건이 적혀 있었다. "죽은 자를 기리라. 그리고 사명을 완수하라."

말은 실패할 때가 있다(말한 대로 행하지 못하거나 그렇게 이뤄지지 않을 때가 있다). 그러한 때에 우리는 말한 대로 행했던 사람들, 그렇게 역사의 페이지를 수놓은 사람들을 바라보게 된다. 그들의 이야기는 인류 역사를 통해 전해 내려오며 후손들의 마음을 움직인다. 이들은 성공을 얻기 위해 위인들이 남긴 발자국을 따라 밟는다. 기독교 믿음의 역사 속 매 페이지마다 이러한 영웅들의 이야기가 기록되어 있다. 그 옛날 짧은 인생을 살면서 위대한 신앙의 유산을 남긴 이들의 모범을 통해 후손들은 새로운 결심을 다지게 된다. 이들은 삶의 주인이신 예수 그리스도와 후손들을 위해 자신의 삶을 내려놓은 사람들이다. 우리는 믿음의 선조들이 남겨준 유산을 더욱 알차게 만들기 위해 노력해야 한다. 우리는 그들에게 빚을 졌다. 그들의 믿음을 디딤돌로 삼아 더 큰 믿음으로 자라나야 한다.

　우리의 결심은 중요하다. 갈등과 싸움 없이 생명을 보장받을 길은 없다. 지금 직면하고 있는 전쟁이나 원수가 사용하고 있는 전략에 대해 무지하거나 안일하게 대처해선 안 된다. 우리는 우리 세대와 후손을 위해 반드시 승리해야 한다.

　우리는 이와 같은 때를 위하여 폭풍의 전사로 임명받았다. 우리를 위해 죽으시고 다시 사셔서 지금도 살아 역사하시는 '유일하신' 분이 계시다. 그는 오늘도 우리에게 말씀하신다. 그의 보혈은 하늘과 땅 사이의 모든 전쟁터에 뿌려졌다. 예수의 보혈이 천상의 모든 원수를 무찔렀고, 땅과 땅 아래에 있는 대적을 섬멸하였다. 그의 죽음은 그를 믿는 모든 이의 생명을 위한 것이었다. 그의 생명은 그를 영접한 모든 이의 삶 가운데 거한다. 우리 안에 있는 그의 생명은 그를 무덤에서 일으킨 능력과 동일한 능력을 우리에게 내려주신다. 그는 능력 가운데 우리와 함께하신다. 마지막으로, 모든 폭풍의 전사에게 전한다. 죽으시고 부활하셔서 영원토록 사시는 유일하신 분을 경배하라. 그리고 사명을 완수하라.

주(註)

1. Brian Greene, "The Elegant Universe: String's the Thing" transcript, NOVA, Oct. 28, 2003.
   http://www.pbs.org/wgbh/nova/transcripts/3013_elegant.html.

2. Ernest Shackleton, *South: The Endurance Expedition* (New York: Signet, 1999), 230.

3. Ian Corkett, "Piercing the Veneer of Outside Things," Aiglon College, January 25, 2002, http://www.aiglon.ch/archive/meds/ic1.shtm.

4. John Rabe, "Walking Out of History: The True Story of Shackleton's Endurance Expedition," American Radio Works, October, 1999, http://americanradioworks.publicradio.org/features/walking/part06/index.html.

저자 소개

마헤쉬 차브다 박사(Ph.D., D.Min)와 보니 차브다 박사(D.Min)는 30년 넘도록 열방 가운데 복음을 전하며 이와 함께 동반되는 표적과 기사를 통해 주님을 섬기고 있다. 이들의 사역 가운데 수십만 명의 사람들이 구원받은 역사가 있었고, 에이즈나 암과 같은 심각한 질병으로부터 치유를 받은 사람들의 수도 수천에 달한다(이를테면 4기 암환자의 치유 및 지체 불구자 치유, 귀먹은 사람이 듣고 눈먼 사람이 보게 되는 치유, 죽음에서 부활한 6세 어린이의 경우 등. 이러한 기적들이 대부분 기록되어 있다).

마헤쉬와 사역팀은 "The Watch"라는 텔레비전 프로그램을 제작하여, 매주 예수 그리스도의 구원의 메시지를 수십억 가정(추정치)에 전달하고 있다. 또한 성도들이 성령의 기름부음을 받고 능력을 행할 수 있도록 용기를 북돋아 주고 있다. GOD TV 네트워크의 위성방송 'Spirit Word Channel'(성령의 말씀 채널)과 'Mohabat Network'를 통해 지구 반대편에 있는 이란과 아프가니스탄을 포함한 중동지역 곳곳에 아랍어와 파시어(Farsi)로 복음을 전하고 있다. 그뿐만 아니라 차브다 부부는 성도들의 성령 충만한 삶을 위해 여러 가지 도구들을 제작했는데 이를테면 『Only Love Can Make a Miracle』(사랑만이 기적을 일으켜요), 『The Hidden Power of Prayer and Fasting』(기도와 금식의 숨은 능력), 『The Hidden Power of a Woman』(여성의 숨은 능력) 등의 저서가 그것이다.

차브다 부부는 올 네이션스 교회(All Nations Church)를 담임하고 있고 노스캐롤라이나 샬롯에 위치한 치유 센터를 운영하며 전 세계로 확산된 기도 운동인 The Watch of the Lord를 이끌고 있다. The Watch of the Lord에서는 십 년 넘도록 매주 연합 기도회를 열어 참석자들을 인도하고 있다.

순전한 나드 도서안내   02-574-6702

No.	도서명	저자	정가
1	강력한 능력전도의 비결	체 안	11,000
2	거의 완벽한 범죄	프랜시스 맥너트	13,000
3	광야에서의 승리(개정판)	존 비비어	10,000
4	교회, 그 연합의 비밀	프랜시스 프랜지팬	10,000
5	교회를 뒤흔드는 악령을 대적하라	프랜시스 프랜지팬	5,000
6	교회를 어지럽히는 험담의 악령을 추방하라	프랜시스 프랜지팬	5,000
7	그리스도인의 삶의 비결	진 에드워드	8,000
8	기름부으심	스미스 위글스워스	8,000
9	꿈을 통해 말씀하시는 하나님	헤피만 리플	10,000
10	날마다 하나님께로 더 가까이	존 비비어	13,000
11	내 백성을 자유케 하라	허철	10,000
12	내게 신선한 기름을 부으셨나이다	허철	9,000
13	내면 깊은 곳으로의 여행	진 에드워드	11,000
14	내어드림	페늘롱	7,000
15	다가온 예언의 혁명	짐 골	13,000
16	다가올 전환	래리 랜돌프	9,000
17	당신도 예언할 수 있다	스티브 탐슨	12,000
18	당신은 예수님의 재림에 준비가 되어 있습니까?	메릴린 히키	13,000
19	당신은 치유받기 원하는가	체 안	8,000
20	당신의 기도에 영적 권위가 있습니까?	바바라 윈트로블	9,000
21	더넓게 더깊게	메릴린 앤드레스	13,000
22	동성애 치유될 수 있는가?	프랜시스 맥너트	7,000
23	두려움을 조장하는 악령을 물리치라	드니스 프랜지팬	5,000
24	마지막 시대에 악을 정복하는 법	릭 조이너	9,000
25	마켓플레이스 크리스천(개정판)	로버트 프레이저	9,000
26	무시되어 온 축복의 통로	존 비비어	6,000
27	믿음으로 질병을 치유하라(개정판)	T.L. 오스본	20,000
28	병고침	스미스 위글스워스	9,000
29	부서트리고 무너트리는 기름 부으심	바바라 J. 요더	8,000
30	부자 하나님의 부자 자녀들	T.D 제이크	8,000
31	사도적 사역	릭 조이너	12,000
32	사랑하는 자가 병들었나이다	허 철	8,000
33	사사기	잔느 귀용	7,000
34	사업을 위한 기름 부으심(개정판)	에드 실보소	10,000
35	상한 마음을 치유하는 기도	마크 버클러	15,000
36	상한 영의 치유1	존&폴라 샌드포드	17,000
37	상한 영의 치유2	존&폴라 샌드포드	13,000
38	성령님을 아는 놀라운 지식	허 철	10,000
39	성령의 은사	스미스 위글스워스	10,000
40	성의 치유	데이빗 카일 포스터	13,000
41	세계를 변화시키는 능력	릭 조이너	10,000
42	속사람의 변화 1	존&폴라 샌드포드	11,000
43	속사람의 변화 2	존&폴라 샌드포드	13,000
44	신부의 중보기도	게리 윈스	11,000
45	십자가의 왕도	페늘롱	8,000
46	아가서	잔느 귀용	11,000
47	악의 속박으로부터의 자유	릭 조이너	9,000
48	어머니의 소명	리사 하텔	12,000
49	여정의 시작	릭 조이너	13,000
50	영광스런 교회에 보내는 메시지 1	릭 조이너	10,000
51	영광스런 교회에 보내는 메시지 2	릭 조이너	10,000
52	영분별	프랜시스 프랜지팬	3,500
53	영으로 대화하시는 하나님	래리 랜돌프	8,000
54	영적 전투의 세 영역(개정판)	프랜시스 프랜지팬	10,000
55	예레미야	잔느 귀용	6,000
56	예수 그리스도와의 친밀함	잔느 귀용	7,000
57	예수님 마음찾기	페늘롱	8,000

PURE NARD BOOKS

No.	도서명	저자	정가
58	예수님을 닮은 삶의 능력	프랜시스 프랜지팬	9,000
59	예수님을 향한 열정〈개정판〉	마이크 비클	12,000
60	요한계시록	잔느 귀용	11,000
61	우리 혼의 보좌들	폴 키스 데이비스	10,000
62	인간의 7가지 갈망하는 마음	마이크 비클	11,000
63	저주에서 축복으로	데릭 프린스	6,000
64	적의 허를 찌르는 기도들	척 피어스	10,000
65	조지 W. 부시의 믿음	스티븐 멘스필드	11,000
66	주님! 내 눈을 열어주소서	게리 오츠	8,000
67	주님, 내 마음을 열어주소서	캐티 오츠/로버트 폴 램	9,000
68	오중사역자들 어떻게 협력해야 하나?〈개정판〉	벤 R 피터스	9,000
69	지구상에서 가장 강력한 기도	피터 호르빈	7,500
70	지금은 싸워야 할 때	프랜시스 프랜지팬	8,000
71	찬양하는 전사들	척 피어스/존 딕슨	12,000
72	천국경제의 열쇠	샨 볼츠	8,000
73	천국방문〈개정판〉	애나 로운튜리	11,000
74	축사사역과 내적치유의 이해 가이드	존&마크 샌드포드	18,000
75	출애굽기	잔느 귀용	10,000
76	하나님과 동행하는 사람들〈개정판〉	샨 볼츠	9,000
77	하나님과 사람에게 더욱 사랑스러운 자	듀안 벤더 클럭	10,000
78	하나님과의 연합	잔느 귀용	7,000
79	하나님으로부터 오는 능력	찰스피니	9,000
80	하나님을 연인으로 사랑하는 즐거움	마이크 비클	13,000
81	하나님의 마음에 합한 사람	마이크 비클	13,000
82	하나님의 심정 묵상집	페늘롱	8,500
83	하나님의 아름다움을 바라보는 축복	허 철	10,000
84	하나님의 요새	프랜시스 프랜지팬	8,000
85	하나님의 음성을 듣는 방법〈개정판〉	마크&패티 버클러	15,000
86	하나님의 장군의 일기	잔 G. 레이크	6,000
87	항상 배가하는 믿음	스미스 위글스워스	10,000
88	항상 부족함이 없으리로다	하이디 베이커	8,000
89	혼동으로부터의 자유	릭 조이너	5,000
90	혼의 묶임을 파쇄하라	빌&수 뱅크스	10,000
91	화 있을진저 외식하는 서기관과 바리새인들	존 비비어	8,000
92	횃불과 검	릭 조이너	8,000
93	21C 어린이 사역의 재정립	베키 피셔	13,000
94	금식이 주는 축복	마이크 비클&다나 캔들러	12,000
95	승리하는 삶	릭 조이너	12,000
96	부활	벤 R. 피터스	8,000
97	거절의 상처를 치유하시는 하나님	데릭 프린스	6,000
98	그리스도의 제사장적 신부	애나 로운튜리	13,000
99	마귀의 출입구를 차단하라	존 비비어	13,000
100	통제 불능의 상황에서도 난 즐겁기만 하다	리사 비비어	12,000
101	어린이와 십대를 위한 축사사역	빌 뱅크스	11,000
102	알려지지 않은 신약성경 교회 이야기	프랭크 바이올라	12,000
103	빛은 어둠 속에 있다	패트리샤 킹	10,000
104	가족을 위한 영적 능력	베벌리 라헤이	12,000
105	목적으로 나아가는 길	드보라 조이너 존슨	8,000
106	예언사역 매뉴얼	마크 비써	12,000
107	추수의 천사들	폴 키스 데이비스	13,000
108	컴 투 파파	게리 윈스	13,000
109	러쉬 아워	슈프레자 싯홀	9,000
110	그리스도 안에 거하는 삶	앤드류 머레이	10,000
111	지도자의 넘어짐과 회복	웨이드 굿데일	12,000
112	하나님의 일곱 영	키이스 밀러	13,000
113	너희 지체를 의의 병기로 하나님께 드리라	허 철	8,000
114	신부	론다 캘혼	15,000

No.	도서명	저자	정가
115	추수의 비전	릭 조이너	8,000
116	하나님이 이 땅 위를 걸으셨을 때	릭 조이너	9,000
117	하나님의 집	프랜시스 프랜지팬	11,000
118	도시를 변화시키는 전략적 중보기도	밥 하트리	8,000
119	왕의 자녀의 초자연적인 삶	빌 존슨 & 크리스 밸러턴	13,000
120	초자연적 능력의 회전하는 그림자	줄리아 로렌 & 빌 존슨 & 마헤쉬 차브다	13,000
121	언약기도의 능력	프랜시스 프랜지팬	8,000
122	꿈의 언어	짐 골 & 미쉘 앤 골	13,000
123	믿음으로 산 증인들	허 철	12,000
124	욥기	잔느 귀용	13,000
125	포로들을 해방시키라	앨리스 스미스	13,000
126	나라를 변화시킨 비전: 윌리엄 테넌트의 영적인 유산	존 한센	8,000
127	세상을 다스리는 권세의 회복	레베카 그린우드	10,000
128	예언적 계약, 잇사갈의 명령	오비 팍스 해리	13,000
129	창세기 주석	잔느 귀용	12,000
130	하나님의 강	더치 쉬츠	13,000
131	당신의 운명을 장악하라	알렌 키란	13,000
132	용서를 선택하기	존 로렌 & 폴라 샌드포드 & 리 바우먼	11,000
133	자살	로렌 타운젠드	10,000
134	레위기/민수기/신명기 주석	잔느 귀용	12,000
135	그리스도인의 영적혁명	패트리샤 킹	11,000
136	초자연적 중보기도	레이첼 힉슨	13,000
137	꿈과 환상들	조 이보지	12,000
138	나는 하나님의 음성을 듣는다	킴 클레멘트	11,000
139	엘리야의 임무	존 & 폴라 샌드포드	13,000
140	하나님의 초자연적인 능력	바비 코너	11,000
141	거룩과 진리와 하나님의 임재	프랜시스 프랜지팬	9,000
142	사랑하는 하나님	마이크 비클	15,000
143	천사와의 만남	짐 골 & 미쉘 앤 골	12,000
144	과거로부터의 자유	존 & 폴라 샌드포드	13,000
145	일곱 교회 이기는 자에게 주시는 축복	허 철	9,000
146	계시의 비밀	폴 키스 데이비스	11,000
147	은밀한 처소	데일 파이프	13,000
148	일곱 산에 관한 예언	조니 앤로우	13,000
149	일터에 영광이 회복되다	리차드 플레밍	12,000
150	악의 삼겹줄을 파쇄하라	샌디 프리드	11,000
151	초자연적 경험의 신비	짐 골 & 줄리아 로렌	13,000
152	웃겨야 살아난다	피터 와그너	8,000

모닝스타 코리아 저널 morningstar KOREA JOURNAL

No.	도서명	저자	정가
1	모닝스타저널 제1호	릭 조이너 외	7,000
2	모닝스타저널 제2호	릭 조이너 외	7,000
3	모닝스타저널 제3호 승전가를 울릴 지도자들	릭 조이너 외	7,000
4	모닝스타저널 제4호 하나님의 능력	릭 조이너 외	7,000
5	모닝스타저널 제5호 믿음과 하나님의 영광	릭 조이너 외	7,000
6	모닝스타저널 제6호 성숙에 이르는 길	릭 조이너 외	7,000
7	모닝스타저널 제7호 마지막 때를 위한 나침반	릭 조이너 외	7,000
8	모닝스타저널 제8호 회오리 바람	릭 조이너 외	8,000
9	모닝스타저널 제9호 하늘 위의 선물	릭 조이너 외	8,000
10	모닝스타저널 제10호 천상의 언어	릭 조이너 외	8,000
11	모닝스타저널 제11호 신의 성품에 참예하는 자	릭 조이너 외	8,000
12	모닝스타저널 제12호 언약의 사람들	릭 조이너 외	8,000
13	모닝스타저널 제13호 열린 하나님의 나라	릭 조이너 외	8,000
14	모닝스타저널 제14호 하나님 나라의 능력	릭 조이너 외	8,000
15	모닝스타저널 제15호 하나님 나라의 복음	릭 조이너 외	8,000
16	모닝스타저널 제16호 성령 안에서 사는 삶	릭 조이너 외	8,000
17	모닝스타저널 제17호 성령 충만한 사역	릭 조이너 외	8,000
18	모닝스타저널 제18호 초자연적인 세계	릭 조이너 외	8,000
19	모닝스타저널 제19호 하늘을 이 땅으로 이끌어내다	릭 조이너 외	8,000
20	모닝스타저널 제20호 견고한 토대 세우기	릭 조이너 외	8,000
21	모닝스타저널 제21호 부서지는 세상에서 견고히 서기	릭 조이너 외	8,000
22	모닝스타저널 제22호 소집령	릭 조이너 외	8,000
23	모닝스타저널 제23호 성도들을 구비시키라	릭 조이너 외	8,000
24	모닝스타저널 제24호 자유의 투사들	릭 조이너 외	8,000

※ **모닝스타 코리아 저널**은 한정판으로 출간되기 때문에 품절될 경우 구매하실 수가 없습니다. 그러므로 **품절 여부**를 확인하신 후 구매하시기 바랍니다.

PURE  NARD

PURE  NARD

PURE  NARD

PURE  NARD

PURE  NARD